もうひとつの「王様と私」

石井米雄 解説 飯島明子
Ishii Yoneo Iijima Akiko

めこん

目次

もうひとつの「王様と私」

石井米雄

はじめに……9
1―産業革命の時代……10
2―若き日の「王様」……12
3―ビクとなったモンクット……18
4―シャムのカトリック……23
5―パルゴア伝……29
6―モンクットとパルゴアの出会い……31
7―プロテスタント宣教師……36
8―ワット・ボーウォンニウェート……39
9―モンクットとキリスト教……44
10―プロテスタント宣教師のシャム理解……46
11―シャムの知識人の宣教師観……48

12—合理主義思想と仏教 53
13—パルゴアの仏教理解 54
14—モンクットの外国理解 57
15—植民地主義諸国との対応 60
16—モンクットの登位 64
17—対中朝貢の廃止 69
18—シャムの開国 70
19—フランスとの関係 74
20—改定条約文をめぐる諸問題 75
21—モンクットと写真術 78
22—モンクットとカトリック 80
23—モンクットの西欧化教育 85
24—モンクットと自然科学 86
おわりに 88
註作成 飯島明子

解説

王様の国の内と外——一九世紀中葉のシャムをめぐる「世界」

飯島明子

1　バウリング条約……93
2　「未知の砂漠」……98
3　シャムと「ラオス」……103
4　シャムとビルマ……111
5　チェントゥン戦争……117
6　王様の「私信」……122
7　アロー号事件……126
8　王様の外交——対ヴィクトリア女王のイギリス……135
9　王様の外交——ナポレオン三世のフランスとの出会い……147
10　モンクットと「臣民」……154

11―ド・モンティニー使節とその後――カンボジア問題の始まり……158
12―カンボジアをめぐるフランスとの軋轢……163
13―モンクットと〝ナポレオン〟……168
14―東アジア地域の国際環境――グローバルな連鎖……173
15―対フランス交渉からの教訓……178
16―再びモンクットとキリスト教、そして「世界」……185

解説者あとがき……193
参考文献……206
索引……222

もうひとつの「王様と私」

石井米雄

はじめに

一九四四年、アメリカの作家マーガレット・ランドンは、明治の初年、シャム王宮に家庭教師として招かれたアンナ・レオノーウェンスの二冊の自伝に基づいて、『アンナとシャム王』という小説を書いた。[*1] この小説は評判を呼び、二年後の一九四六年、映画化される。主演はレックス・ハリスン。当時有名な英国人の俳優であった。映画は一九四六年のアカデミー撮影賞と美術賞を受賞した。一〇年後の一九五六年、ミュージカル映画として再制作されたが、[*2] これもまた高い評価を受け、主演のユル・ブリンナーの主演男優賞のほか、美術、映画音楽、録音など五部門でアカデミー賞を与えられた。ミュージカル「王様と私」は、日本でも評判となり、一九六五年に、市川染五郎、[*3] 越路吹雪を主演として、東京の帝国劇場で上演されたほか、宝塚の演目のひとつともなっている。

映画の主題は、ひとりのヴィクトリア朝時代の貴婦人が、野蛮な東洋の王宮の家庭教師となり、王子たちに進んだヨーロッパの文明を教育するというもの。ユル・ブリンナーがいかにも野蛮人らしくシャムの国王を演じ、

＊1　Margaret Landon, *Anna and the King of Siam*, New York: John Day Company, 1944; Harper Perennial edition, 2000. マーガレット・ランドンは、夫ケネスとともに、一九二七年から一〇年間にわたるシャムにおける布教経験を有したキリスト教宣教師だった。アンナがシャムに滞在したのは一八六二年三月から一八六七年七月までの五年余りで、日本で言えば、文久から慶應年間にあたる。ランドンが参照したアンナの二冊の著書は、*The English Governess at the Siamese Court*, Boston（初版1870年）および *The Romance of the Harem*, Boston（初版1872年）。ランドンはこれらのアンナの著書の他に、知遇を得たアンナの孫娘から提供された書簡などの資料も利用し、さらに歴史的背景については米国内のアーカイブズを訪ねるなどして執筆した。

＊2　*The King and I*（邦題「王様と私」）と題されたミュージカル版は、一九五一年にブロードウェイで初演された。

＊3　六代目市川染五郎、のちの九代目松本幸四郎。日本の舞台では他に松平健、高嶋政宏がシャム王を演じ、各地でたびたび再演されている。

デボラ・カーがこれと対照的な英国の貴婦人を演じた。映画音楽は素晴らしく、主題歌のひとつShall We Dance?などは、現在でも人々に愛されている。

しかし「王様と私」をめぐる世界的評判が、当のシャム（現在のタイ）[*4]に伝わると、その欧米偏重・アジア蔑視の筋書きは多くの知識人の反発を招いた。それればかりか、この映画は不敬罪にあたるものとして、国内での上映禁止の措置がとられるに至った。ランドンの小説は「歴史ではなく、歴史を背景としたロマンスである。そこにあるのは七五パーセントの真実と、二五パーセントのフィクション[*5]」と言われており、誤解や誇張に満ちているのはあたりまえで、それがミュージカルではさらに増幅されたことを考えれば、タイ人が怒るのは至極当然と言うべきかもしれない。しかし事実はどうなのか。小説やミュージカルの主人公となったシャム国王とは、現チャクリー王朝[*6]の四世王、モンクット（在位一八五一～六八）である。だとすれば、野蛮人どころか、長らく「鎖国」状態にあったシャムを「開国」へと導いた啓蒙君主として、歴史上、高い評価を与えられている人物なのである。

この本の目的は、小説やミュージカルによって誤解の広まったシャムの「王様」の実像に迫り、この「王様」の思想に決定的な影響を与えた「もうひとりの私」と「王様」との長い交友のあとをたどり、それが、どのようにして「王様」の世界観に革命的変化をもたらしたかをたずねることにある。[*7]

1―産業革命の時代

話を始めるに先立ち、まずこの本の登場人物が活動した時代の世界情勢について考えてみよう。一七六九年、スコットランド出身の数学者・エンジニア、ジェームズ・ワットは、新方式の蒸気機関の開発に成功した。これを契機として、一八世紀初頭以来、英国を中心に既に開始されていた産業革命はさらに加速してゆく。英国とそれに続く先進諸国は、生産物の原料を求め、あるいはその市場を求めて世界の各地に進出していった。その結果、

＊4　一九三九年に国号が「シャム(タイ語 Sayam／英語 Siam)」から「タイ国(タイ語 Prathet Thai／英語 Thailand)」に変更された。その後一九四五年〜四八年の間には再び「シャム」が用いられた。

＊5　ランドン自身が自らの著書について、「七五パーセントの事実と、二五パーセントの事実に基づくフィクションである」と述べている[Landon 2000: xii]。

＊6　バンコク王朝またはラタナコーシン王朝とも言う。

＊7　「王様と私」の評判のおかげで、「私」であるアンナ・レオノーウェンスについてもまた、甚だしい「誤解」が世に広まったようだ。近年のアンナに関する研究によって、多くの「事実」が明るみに出されてきている。石井氏は、本書の構想を前もって語られたと言うべき一九九九年の上智大学における最終講義の中で、アンナの「実像」について次のように触れている。

ちょっと話が横道にそれるのですが、典型的なヴィクトリア朝のレディーということになっているこのアンナ・レオノウエンスという人について、しつこいぐらいに調べた人がいます。彼女はいうなればタイを未開から文明に導いたヒロインな訳です。そのヒロインであるアンナ・レオノウエンスがはたしてそれほどのレディーだったかということを、それこそ恨みがあるのではと思うくらいにしつこく調べあげた結果、わかったことはアンナ・レオノウエンスという人は決して、いわゆるレディーではなかった。彼女のご主人は陸軍士官ということになっているのですが、実はnon-commissioned officer であって、いわゆるキャリアではないわけですね。アンナ・レオノウエンスはこのことに、コンプレックスを持っていたのではないか。それで、そうありたいと思うヴィクトリアンレディーズに自分を同化させるわけですね。そこで、王室の governess という形でタイに入る。本物のヴィクトリアンレディーズ以上に、自分を理想化して伝えた。こうして強烈なメッセージが伝えられたという話であります[石井 1999: 3-4]。

アンナは、実はインド生まれの欧亜混血児で、シャムに来るまでにイギリスの土を踏んだことはなかった。実在のアンナ・レオノーウェンスについては、さしあたり、[小泉 2006](「第5章　アンナ・レオノーウェンスの問いかけるもの」)を参照。

世界のいかなる地域も、もはや孤立を保つことが不可能となっていった。世界の一体化のはじまりである。嘉永六年(一八五三年)、江戸湾浦賀沖に黒船が到来し、徳川幕府の鎖国政策の続行が不可能となったのも、こうした世界史の流れの一環と考えられる。

産業革命の成功は、世界を進歩と豊かさのある国々と、停滞して貧困な国々とに二分する状況を生み出した。「文明」のヨーロッパに対して、アジアは「野蛮」な国々であり、「文明」をもたらした精神はキリスト教であり、「野蛮」の原因は、彼らが迷信・邪教を信じてやまないことによる、という考え方が先進諸国の間に生まれていった。こうした文明国側の認識は、キリスト教の布教によって、野蛮な民を救うのは彼らに課された使命であり、「白人の重荷」[*8]であるという発想の原点となってゆく。

シャムもまた他のアジア諸国同様、こうした世界史の流れから自由ではありえなかった。アメリカのタイ史家ウォルター・ヴェラは、現チャクリー王朝の三世王期(一八二四〜五一)を、「西欧世界との接触を極小化」した時代ととらえたが[*9]、本書の主人公となる「王様」の活動の開始は、まさにこの時代にあたる。

2 若き日の「王様」

「王様」の名はモンクット。誕生は一八〇四年一〇月一八日。現王朝二代目の王ラーマ二世を父とし、最高位の王妃を母とする王子として生まれた[*10]。幼少期のモンクットは、伝統に従い、高僧からタイ古典文学、パーリ語仏典、王朝史、「王の十徳」と呼ばれる国王の守るべき道徳訓、伝統的な宇宙観などを教えられ、さらに騎馬術、騎象術など、古式に則った帝王教育を受けた。[*11]

かつて日本には、一一歳から一七歳位になった男子が、髪型などをあらためる「元服」という儀式があった。タイの成人式は、身分によって違うが、上級王族のそれは「ソーカン」と呼ばれ、やはり剃髪する儀式であった。モンクットの「ソーカン」は、一八一七年二月二五日、彼が一三歳の時に行なわれている。古式に基づくモンクットの「ソーカン」の儀は、延々三日間にわたって行なわれた。王朝始まって以来初めて行なわれた「ソーカン」であったという。[*12]

一八一八年、[*13]一四歳になったモンクットは、慣例に従いサーマネーラ（沙弥、少年僧）として出家する。これは

＊8 イギリスの詩人、キプリング（Rudyard Kipling 一八六五〜一九三六）の詩"The White Man's Burden"による。詩の中では「なかば悪魔でなかば子ども」である人々に対する白人の責務が謳われる。あまり知られていないが、この詩には「合州国とフィリピン諸島（The United States & the Philippine Islands）」という副題が付いており、アメリカがスペインとの講和条約でフィリピンを獲得した直後の一八九九年二月、アメリカとイギリスで同時に発表された。

＊9 ヴェラ（一九二四〜八〇）の主著による［Vella 1957: 1］。

＊10 モンクットは祖父である一世王（在位一七八二〜一八〇九）の在世中に誕生した。のちに二世王（在位一八〇九〜二四）となる父は当時王子で、のちの一八〇七年に副王となった。なお、チャクリー王朝の歴代国王が、「ラーマ二世」のように、ラーマを冠して呼ばれるようになるのは、一九一六年以降である。

＊11 モンクットの息子の一人で、五世〜七世王期に多くの要職を務めるとともに、その著作により「タイ近代歴史学の父」と尊称されるダムロン親王（一八六二〜一九四三）によれば、二七年間の出家生活を経たのちも、騎馬や射撃の術を忘れずにいたという［Damrong 2003: 45］。

＊12 ダムロン親王が父モンクットの登位以前の経歴を叙述する中で、「ラタナコーシン朝で初めて行なわれた」と記すのは、モンクットが九歳の時の「ロンソン（水浴）」の儀である。この時父王より、金葉に刻された「モンクット王子」の御名が贈られた［Damrong 2003: 45］。

＊13 モンクットが沙弥として得度したのは、［Reynolds 1973: 70］によれば一八一七年六月二四日、［Lingat 1930: 13］によれば同年五

一般庶民を含め、現在まで行なわれている古くからの習慣で、少年の通過儀礼のひとつである。モンクットは七ヵ月にわたる僧院生活を送ったのち還俗し、世俗の生活に戻った。還俗後は、タイの家産官僚の登竜門である「クロム・マハートレック（宮内官局）」に配属され、その長となった。

「出家」は、剃髪して仏門に入ることを指す。日本では「出家」すると言えば、普通、生涯僧侶でいることと理解されるが、タイ、ラオス、カンボジアなど、東南アジアの上座仏教圏（いわゆる小乗仏教圏）では、生涯僧籍にとどまる人よりも、一定期間剃髪したのち還俗する人のほうが多い。「ボアット・リエン・ミー・ルアン」（出家して学び、所帯を持つ）という格言の示すように、少年の学習の手段のひとつとして出家することもあるが、出家によって得られる「功徳」を父や母などに振り向ける、つまり「回向」するために出家する場合が多い。ある古謡の一節によれば、十戒をまもるサーマネーラとして出家するのは功徳を母のために、二二七戒を守るビク（比丘、僧）となるのは功徳を父に回向するためであるという。

ここで確認しておかなければならないのは、こうした「一時出家者」の僧院における生活は、生涯僧侶としてとどまる僧とまったく同一であるという点である。一時出家者の身にまとう黄衣と一般僧の黄衣は同じであって、日本の僧のように、位階によって僧衣の色などが違うということはない。また寺院では、毎月二回、新月と満月の日に二二七戒の遵守を反省する儀式があるが、これまた、新参僧も古参僧とともに出席することが義務付けられている。タイの場合、出家の未経験者は「コン・ディップ」つまり「未熟の人」と呼ばれ、まだ未完成の人と見なされるのである。

さてモンクットが二〇歳[*14]になった五年後の一八二四年、たまたま王宮に飼われていた白象が死ぬという事件が発生した。[*15]白象の死を不吉の前兆ととらえた二世王は、厄を払うためと称し、モンクットに、ビクとしての出家を命じる。[*16]というわけで、モンクットは、再び僧院生活を送ることになる。[*17]しかしそのわずか二週間後の同年七月二一日、今度は父王のラーマ二世自身が急逝するという予期せざる事態が発生するのである。

シャムでは、国王が逝去した場合、後継者の決定は上級の王族・貴族からなる高官会議によって行なわれるのが慣行であった。既に見てきたような事情を考えると、後継国王への最短距離にいたのがモンクットであったことは、おそらく本人を含む万人の認めるところであったに違いない。しかし事実はこうした一般の予想を裏切る結果となった。それを許さなかったのは当時の世界情勢である。

最初に触れたように、一八世紀に始まった産業革命によって急激な経済発展を遂げた英国は、原料の獲得、市場の開発を求めて、まずインドの植民地化に乗り出す。英国は、ベンガル地方を拠点としてインド支配を進め、一九世紀に入ると、その流れはシャム西隣のビルマにも到達するに至った。ラーマ二世王が逝去した一八二四年には、第一次英緬（イギリス＝ビルマ）戦争が始まり、これに勝利した英国は、二年後の一八二六年には、ビルマ西南部のアラカンと東南部のテナセリムを占領下に置いた。テナセリムは、かつての港市アユタヤーにとって、ベンガル湾に通じる重要な交易港であり、一四世紀のアユタヤー朝成立以来、シャムの繁栄を担う要衝であった。西方からシャムを窺う植民地勢力の接近が、シャムの支配層に危機感を募らせたであろうことは、想像に難くな

＊14　月二四日で、満一二歳の時のこととなる。
註13、註17を参照。
＊15　二世王期に捕らえられた三頭の白象のうち、二頭が相次いで死んだ［Lingat 1930: 17］。タイでは一定の基準を満たした白い象は王者の象徴として尊ばれ、発見されると国王に献上され、官位と欽賜名が与えられる特別な存在である。
＊16　［Lingat 1930: 17］によれば、モンクットの出家は白象が死ぬ以前に決められていた。白象の死という突発的事情により、準備されていた祝賀行事の数々が省かれ、簡素な出家式に変更された。
＊17　モンクットの得度式は七月六日〜七日に行なわれた。したがって、その時のモンクットは満一九歳、律が定める二〇歳というビクの年齢に達していなかった。その後タンマユット派では、受胎時から年齢を数えるという解釈が行なわれた［Reynolds 1973: 72］。

い。こうした厳しい国際情勢を考える時、国家統治の重責を担う国王に、僧院生活の経験しかない二〇歳のモンクットを推すことが、はたして適切な判断と言えるかどうか、高官会議は、その選択に苦慮したのであった。

モンクットには、一六歳年上の異母兄チェーサダーボディンがいた。彼の母は二世王の側室で、ノンタブリー知事の娘という平民の出身である。国王の有資格者からは遠い存在であった。しかしその身分はともかく、彼は二世王時代、既に財務・外務関係の要職を経験しており、王から多大の信頼を寄せられていた人物であった。後継者選定の任を担う高官たちは、彼の豊かな行政経験と政治的実力を高く評価し、次代の国王として推挙するという苦渋の決断を下す。こうしてチェーサダーボディンは王位を継ぎ、ラーマ三世王として登位することとなった。期待を裏切られたモンクットは悩み、いかに身を処すべきについて二人の王族に相談したが、その答えはいずれも、今は王位につくべき時期ではない、という助言であったという。[*18] こうしてモンクットは、失意のうちに僧院に戻る。異母弟の心情を察したチェーサダーボディンは、モンクットに対し、「殿下はまだお若い。しばらくの間、私にお任せください。そのうち、王位はお返しいたします[*19]」と言って慰めたと伝えられている。

王位を継ぐというモンクットの期待は裏切られた。しかしそのことが、その後のシャムの近代化の進展の歴史にどれほど大きな役割を果たすことになろうとは、モンクット自身を含め、何人も予想していなかったのではあるまいか。二七年の長きに及んだ僧院生活の間、激動する政治から離れ、一種の治外法権的存在であったサンガ（僧団）に居住する出家者であるという立場ゆえに可能となった異国の知識人との交友を通じて、彼は世界の情勢を学

＊18　二人の尊敬する王族に相談したというエピソードは、前出のダムロン親王による著作に記されている。同じ箇所に、自ら有する権利に従って登位すべきだと助言した別の王族もいたが、モンクットは肯んじなかったとも書かれている［Damrong 2003: 49］。

＊19　この言葉は、管見によれば、一八五三年八月三日付でパルゴアがフランスの信仰普及協会（註49参照）本部に書き送ったシャム

伝道に関する手記の中に見出される。したがって原文はフランス語で、モンクットに対してテュ（tu）という二人称代名詞が使われている。パルゴアは、チェーサダーボディンが正統な継承者であるモンクットに向かってこの言葉を用いつつ権力を奪ったが、いったん王位に就くと、「簒奪者」の常で、もはや約束を果たそうとはしなかったようだと記す。さらに、モンクットは危害を加えられるのを恐れて、「賢明にも」寺院に逃れ、僧形となったと書いている［*APF*, 26 (1854): 42］。パルゴアの叙述の趣旨を汲むなら、チェーサダーボディンの言葉は慰めと言うよりはむしろ威嚇に近いように思われる。

三世王の登位に至る事情についてはさまざまな説があるが、ランガによれば、この時代のシャム史を扱ったヨーロッパ人の書き手の大多数は、チェーサダーボディンがモンクットを排除して王権を簒奪したと見なしているという［Lingat 1926: 132-133］。ランガは特定の著者の名を挙げていないが、パルゴアはそのうちの一人に数えられねばならないだろう。ちなみにランガ自身は、高い権威筋に拠るとして、モンクットが自ら身を引いたとの説に与している。ダムロン親王の著作に示された経緯（註18を参照）が権威ある記述として広く知られたのちには、パルゴアの文章に見られるような、苛烈な権力闘争を窺わせる断定的記述がにわかに信じがたくなったとしても不思議はない。たとえば、最近の［Terwiel 2010: 8］では、モンクットと三世王の関係は懇ろであったとして、それを疑うような見方をゴシップ扱いしている。しかし、三世王期に寺院生活を送っていたモンクットと直接に交際していたパルゴアが、モンクットの即位後まもない時期に書いた言わば公的な文書の記述には相当の重みがある。三世王がモンクットに語ったという言葉を、当のモンクット以外にパルゴアに伝え得た人物がいただろうか？　仮にモンクット自身が語ることはなかったとしても、周囲の人々あるいは少なくともパルゴアが、モンクットの置かれた立場や境遇をかかるものと認識していたことは確かであり、パルゴアはその上でモンクットと接していたと考えられるのではないだろうか。それはモンクットとパルゴアの特別な関係を理解する上で、けっして些細なことではないと思われる。

一八五一年四月、登位をひかえたモンクットがブラッドレー（Dan B. Bradley）に語ったシャム事情（註69参照）、すなわちバンコク王朝の王位継承に関する歴史と王国の慣習の諸事項の中でも、三世王は「簒奪者（usurper）」と呼ばれ、モンクットにとって僧形のみが「危険」から身を守る楯であったと書かれている。これについて史料紹介者のブラッドレー（William L. Bradley）が記すコメントは興味深い。すなわち、モンクットを正統な継承者とする見方は、この時のモンクット自身の言葉に始まり、それはモンクットが自ら望んで創造したパブリック・イメージであり、西洋人の書き手たちはそれを採用したのだと論じており［Bradley 1969］、説得的である。王となった後のモンクットが、妻たちの「質」の差にこだわり、「正后」とそれ以外とに分ける身分制の規定を設けなければならない理由は十分すぎるほどあったと言うべきだろう［小泉 2001: 88 を参照］。

び、西欧で発達した最新の科学知識を身につけることができた。のち王位についたモンクットが、伝統にとらわれることなく、旧来の陋習を破るさまざまな改革を行ない、シャムを列強に伍す近代国家とする基礎づくりをすることができたのは、彼が若き日の僧院生活時代で得た新知識によるところ大であったと言わなければならない。

3―ビクとなったモンクット

モンクットの止住した僧院は、チャオプラヤー河の左岸に面したワット・サモーライ、現在のワット・ラーチャーティワートである［図1］。この寺院は禅定の修行で広く知られていた。モンクットは、禅定を重視するこの寺の僧侶たちが、修行の基礎となる仏典の学習に、ほとんど興味を示そうとしないことに不満を感じていた。[*20] ビクの義務である禅定は、仏典のいかなる教えに根拠を持つものであるのかとたずねるモンクットに対し、住職はただひたすら、古来の伝統に従うのみと言うだけで、彼の疑問に答えようとはしなかった。こうした住職の態度を不服としたモンクットは、やがてこの寺を去り、王宮にほど近い、ワット・マハータート[*21]に移る。モンクット

＊20　瞑想修行による禅定の学習はタイ語でウィパッサナー・トゥラ（Vipassanā dhura）、パーリ語で書かれた仏典の学習はカンタ・トゥラ（Gantha dhura）と言う。通常短期間のみ出家する王子たちには、時間のかかるパーリ語学習を伴う仏典の学習は必要ないと考えられ、禅定修行の寺院に送られるのがアユタヤー時代からの伝統であったとされる［Damrong 2003: 51-52; Lingat 1930: 17-18］。

＊21　モンクットが沙弥として七ヵ月間を過ごしたのはワット・マハータートであり、出家後もワット・サモーライへ遷る前の数日間、モンクットの得度式における授戒師であった法王の止住する同寺に滞在した［Lingat 1930: 13, 17］。

図1　現在のワット・ラーチャーティワートの入り口［2012年8月飯島撮影］

はこの寺に三年間とどまり、自らパーリ語仏典の読解に没頭するのであった。[*22]
こうしたモンクットの心情を察した三世王は、彼にパーリ語の資格試験を受けるように勧める。モンクットは、異母兄王の助言に従って、まずパーリ語三段の試験に臨み、やすやすとこれに合格する。彼はその結果に満足することなく、さらに四段、五段の試験にも挑戦し、そのいずれにも優秀な成績で合格したのであった。彼のパーリ語の力を見せつけられたある高僧は、「どこまでおやりになるおつもりか」と皮肉をこめてたずねたと言われている。モンクットのパーリ語の実力を知った三世王は、彼に最高位のパーリ語九段に準じた「位階扇」[*23]を与えて、その努力を称えたのであった。[*24]
経典学習の軽視はワット・サモーライだけにとどまるものではなかった。意味も考えずに経文を読誦し、機械的に座禅を組むことで満足していたのは、ワット・マハータートでも同様であった。こうしたどこも変わらぬシャムのサンガの状況を見たモンクットは、ビクであることの意味に疑問を感じ、還俗を考えるに至る。その彼に還俗を思いとどまらせたのは、経典に基づいてモンクットに禅定の意義を説明してくれたペグー出身のモーン僧であったという。モンクットは、そのモーン僧の助言に従い、再びワット・サモーライに戻って修行を続けた。一八二九年、モンクット二五歳の時のことである。[*25]四年後の一八三三年、モンクットは、共にワット・サモーライに移った数名の同僚僧とともに、モーンのしきたりに従って再得度をしている。
経典の学習とともにモンクットは、仏教が庶民にとっていかなる存在であるかということを自らの目で確かめようとした。日の出とともに鉄鉢を抱えて寺を出たモンクットは、路地の隅々まで足をのばし、待ち受けた在家の善男善女から食物の供養を受ける。民衆の宗教生活の生の姿がそこにあった。モンクットは、首都にとどまらず、地方の農村にも足を運んでいる。そこでは首都以上に、仏教が民衆の生活にとって重要な存在であることを肌で感じることができた。道路も鉄道もなかった時代、首都から数百キロも離れた北方のスコータイにまで足を伸ばしたモンクットの決意は、並々ならぬものであったと言えよう。ちなみにタイ語最古の碑文として有名になった「ラームカムヘーン王碑文」を発見したのは、一八三三年に彼の行なった北方諸国行脚途中の出来事であった。*26

次の図は、おそらくモンクット自身の筆になるメモを付した同碑文の写しである［図2］。

＊22 ［Damrong 2003: 51-53］

＊23 九段まであるパーリ語資格試験の三段以上に合格した僧に、段位に応じて国王から贈られる団扇。

＊24 ダムロン親王の記述によれば、モンクットが第一段の『法句経』をすらすらと訳す様子をご覧になった三世王が二段と三段を飛ばさせ、翌日は四段に挑ませた。三日目の五段の時に、宗務局長が試験官の高僧に「どこまでやらせるか」と尋ねたという。これを知ったモンクットが心を痛めて、試験に臨んだのは兄王のために他ならず、既に三日間聴いていただいたのでもうやめさせてほしいと三世王に願いでたという。ダムロン親王はさらに、件の宗務局長は三世王の登位を推進した一人で、当時もまだモンクットに対する疑念を抱いていたと推理している［Damrong 2003: 53-55］。

＊25 モンクットはその後、一八三七年にワット・ボーウォンニウェートの住職となるまで、ワット・マハータートをしばしば訪れた［Lingat 1930: 22］。

＊26 「ラームカムヘーン王碑文」と呼ばれるのは、高さ一メートル一〇センチ余りの石柱で、四面に文字が刻まれている。通説では一二九二年頃にスコータイ王ラームカムヘーンが立碑したとされ、現存する最古のタイ語史料と見なされている。が、この通説にはさまざまな疑義が出されており、論争となって久しい［飯島 2003; Chamberain 1991; Terwiel 2010; Terwiel 2011b］。中には、この碑文を「発見」したモンクットが自ら製作したと考える論者もいる［Phiriya 2004］。いずれにせよ、モンクットとこの碑文との関わりは深い。通説によれば、この碑文は玉座であったと推定される大きな石の台座とともにスコータイで「発見」され、バンコクに運ばれてきた。当時のシャムの辺境から、重量のある石造物を運搬する労力を運用しえたというだけでも、モンクットであればこそ可能なことだったと言うべきだろう（註32を参照）。またこの碑文を、自らの解釈を添えて初めて公開したのもモンクットである。モンクットは外国使節、すなわちイギリス使節のバウリング、さらにはフランス使節のド・モンティニーに碑文の石版印刷コピーを贈って、「ラームカムヘーン王碑文」を世に知らしめたのである。

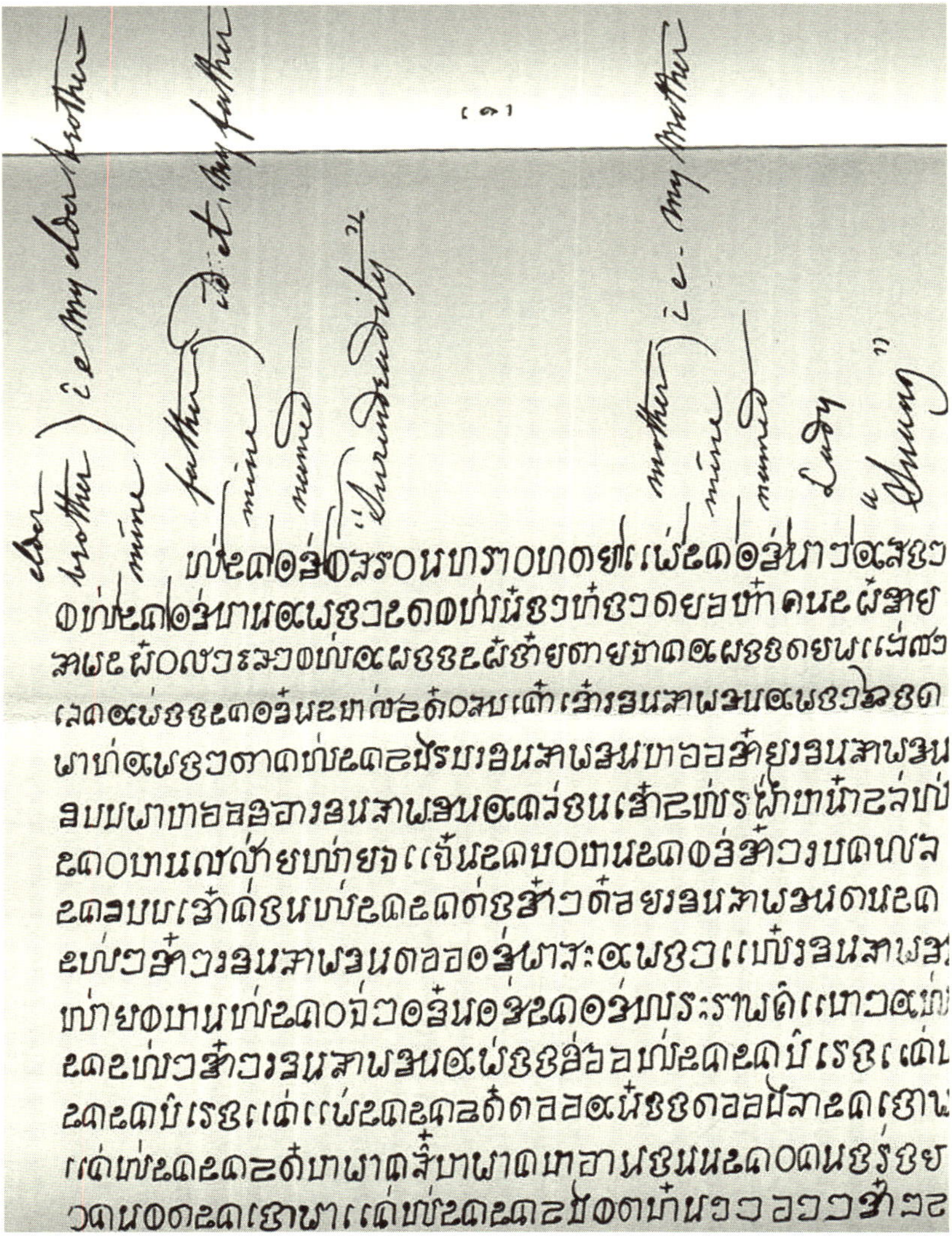

図2　ラームカムヘーン王碑文の写し［出典：Bowring 1857: Vol.1］

4―シャムのカトリック

モンクットが最初に止住していたワット・サモーライの隣には、コンセプシオンというカトリック教会がある［図3・4］。この地域には、一六世紀にシャムに移住してきたポルトガル人カトリックの子孫たちが集住していた。彼らの先祖たちは、「クロム・メンプーン（大砲義勇隊）」に所属して、砲兵としてアユタヤー王家に仕えた傭兵で、その子孫たちは現在までカトリックの信仰を維持している。話を進めるに先立ち、ここでシャムにおけるカトリックの歩みを見ておくことにしよう。

シャムが、現在のタイ王国の前身となる国家統一を果たしたのは、日本史で言う南北朝中期にあたる一三五一年であった。国名は首都名にちなんで、アユタヤー王国と呼ばれている。アユタヤーはチャオプラヤー河（通称メナム河）を介してタイ湾に通じる港市であった。港市としてのアユタヤーの持つ長所は、その位置にある。アユタヤーから水路南下してタイ湾に出、マレー半島の東西横断路を経由して海路西に向かえば、ベンガル湾、インド洋を経て、インド、西アジアから遠くヨーロッパに達する。逆に東に向かえば、南シナ海を経て、福建、広東など、中国南部の沿岸諸港に到達することができる。アユタヤーの後背地は、広大なチャオプラヤー河の沖積平野で、そこで生産された余剰米は、コメ不足の東南アジア島嶼部に大量に輸出されていた。こうした利点から、アユタヤーは一九世紀に至って港市シンガポールが誕生するまで、東西海上交易の交点として繁栄したのであった。

図3　現在のコンセプシオン教会［2012年8月飯島撮影］

図4　ワット・ラーチャーティワートからコンセプシオン教会を臨む［2012年8月飯島撮影］

アユタヤーと交渉を持ったヨーロッパ最初の国は、ポルトガルである。一五一一年、マラッカを占領したポルトガルは、マラッカが当時アユタヤーの朝貢国であったことを知り、使節を送って通交を求めた。この求めに接したアユタヤー王は、ポルトガル人が当時ようやく盛んとなりつつあった大砲の操作に長けていたことを知っていたので、彼らの申し出を喜んで受け入れた。ポルトガル人を傭兵として、国王軍の一翼を担わせようと期待したからである。前に触れた「クロム・メンプーン」は、アユタヤー時代の官僚組織を記録した『三印法典』[*27]の「武官位階田表」に記載されている。

こうして一五一六年から一五三八年にかけ、数多くのポルトガル人カトリック教徒が、アユタヤーに移住することとなった。アユタヤー王は、彼らに信仰の自由を認め、首都に十字架を建てることさえ許している。アユタヤーに定住することとなった彼らの多くは、タイ人女性と結婚した。こうしてポルトガル人の血を引く多数のタイ人カトリック教徒が生まれることとなったのである。

ポルトガル人の到来から約一世紀遅れた一六六二年、創設まもないパリ外国宣教会(Missions Étrangères de Paris)に所属するフランス人宣教師たちがアユタヤーに到着した。彼らの本来の目的は、インドシナと中国での宣教にあったが、アユタヤー王プラ・ナーラーイが、仏教徒でありながら、他宗教にきわめて寛容であることを知って、ここを宣教活動の前進基地とすることとした。国王は彼らに対し土地を与え、建築資材までも提供している。国王から下賜された土地には、教会や神学校が建設され、多くのアジア人カトリックがここで神学を学んだ。アユタヤーに住むカトリック教徒の大半は、ポルトガル人、ベトナム人と若干のタイ人だったが、迫害を逃れてシャムに渡った四〇〇人を超える日本人キリシタンもこれに加わっていた。

シャム王が、フランス人に対してこのような厚遇を与えた理由の一つは、当時、鹿革交易の独占によって、次第にその勢力を拡大しつつあったオランダ人に対抗するもうひとつの勢力を持とうとしたと考えられている。そ

タイ日大辞典

พจนานุกรมไทย-ญี่ปุ่น

改訂版 ฉบับปรับปรุง

冨田竹二郎／赤木攻［編］

ตาเกยิโร โทมีต้า　โอซามุ อาคากิ

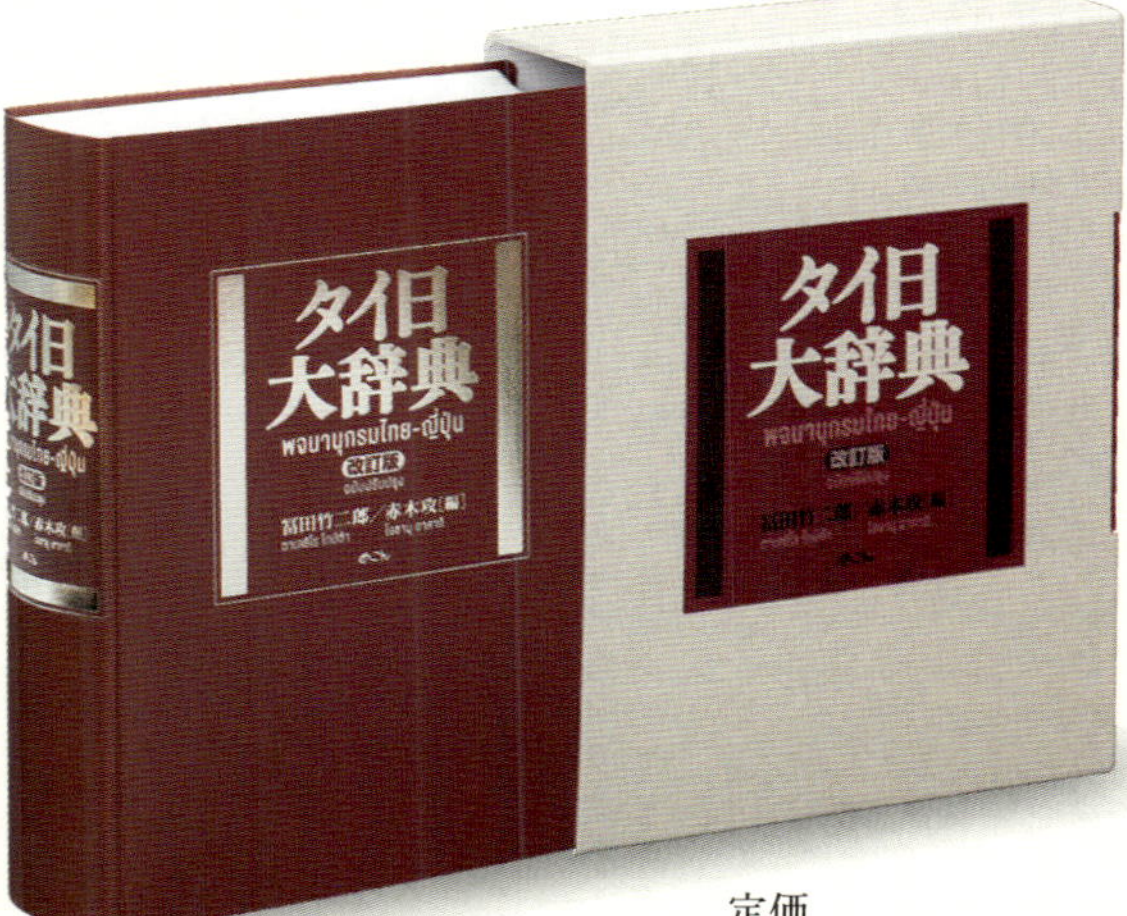

定価
28,000円＋税　めこん

▼日本語・タイ語辞典の最高峰『タイ日大辞典』（冨田竹二郎編）を6年間かけて改訂、定評のある「冨田色」は大切にしつつ、より「読みやすく」、「引きやすい」辞書としました。▼品詞・語源・例文・語誌・発音記号などの表記を見やすく整理。新しいタイ語表現、人名を追加。さらに、類別詞一覧、王語、年表、県別人口、行政機構、教育制度、陸軍編成など、付録を充実させました。

めこん
〒113-0033
東京都文京区本郷3-7-1
電話 03-3815-1688
FAX 03-3815-1810

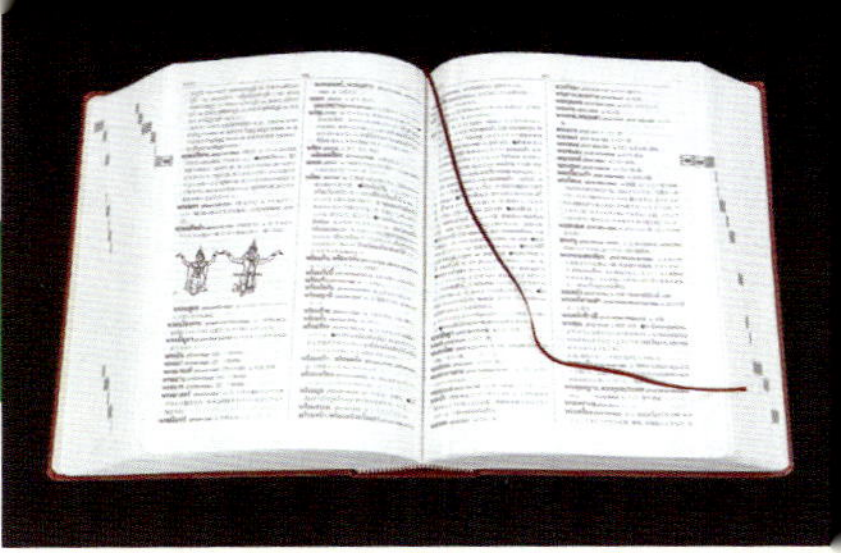

A5判上製・函入り
（薄表紙・ビニールカバー付）／
1632ページ

ISBN978-4-8396-0334-2 C3587
装丁＝臼井新太郎

編者紹介

■冨田竹二郎（とみた・たけじろう、1919年～2000年）

大阪外国語大学名誉教授（言語学、タイ語学）。

神戸市出身。大阪外国語学校（後の大阪外事専門学校、大阪外国語大学、大阪大学）英語部卒業（1939年）、同支那語部修了（1941年）。日タイ交換学生としてタイ国チュラーロンコーン大学に留学(1942年～46年)。大阪外事専門学校専任講師(中国語、1946年)。大阪外国語大学助教授・タイ語学科主任（1949年）。同教授（1962～84年）。天理大学おやさと研究所教授(1984年)。同教授・タイ学科主任(1992～96)。タイ国立タムマサート大学教養学部・チュラーロンコーン大学文学部日本研究講座主任教授（1966～68年、1972年～74年）。タイ国立シーナカリンウィロート大学名誉博士号(1983年)。三等白象勲章（タイ王国、1994年）。勲三等旭日中綬章（1996年）。

主な著訳書

『タイ語（日本語）基礎――日・泰双用』江南書院、1957年。

『日泰会話辞典――日泰双用』江南書院、1959年。

『標準タイ語教本（1）～（3）』語学教育振興会、1976～78年。

『タイ日辞典』養徳社、1987年。

『タイ日大辞典』日本タイクラブ、1997年。

『タイ国古典文学名作選』井村文化事業社、1980年。

ボータン『タイからの手紙　上巻、下巻』井村文化事業社、1979年。

カムマーン・コンカイ『田舎の先生』井村文化事業社、1980年。

リアムエーン『大王が原　上巻、下巻』井村文化事業社、1981年。

■赤木 攻（あかぎ・おさむ、1944年～）

大阪外国語大学名誉教授（地域研究、タイ学）。
岡山県出身。大阪外国語大学卒業（1967年）。タイ国立チュラーロンコーン大学に留学（1967～69年）。大阪外国語大学外国語学部助手（1969年）。同大学域文化学科アジア2講座教授（1988年）。同大学長（1999年）。日本学生支援機構参与（2004年）。東京外国語大学特任教授（2008年）。在タイ日本国大使館専門調査員（1985年～1987年）。

主な著訳書

『タイの永住日本人』めこん、1992年。

『続・タイ農村の構造と変動』（共著）勁草書房、2000年。

『復刻版　タイの政治文化――剛と柔』エヌ・エヌ・エー、2015年。

『タイのかたち』めこん、2019年。

訳書：プーミポン・アドゥンヤデート陛下『奇跡の名犬物語――世界一賢いロイヤルドッグ トーンデーン』世界文化社、2006年のため、フランスとの友好関係を強化しようと、ナーラーイ王は、フランス王ルイ一四世の宮廷に使節を派遣した。これにこたえてフランスからもシャムに使節が送られている。フランス人に対するナーラーイ王のもうひとつの期待は、彼らの持つ高度な土木建築技術であった。一六六四年にアユタヤーに派遣された宣教師のひとりトマス神父は、優れた建築技師として知られていた。ナーラーイ王は、彼の協力によってバンコク、アユタヤー、ノンタブリーに砲台を建設している。また新たに王都とされたロッブリーの都市設計と建設についてもトマス神父の助力を求めている。

こうしたシャムの友好的姿勢に接したフランスは、シャムがキリスト教を受容することを期待した。しかしフランスの期待はかなえられなかった。というのも、ヨーロッパ人に対するシャム国王の基本姿勢は、布教の対象が仏教徒でない限りその活動は制限しないが、仏教に対するいかなる誹謗、中傷も許さない。宣教師に期待したのは、トマス神父の事例が示しているように、彼らの持つ進んだ世俗的知識と技能であり、これを最大限に活用しようとしたにすぎないからである。シャムのキリスト教徒に対するこうした基本的姿勢は、近代に至るまで変わっていない。

しかし、ヨーロッパ人に対するナーラーイ王の過剰とも思われる寛容な姿勢は、やがて保守派の反発を招く。一六八八年、部下のペートラーチャーによるクーデタによって、ナーラーイの王位は簒奪されてしまうのである。フランスの史家が「一六八八年革命」と名付けたこの政変以降、アユタヤーは一転して排外主義に傾き、カトリックの宣教師たちも追放されてしまう。のちに許されてアユタヤーに戻ったものの、その後もさまざまな形で干

＊27　バンコク朝ラーマ一世王の命によって一八〇五年に編纂された法典の通称。『三印法典』という名称は三大顕官（民部・兵部・港務長官）の官印が写本に押捺されていることによる。

渉が加えられたため、彼らの宣教活動は停滞せざるをえなかった。一七三〇年にはあらためて、仏教徒を改宗させること、タイ語を使って仏教を批判すること、タイ語でキリスト教の書物を著すことを禁止する布告が出されている。

その後約八〇年を経た一七六七年、アユタヤーは西隣の王国コンバウン王朝のビルマ軍の侵略を受けて壊滅するに至る。首都は灰燼に帰し、国土の統一は失われ、各地に地方政権が叢生した。しかしまもなくタークの地方長官であった華人のタークシンが蜂起してビルマ侵略軍を撃退し、さらに地方に兵を進めて分裂した国土の再統一を図った。こうしてシャムの独立は回復された。王位についたタークシンは、都をアユタヤーから下流のトンブリーに移してここをトンブリー王朝の都に定めた。しかしそれも束の間、一五年後の一七八二年、かつての部下のチャクリーがクーデタによって王位を簒奪し、トンブリー王朝はわずか一代一五年にして滅亡してしまった。タークシンから王位を奪ったチャクリーは都を対岸のバンコクに移して、新王朝を発足させた。これが現在まで続くチャクリー王朝の誕生の歴史である。

シャムのカトリック教会は、こうした激変する政治状況の中で、細々とした活動を続けていたが、一時期一万二〇〇〇人を超えていた信徒数も、一八世紀末には一〇〇〇人に減少してしまったという。こうして衰退した教会が復活の兆しを見せ始めるのは一九世紀に入ってからである。衰微したシャムのカトリック教会の復興のために、もっとも重要な役割を果たした人物の一人が、次に述べるパルゴア神父である。

5 パルゴア伝

パルゴアは、一八〇五年一〇月二四日、コート・ドール県のボーヌの東一〇キロにある小村コンベルトで生まれたフランス人である。その前年に生まれたモンクットの一歳年下にあたる。ボーヌはフランス中東部に位置し、周辺はブルゴーニュ・ワインの産地として知られている。パルゴアは、七歳からラテン語の勉強を始め、一〇歳になって中学六年級に編入すると、たちまちその才能を発揮し、三年後の一八一七年には、復習教師に指名されて六人の生徒の指導にあたるまでになった。一年後、彼はプロンビエールの第四学級の教師となる。一七歳の時ディジョンの神学校に進み、二年後、パリ外国宣教会の神学校に入学して本格的な神学の勉強を始めた。

一八二六年、二二歳のパルゴアは、大シャルトルーズ修道院（La Grande Chartreuse）で瞑想の修行をすることを決意する。ここはイーゼル県のサン・ピエール・ド・シャルトルーズにあるカルトジオ会の母修道院で、山地を代表する四つの峰のうちのグラン・ソムの麓に位置した。戒律は厳しく、訪問客も認められないという世俗から隔絶した修行の場であった。ここでの修業は、パルゴアにとって終世忘れることができない経験となった。翌一八二七年二月、パルゴアは、既に助祭補となっていた外国宣教会神学校に復帰する。同年一二月二一日に助祭、翌年の五月三一日には、はやくも司祭に昇進している。コンベルトの農民たちは、親しみをこめて彼を「若様司祭」（le petit prêtre）と呼んでいたという。

一八二八年五月三一日、二三歳のパルゴアに、宣教師としてシャム王国で伝道せよとの命令が下った。パルゴアとシャムとの生涯にわたって続く関係はこの年に始まった。八月にパリを出発したパルゴアは、九月、ルアーブルからポルトガル船「テレグラフ丸」に乗ってマカオに向かい、船待ちのため数ヵ月間マカオに滞在したのち、シンガポールを経て、一八三〇年半ば無事バンコクに到着した。

パルゴアが最初に居を定めたのは、アソンプシオン小教区であった。この教区は一八〇九年に、フローラン神父[*28]によって始められた小教区である。アユタヤー滅亡以来長く衰退していたシャムのカトリック教会はここから復活の第一歩を踏み出すことになる。

シャムに到着して三ヵ月後、パルゴアは、許可を得てアユタヤーを訪れている。[*29]そこで彼が見たのは、ビルマ軍の侵略によって廃墟と化した旧都の惨状であった。心を痛めた彼は、かつて栄えた聖ヨセフ教会の廃墟の上に、私費をもって小礼拝堂を建てたという。パルゴアは、彼の伝道活動の対象であるシャムの全貌をとらえようと、危険を顧みず、シャムの各地を経巡ることとした。まずアユタヤーからチャオプラヤー河を北上してアーントーン、ムアン・プロームを訪ね、そこからさらにノンタブリー、ムアン・イン、チャイナート、タースーンを経由してラオスを目指した。途中、かつてシャムの首都が置かれていたピサヌロークに立ち寄っている。一時アユタヤー王朝の首都であったピサヌロークは、人口五〇〇〇人に満たない小さな町になっていた。さらに北上したパルゴアは、ムアン・ナーンでラオス王[*30]と出会っている。

一八三四年四月、パルゴアはシャムの知牧区長に任命されたが、病を得、同年七月、シンガポールに渡り、そこで療養生活を送った。[*31]五ヵ月後バンコクに帰任した二九歳のパルゴアは、シャム宣教会全体をとりしきる重責を担うことになった。彼はまず新しい聖十字架教会の教会堂の建設にとりかかった。彼は九月に、イマキュレ・コンセプシオン・ド・ラ・セントヴィエルジュ小教区に補任される。この教区はモンクットの寺であったワット・サモーライに隣接していた。一八三四年三月のパルゴアの日誌には、彼がサラブリーのプラプッタバート（仏足跡寺）に巡礼した折、のちに親交を深めることになるモンクットの一行と出会ったという記事が見える。[*32]

6 モンクットとパルゴアの出会い

パーリ語に精通していたモンクットは、ラテン語の習得にも関心を示していた。勉学のためであれば、身分や宗教の違いなどにこだわらなかったモンクットは、弟のチュターマニー[*33]とともに、まずパスカルという名のポル

*28 フローラン（Esprit-Marie Joseph Florens）はSozopolis司教。一七八七ないし八八年からシャム伝道に携わった。以来、一八二七年にブリュギエール神父が到着するまでの大半の期間、シャムにおける唯一のヨーロッパ人神父であった［Breazeale 2008: 53-56; *APF*, 3 (1828): 233-234］。一八三四年三月三〇日、バンコクにおいて七二歳で死去［*APF*, 8 (1835): 96］。

*29 一八三一年六月二四日付、パルゴアの両親宛書簡［*APF*, 6 (1833): 589-601］。

*30 一九世紀末まで、シャムの人々は今日のタイ国北部を「ラオス」（ラーオ人の地域）と見なしていた。パルゴアは、ピサヌロークの北方でバンコクへ向かう途上のムアン・ナーンの王に会ったと記している。その際、ナーンを訪れると王に約したが、実際にはナーンに至っていない［Pallegoix 1854: tome 1, 93; 2004: 45］。

*31 パルゴアのラオス伝道プロジェクトの企画書は、一八三四年八月一日付で、アユタヤーにおいて書かれている［*APF*, 8 (1835): 115-123］。

*32 パルゴアの著『タイすなわちシャム王国誌』に、北方旅行中にモンクットの一行と遭遇したという記述がある。それによれば、人里離れた河を往く静かな船旅の途中、突如騒々しい人声がしたかと思うと、多数の飾り立てた大船が猛スピードで河を下って来た。赤い衣装の武装した兵士たちが乗り組んでいて、僧形の王子（現在の王）がラーオ地域への旅から帰るところだとわかったという。パルゴアの船の漕ぎ手たちはひれ伏し、パルゴアは船の屋根の下に入って身を隠して、モンクットに気づかれないまま、双方の船はすれ違った［Pallegoix 1854: tome 1, 92; 2004: 45］。これは一八三四年初頭の出来事と考えられる［*APF*, 8: 109-115］。

*33 モンクットと同じくラーマ二世を父とし、その正室を母とする唯一の実弟（一八〇八～六六）。モンクットは自らの登位に際してチュターマニーを第二王とし、以後プラピンクラオ王（在位一八五一～六六）と呼ばれる。註51を参照。

トガル人砲兵隊長からヨーロッパ諸語の手ほどきを受け、ついで隣のコンセプシオン教会のベトナム人ダット神父についてラテン語の学習を始めた。

モンクットがラテン語の習得を志した理由は、ラテン語が当時のヨーロッパ知識人にとって不可欠な教養であると知り、ラテン語の習得によって、自分もまた、ヨーロッパ人に劣らぬ知識人であることを示そうとしたものであろう。[*34] モンクットは、のちにラーマ四世として登位するが、彼が英文でしたためた書簡や肖像写真の署名には、しばしばREX SIAMENSIUM（シャム王）というラテン語が書き添えられている［図5］。

ラテン語を学びはじめたモンクットの耳に、隣のコンセプシオン教会にいるパルゴアという神父は、来シャム以来熱心にタイ語を学び、わずか四年たらずの間に、その実力がかなりのものであるという噂が入った。モンクットは、早速付人に命じて、そのパルゴア神父にラテン語の個人教授を依頼させた。モンクットの要請を受けたパルゴアは、喜んでラテン語を教えることを承諾した。生涯にわたる二人の交友は、この瞬間に始まったのである。[*35]

パルゴアはモンクットの求めに応じラテン語を教えたが、そればかりでなく、数学をはじめ、天文学、物理学、化学など、ヨーロッパで発達した近代科学についての幅広い知識をモンクットに与えている。中でも天文学はとりわけモンクットの興味を引いたようで、後年、彼が皆既日蝕発生の日時の計算に情熱を傾けたという話はよく知られている。こうしてパルゴアは、モンクットにヨーロッパ先進諸国の文化を伝えた最初の人となった。

＊34 当時のフランス人神父のシャムに関する報告の中に、パーリ語を「シャム人のラテン語である」とする記述がある［*APF*, 5 (1831): 113］。

＊35 モンクットとパルゴアの最初の出会いの時期を、石井氏は一八三四年と推定している［石井 1999: 8; 石井 2002: 95］（註32を参照）。一八六二年七月にパルゴアの死をフランス本国に伝えるバンコクの教会関係者の文書では、両者の友情は一八三五年に始まり、以来ゆるぐことがなかったと述べられている［*APF*,35 (1863): 73］。

図5　モンクットのラテン語署名［出典：Bowring 1857］

パルゴア自身もまた、モンクットからパーリ語を学び、加えて伝統的タイ文化の諸相について教えを乞うている。パルゴアの学習成果の一部は、彼が一八五〇年に出版した『シャム語文法 *Grammatica Linguae Thai*』という書物の中に示されている［図6］。ラテン語で著わされたこの著書のタイトルは、「文法」であるが、その内容は文法にとどまらず、伝統的なタイ文化の各方面を網羅している。パルゴアはこの本の冒頭に、「チンダーマニー」というタイ語の副題を付している。「チンダーマニー」は、一七世紀のナーラーイ王時代に出た詩人ホーラーティボディが著した伝統的なタイ語文法と詩作法の書物で、シャムの伝統的知識人必読の文献であった。パルゴアは、この本にならってタイ語文法の記述を行なっている。彼がこの著書の中で示したタイ文化に関する知識は驚くほど深く、かつ多岐にわたっている。彼はタイ語の年代記をラテン語に翻訳して紹介している。彼がこの著書の中で列挙したシャム各地のムアン（くに）の名は、同時代のシャムの地理を知る上でかけがえのない資料である。また当時伝承されていた「三蔵経」の写本を逐一解説しており、彼の仏教知識が並みでないことを示している。特に注目したいのは、同書の中に一四六点にも及ぶタイ語の古典籍のタイトルを掲げている点である。印刷術が未発達で、書物といえばすべて手写本に限られ、外国人は容易に手にすることができなかった時代に、これほど多くのタイ語本について知識を持っていたという事実は驚くほかない。おそらく、モンクットに代表されるタイ人エリートの協力を得て初めてなしえたものと言うべきであろう。

またタイ語に関する彼の知識がいかに優れていたかを示しているのは、四年後の一八五四年に出版された大冊『シャム語・ラテン語・フランス語・英語対訳辞典』で、これは初めて書かれた本格的なタイ語辞書である。この辞書の価値は、現在でも失われておらず、一世紀以上も過ぎた一九七二年に復刻版が出版され、多くの研究者によって利用されている。

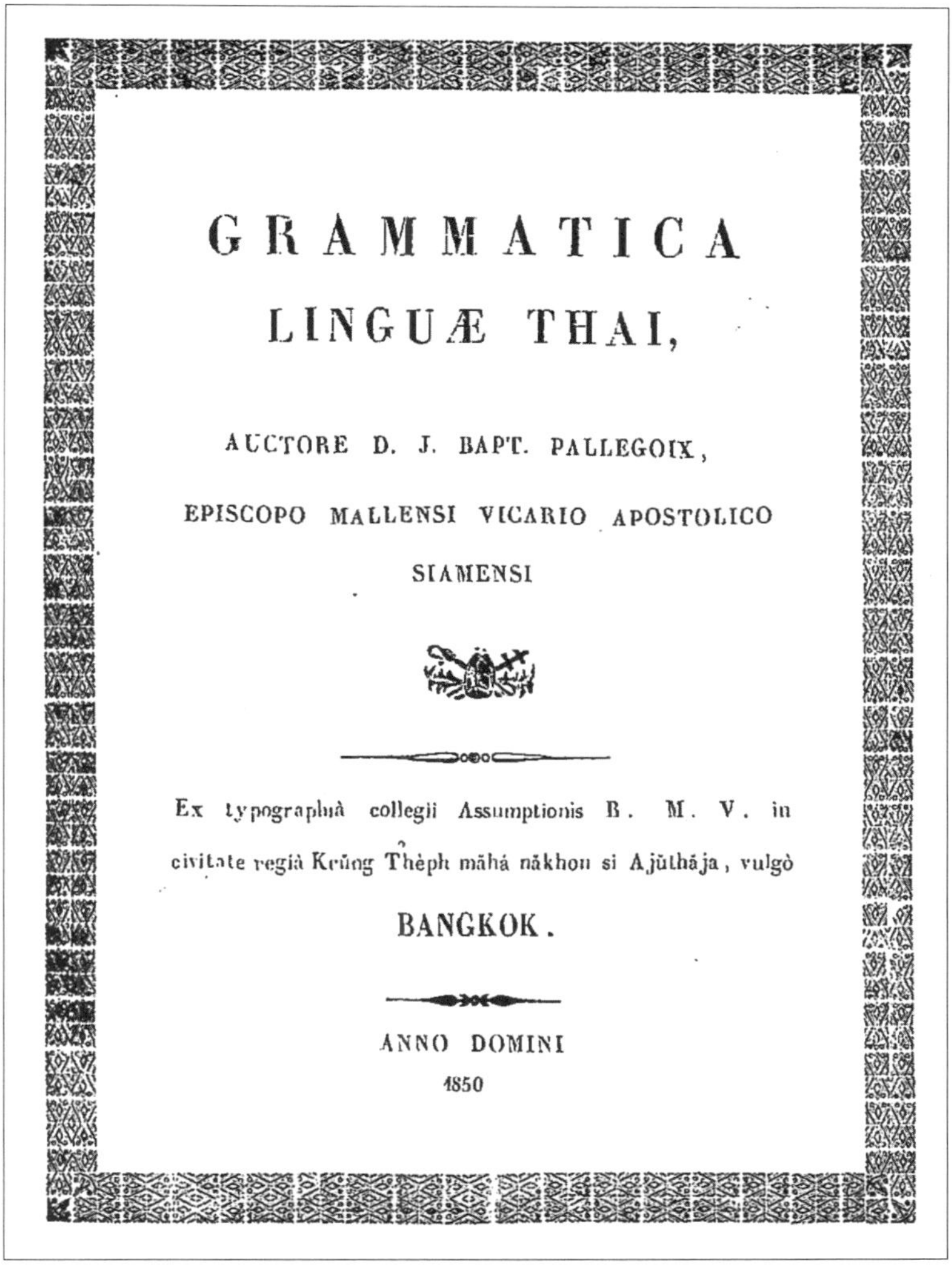
GRAMMATICA
LINGUÆ THAI,

AUCTORE D. J. BAPT. PALLEGOIX,

EPISCOPO MALLENSI VICARIO APOSTOLICO

SIAMENSI

Ex typographià collegii Assumptionis B. M. V. in civitate regiâ Krŭng Thêph măhă năkhon si Ajŭthâja, vulgò

BANGKOK.

ANNO DOMINI

1850

図6 『シャム語文法 *Grammatica Linguae Thai*』(1972年複刻版)
[出典:http://catalog.hathitrust.org/Record/000595463]

7―プロテスタント宣教師

パルゴアがバンコクに赴任する二年前の一八二八年、シャムでは、プロテスタント宣教師によるキリスト教の伝道が始まった。最初のプロテスタント宣教師は、新約聖書『ヨハネ伝』の日本語初訳で知られるドイツ人医師ギュツラフと英国人トムリンの二人である。彼らはまず在バンコクの華人に対する伝道許可を得た。その伝道方法は、医薬品に伝道用の小冊子を添えて頒布するいわゆる「医療伝道」であった。彼らの布教方法は多大な反響を呼び、数日がかりで彼らの許を訪れる者さえいたという。こうした反響の大きさに警戒心を募らせたシャム政府は、宣教活動の自粛を求める一方、勅令を発して、キリスト教に関する冊子をタイ人に配布することを禁止した。政府は、タイ人の中から改宗者の出ることを恐れていたのである。しかしシャム政府の危惧は杞憂に終わり、三年間に及んで行なわれた二人の伝道活動は、ただひとりの華人改宗者を得たにとどまった。ギュツラフは一八三一年、トムリンは翌三二年にそれぞれシャムを離れている。

ギュツラフはバンコクを去るにあたり、アメリカ外国伝道委員会（ABCFM）[*36]に対し宣教師の派遣を要請していた。その要請に応え、一八三二年、アメリカ人医師アビールがバンコクに到着した。彼は前述した華人クリスチャンの協力を得て、バンコク在住の華人たちの間で伝道活動を続けたが、病を得、翌一八三三年に帰米している。その後一八四九年に至るまで、ABCFMから数名の宣教師が派遣されている。[*37]ギュツラフはまた、当時ビルマで活動していたバプテストにもミッショナリーの派遣を要請している。これに応えて、ジョーンズ夫妻がシャムに渡って伝道を開始した。ジョーンズ夫人は、シャムで活動した最初の婦人宣教師であった。

タイに派遣されたプロテスタントの宣教師の大半は医師である。タイ人は彼らを「モー」と呼んでいる。「モー」とはタイ語で「医者」を指す。事実、三世王は、最初にシャムを訪れたギュツラフに対し、王室医務局に勤務して王宮医師として働く気持ちはないかと誘っている。「モー・ブラットレー」の名で、タイ人の間でも広く知られたABCFM派遣の宣教師ブラッドレー[*38]は、華人の腫瘍の切開と大砲の暴発に傷ついた僧侶の腕の手術を成功させて、外科手術の有効性をタイ人に教えた最初の医師となった。一八四九年に首都バンコクでコレラが大流行した際には、献身的な活動によって流行地区の拡大を阻止し、感謝されている。また一八五一年、シャムに天然痘が大流行した際には、王室医務局のタイ人医師が総動員され、ブラッドレーの指導のもとに集団種痘を実施している。

ブラッドレーはまた、近代印刷術のシャムへの紹介者としても知られている。一八三五年、ブラッドレーは、シンガポールにあった印刷機をバンコクに移し、これにベンガルで鋳造したタイ文字の活字を装填して、「十戒」

＊36 The American Board of Commissioners for Foreign Missions の略。

＊37 一八四九年にABCFMはシャム伝道から退いた。事業はAMA（American Mission Association）に引き継がれて、その活動は一八七四年まで続く［Feltus 1924: 39-40］。

＊38 ブラッドレー（Dan Beach Bradley 一八〇四～七三）はニューヨークで医師の資格を取得後、ABCFMの宣教師として一八三五年にシャムに赴任した。一時帰国後に再来した一八五〇年からはAMAに所属して、一八七三年に亡くなるまで、通算三五年間シャムで活動した。ブラッドレーのシャム到着後一五〇年目にあたる一九八五年に、「モー・ブラットレー（タイ語発音による）とタイ社会」と題するセミナーがタイを代表するチュラーロンコーン大学とタマサート大学の合同主催で開催され、その生涯と業績がさまざまな側面から論じられた［Mo Bratle 1985］ほどに、タイの近代化過程に残したその足跡は大きい。モンクットとは僧侶時代から即位後まで、親しい関係にあった（註69を参照）。

「祈禱文」などを印刷したトラクトを作り配布している。これがシャムにおける近代的活字印刷のはじまりとなった。[*39] このように新技術に詳しいプロテスタント宣教師に対し、シャムのある高官は「（シャムに来る）宣教師は、経験豊かな植物学者、科学者、系統学者、そして鉱物学者であることが強く望まれる」と語ったと言われているが、タイ人の宣教師観を示して興味がひかれる。

タイ人がプロテスタントの宣教師を「モー」と呼んだということは、つまるところ、彼らを聖職者と見なしていなかったことを意味している。タイ人にとって聖職者とは、性的欲望を絶ったcelibate つまり独身主義者でなければならないからである。[*40] これと異なり、カトリックの神父に対しては、「モー」ではなく、「クン・ポー」すなわち「神父さま」と呼んでいた。理由は、カトリックの神父が、仏教僧と等しく、独身を守る出家者であったからにほかならない。こうしたタイ人の聖職者観からすれば、ジョーンズ夫人のような婦人宣教師が、聖職者と認められるはずはなかった。周知のように、モンクットは多くのプロテスタント宣教師たちと幅広く付き合っていたが、その理由は、彼らが近代科学技術の紹介者であり、彼らから近代科学を学ぼうとしたからにほかならない。彼らが宗教者としてはまったく評価されていなかったことを指摘しておく必要がある。

タイ人の持つこうした聖職者観は、欧米の知識人にも知られていた、一八三三年、のちに述べる和親条約締結のため来訪したアメリカ人全権使節のエドモンド・ロバーツが、その報告書の中で以下のように述べていることからも明らかである。

よき妻は、宣教師にとって計り知れぬ安らぎと便宜を与えてくれる存在であるには相違ないが、布教先の大衆の抱く偏見も、少なくとも当座は考慮しなければならない。なぜならシャム人は、聖職者と言われる人であれば、仏教徒であれキリスト教徒であれ、一生不犯でなければならないと、固く信じて疑わないからである。

8 ワット・ボーウォンニウェート

一八三七年一月、三世王はモンクットを、新しく建設された[*41]王立寺院ワット・ボーウォンニウェートの住職に任命した。三世王には副王がいたが、副王の死後、新副王は任命されなかった。ボーウォンニウェートという寺名は、故副王の名前を思い起こさせるものであったが[*42]、これは王となることなく出家したモンクットを「副王」になぞらえようとした三世王の気持ちの表れと考えられている[*43]。モンクットがワット・サモーライからワット・

---

*39 ブラッドレーによる印刷出版物は、タイ語の古典（『三印法典』、『チンダーマニー』）をはじめ、タイ文学史上で最初の版権が売られたことで知られるモーム・ラーチョータイの『ロンドン紀行』、世界の歴史や地理、生理学書などさまざまな分野に及んでいる。また、ブラッドレーは今日なお有用なタイ語辞書（*Dictionary of the Siamese Language*, 1873）の編纂、ジャーナル（『バンコク・レコーダー』）の刊行も行なった。

*40 パルゴアも、アメリカ人宣教師たちのシャムにおける活動について批判的な報告をする中で、「シャム人たちは、聖職者でありながら結婚しているのに納得させられることはない。ゆえに、彼らはけっして『プラ』（僧・聖職者 prêtres）とは呼ばれず、常に『クルー』（先生 maitres）ないし『モー』（医者 médecins）と呼ばれる」と書いている[*APF*, 26 (1854): 46]。

*41 当該寺の創建はこれより約一〇年前に遡り、建設者は故副王マハーサクディポンセープ（在位一八二四～三二）であった。当初は「ワット・マイ（新寺）」と呼ばれていた[Wat Bowon: 1; Lingat 1933: 73, 76]。

*42 「ボーウォン」とは「栄光ある」という意味で、副王に関する事物に尊称として冠せられる言葉である。たとえば、副王の宮殿は「ボーウォンサターン」と呼ばれる。

*43 三世王がモンクットを副王並みに遇することを意図したとの見解の裏付けとして、三世王がワット・ボーウォンニウェートの住職に就任前のモンクットを故副王の宮殿に招いて、そこにある御物を好きに選ばせたという逸話が伝えられる。故副王由来

ボーウォンに移るに際しては、副王並みの盛大な行列が行なわれている。三世王はモンクットのために、立派な洋風の僧坊を建てた。モンクットはこの僧坊で、一四年間、僧侶としての生活を送ることになる。

ワット・ボーウォンの住職となったモンクットは、自らの経験に基づき、パーリ語の重要性を感じ、パーリ語教育に力を入れたので、ワット・ボーウォンは、やがてシャムにおけるパーリ語の教育センターとなっていった。日常行なう勤行においても、それまでタイ語式に発音されていたパーリ語は、正しいパーリ語本来の発音で行なうよう指導した。その結果、耳慣れた「プッタン・サラナン・カッチャーミ(われ仏に帰依したてまつる)」は、「ブッダハン・サラナン・ガハッチャーミ」と唱えられるようになったのである。彼は僧衣の着用の仕方をも改めている。それまでシャムの僧侶は、右肩を露わにして三衣を着ていたが、これを戒律に従い、両肩を覆う着方に改めた。これはモーン仏教の影響である。モンクットは、伝統的な勤行に加え、朝に夕に、在家の信徒を対象として説教を行なうことを始めているが、これはキリスト教の慣習にならったものである。

当時シャムで用いられていたパーリ語三蔵経は、アユタヤー壊滅以来の混乱の影響もあってか、かなり不備なものであったようである。一八四〇年、バンコクを訪れたスリランカの仏僧からその点を指摘されたモンクットは、一八四二年、仏教使節をスリランカのキャンディに派遣して、パーリ語三蔵の写本の借用を求めた。仏教使節はその後も数回にわたりスリランカに渡り、写本の借用を繰り返している。その結果、シャムの三蔵経はようやく完全なものとなった。

これまであまり注目されなかったモンクットの事跡の一つに、改良文字の発明がある。モンクットは、キリスト教の聖書が広く世界に広まることができたのは、印刷のおかげであると考え、パーリ語三蔵も印刷してこれを広める必要があると考えた。しかしシャムのパーリ語仏典はすべて、子音記号の上下に母音記号のつくクメール文字で書かれていたため、これを印刷するとしても技術的に容易でないことに気づいた。この難点を解決するため、モンクットは印刷しやすいように、ローマ字風のタイ文字を考案したのである。彼はこの新文字を「アーリヤ文字」[*44]と呼んでいる。「アーリヤ」とは、先進ヨーロッパ諸国を指す言葉[*45]であることを考えると、「アーリヤ文字」の使用によって、シャムもまたヨーロッパに代表される文明諸国の一員であることを示そうとするモンクットの

の品々はワット・ボーウォンニウェート内の特別な贅沢品として残されているという［Lingat 1933: 76; 山田 1991: 68-69］。ワット・ボーウォンニウェートへの異動に関しては、三世王がモンクットのシャム・サンガからの逸脱的動きを矯正しようとした、さらにはパルゴアから遠ざけようとの意図があったという見解もある［Terwiel 2011: 132-133］。

＊44 正しくは、「アリヤカ文字 Akson Ariyaka」と呼ばれた。

＊45 現代タイ語で「アリヤカ」は、「アーラヤン」と同じく、インド・ヨーロッパ語族に属するインド、イランなどに定住した人々を指す。また「アリヤ」は仏教用語で、修行の成果により一定の段階以上に達した聖者の呼称である（*Photcananukrom cabap Ratchabanditayasathan* 1998: 1337）。一九七一年にワット・ボーウォンニウェートがワチラヤーン親王の著作の一部として公刊した『アリヤカ文字　ラーマ四世王御考案による』という冊子の中では、「パーリ語（Makhot Phasa）」の意味で「アリヤカ語（Ariyaka Phasa）」という言葉が使われている。そしてワット・ボーウォンニウェート名で書かれた同書の緒言には、アリヤカ文字はモンクットが同寺の住職であった間に、モンクットの下に集まって学ぶ修行僧たちが間違えやすい従来のクメール文字（Akson Khom）に代えて、三蔵学習に用いるべく考案されたとワチラヤーン親王の著作に基づいて述べられている［Anake 2006b: 216-218］。アユタヤー時代以来、シャムではパーリ語を書く際はタイ文字を使わず、もっぱらクメール文字を用いていた［Kongkaeo 2002: 120-121］。アリヤカ文字の考案により、クメール文字で書かれた仏典に依存していた状況を打開したという意味は小さくなかったであろう。「アリヤカ」の名称には、それまでクメール文字が経典文字として帯びていた聖性を強調する意味が籠められていたかも知れない。［Anil 2008, Anil 2012］は、モンクットが目指したのは、諸国の仏教徒が共通に用いることができる普遍的なパーリ語のための文字の創造であったと主張する。事実、アリヤカ文字がスリランカでも用いられた例があるという。それからモンクットは「タイ国で初めての仏教書の印刷を目的とした印刷所を設立」して、戒律本などをアリヤカ文字で印刷した。したがって、アリヤカ文字の考案に印刷の便が考慮されていたのは確かであろう。けれどもアリヤカ文字には活字体と同時に、手書き用の書体も完備されていたことから［Anake 2006b: 220-236］、印刷だけが目的だったとは言えそうに

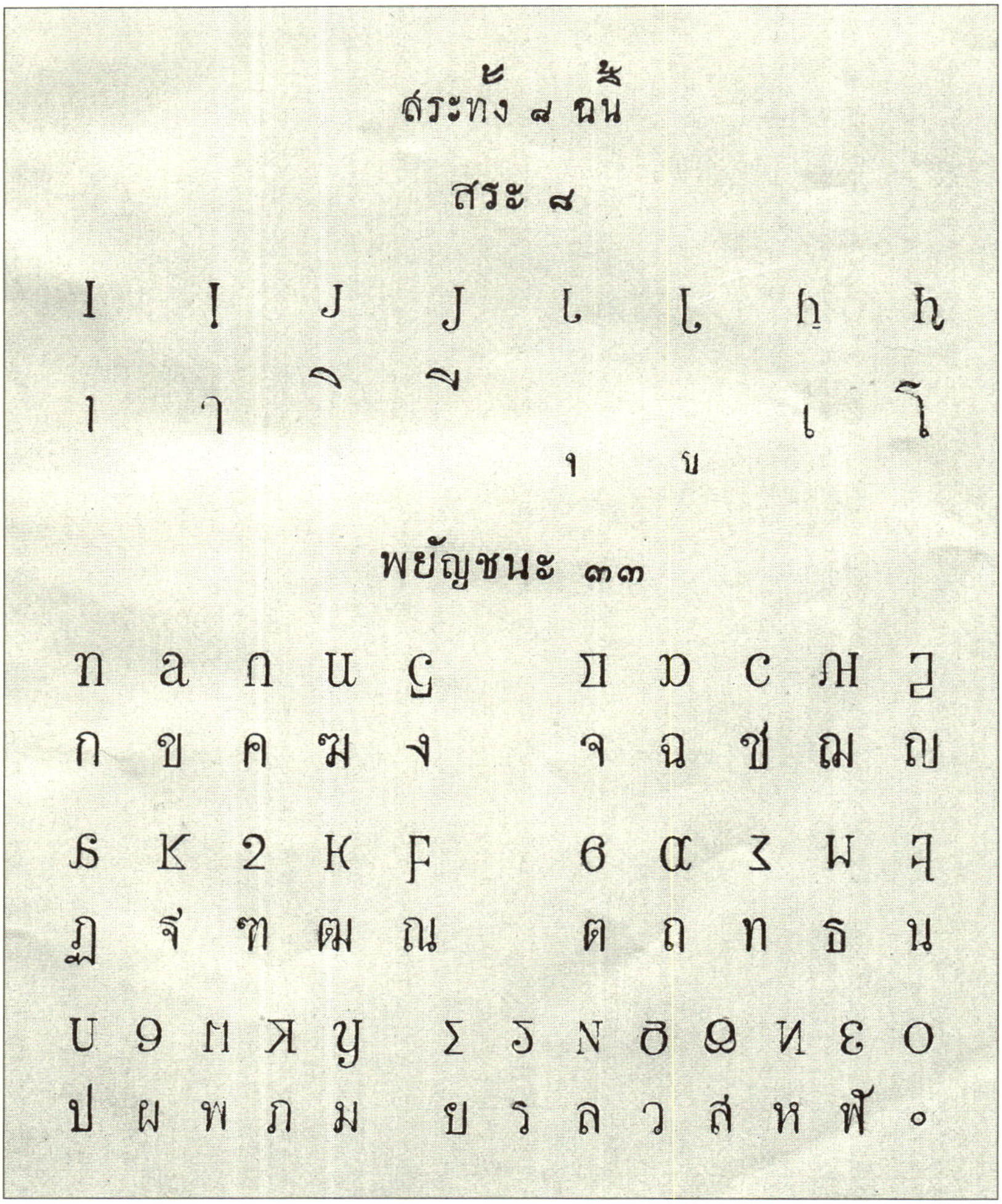

図7　アリヤカ文字。
アルファベット(母音8文字、子音33文字。下段は対応するタイ文字)と印刷文字の例(左)
[出典：Anake 2006b: 238-39]

ตัวอย่างอักษรอริยกะ

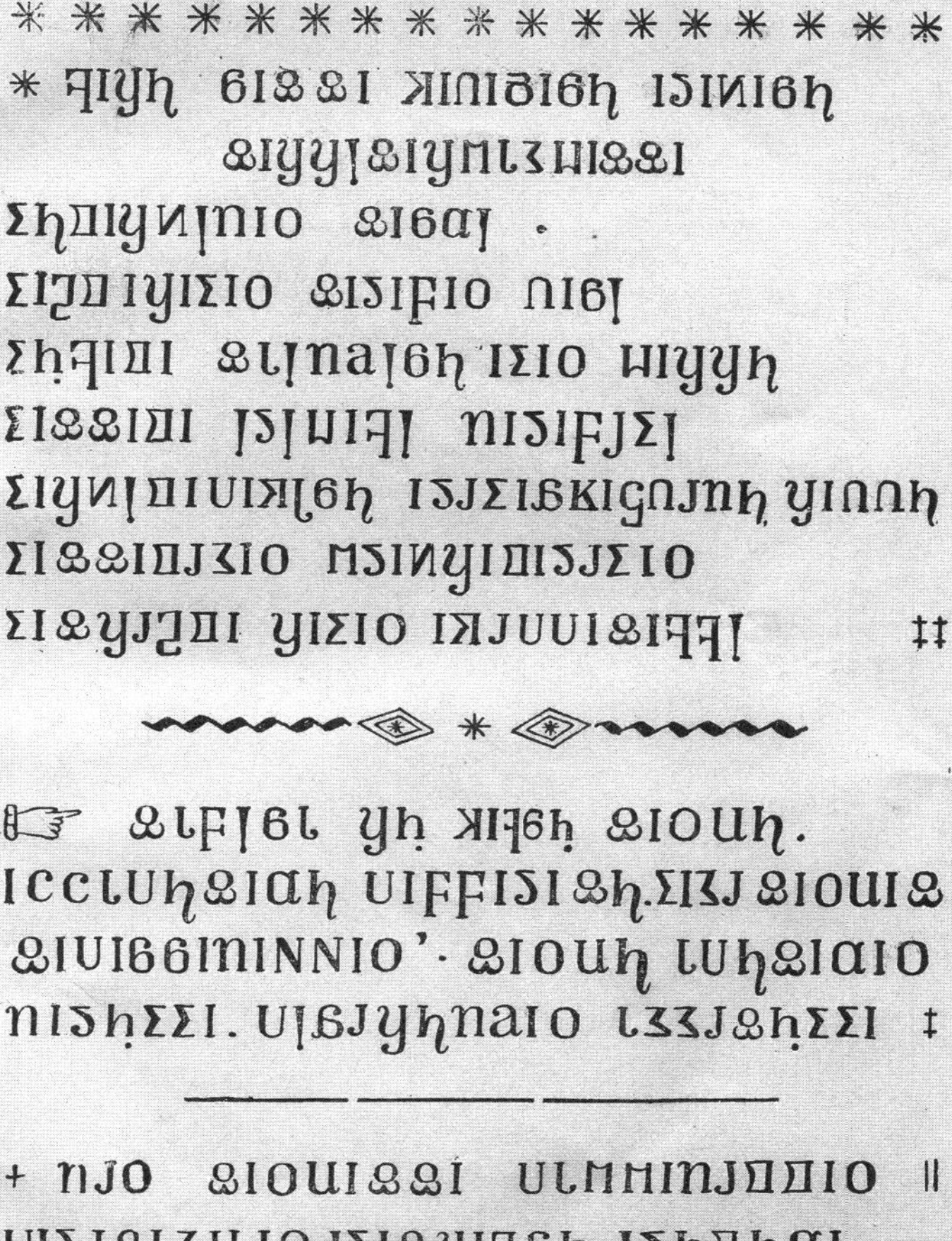

願望を感じるのである。

9―モンクットとキリスト教

モンクットは、キリスト教が、先進欧米諸国の文明の形成に果たしてきた重要な役割をよく知っていた、それゆえ、ヨーロッパ人による思想的攻撃からタイ文明を守るためには、まず自らが「敵」であるキリスト教について十分な知識を持つことが不可欠と考えた。彼は聖書を熟読している。[*46] モンクットの机の上には、ウェブスターの英語辞書[*47]と並んで、常に米国聖書協会発行の旧新約聖書が置かれていたという。[*48]

モンクットがキリスト教の知識について自信を持っていたことを示すエピソードが、パルゴアの日誌の中に見える。次の引用は、一八四二年一二月二一日の彼の日誌の一部である。[*49]

私（パルゴア）が僧坊に登ると、黄衣をまとった親王（モンクット）が進み出て私の手を取り、ほほ笑みながら私に、白てんの毛皮で覆われた脇息によりかかって座るよう促した。二人の会話は、茶をすすり、パイプをくゆらせながら進められた。まわりには奴婢たちがひれ伏していた。親王は口をひらくなりこう言った。「あなたから頂戴した宗教書は、端から端まで読ませていただきましたよ。それらの書物は、ガラスのはまった戸棚の中に収めておいたのですが、注意していたのに、残念ながら白アリに食い荒らされて、今ではキリスト教の教理はすべて私の頭の中に残るばかりとなりました」

「殿下がもしこれらの書物を読破されたのであれば、いまやキリスト教に精通されているに違いありますまい。少なくとも、キリスト教の根本教理はお認めいただけたでしょうか？　たとえば天地創造をどうお考えになりますか？　殿下はなおも輪廻転生をお信じでしょうか？　私は創造神を信じておりますが…」私がこう言い終えると、殿下は八分から一〇分にわたり、優雅な言葉をもって、天地創造の情景を描写し始めた。そして笑いながら、まわりにはべる奴婢たちを顧みて、こう言った。「よいか皆の者、私もキリスト教の司祭と同じように説教ができることがわかったか」と。

この日記にはまた、寺内を案内されたパルゴアが、柱のひとつひとつにキリスト・イエスの行なった奇跡の図

＊46　ない。モンクットの熱意はパーリ語経典に基づく仏教教学の向上に注がれ、「アリヤカ文字」の名も、それがいかにもローマ字風であったにせよ、むしろ仏教徒としての自負の現れと受け取ることができよう。しかしいずれにせよ、アリヤカ文字の普及は限定的な範囲にとどまり、モンクットがワット・ボーウォンを出て世俗の君主となった後、徐々に廃れてしまったのである。

＊47　たとえば［Phracomklaocaoyuhua 2011: 113-116］では、『聖書』に反駁するために、『旧約聖書』「創世記」冒頭の天地創造の由来からじっくり読み込んだことが示されている。

＊48　一八五六年五月にアメリカの全権使節としてバンコクに赴いたハリスが、ピアス大統領から託されてきた種々の贈答品リストの中に、緋色のモロッコ革装のウェブスターのアメリカ英語辞書一冊が含まれている［Mongkut 1927: 35］。

＊49　モンクットの部屋を訪ねたサミュエル・ハウスによれば、棚には聖書と辞書とともに航海図が並んでいたという［Feltus 1924: 53］。『信仰普及協会年報』に一八四二年一二月二一日付ボーヌ市立病院長宛書簡の抜粋として掲載されている［*APF*, 16 (1844): 266-270］。信仰普及協会はフランスのカトリックミッション支援を目的としてパリとリヨンを拠点に一八二二年に結成され、海外伝道に資金援助を行なっていた。『年報』は世界各地で布教活動に従事する司教や宣教師たちからの書簡や記録文書を載せており、パルゴアの書簡も数通見出される。［牧野 2009: 101-104］を参照。

が飾られているのを見た時の驚きが記されている。「なぜ仏像の間に、こうしてわが主の絵を飾られるのですか」というパルゴアの問いかけに対しモンクットは、平然として「尊敬しているからですよ」と答えたという。

モンクットは、欧米人に対して自分の意見を伝えるためには、武器として、生きた英語を学ぶことの必要性を感じていた。一八四五年、彼はアメリカ人宣教師ジェス・カズウェル[*50]を教師として、弟のチュターマニーといっしょに、英語の勉強を始めている。週四日、毎回一時間行なわれた授業は、一年半にわたって続けられた[*51]。まだタイ・英辞典が存在していなかった時代である。モンクットは、彼の得意とするパーリ語・英語辞書を使って英語を学んだという。彼の書く英語は、晦渋でやや読みにくいが、その表現力は英米人から高い評価を受けている[*52]。後述するようにモンクットは、彼の英語力を駆使して、ローマ法王や、アメリカ大統領など、多数の欧米の要人に、数多くの書簡を書き送っている。それらの書簡は後年、『モンクット英文書簡集』として出版された。

カズウェルから英語を学んだのは、モンクットとチュターマニーのほかに、のちに五世王の摂政となるシースリヤウォン[*53]、ブラッドレーから西洋医学を学んだ最初のタイ人となったウォンサーティラートサニット親王、のちに造幣局長に就任するナーイ・モートら数名の若いエリートたちだった。これらの青年エリートたちは、やがてモンクットを支えて、シャムの近代化推進の中核としての重要な役割を果たしてゆくことになる。

10—プロテスタント宣教師のシャム理解

こうしたモンクットらの努力を、アメリカ人のプロテスタント宣教師たちはまったく理解しなかった。彼らは、タイ人は野蛮な未開人であり、その原因は仏教などという未開な宗教を伝統にしているからだと確信していた。彼らにとっての責務は、これら未開の民に、キリストの福音を説くことによって、彼らを「文明」へと導くことであった。その使命感は、絶望的なまでに強固なものであった。

宣教師たちがタイ人を未開野蛮と考えたことにも理由がないわけではない。一例をあげれば、一八二八〜二九年に起こったひとつの事件がある。それは宗主国シャムに対する反乱を指導したラオス国王チャオ・アヌ[*54]を襲った運命で、彼は捕らえられてバンコクに護送され、公衆の面前において言語に絶する拷問を加えられたのち惨殺

＊50　ジェス・カズウェル（Jesse Caswell　一八〇九〜四八）は一八四〇年、妻らとともにバンコクに到着した。バンコクでは毎日天気図を記すほどの科学好きだったカズウェルは、八年後に急死するまでの間に、アメリカ人の中で最もモンクットと親しくなったと言われる［Bradley 1966］。

＊51　［McFarland 1999: 19-20］。なお、チュターマニーはこれより早く、一八三〇年代からジョーンズらの宣教師から英語の手ほどきを受けて［Cowan 1867: 43-45］、この時既に会話や読解の能力を有していた。

＊52　モンクットの英語の会話能力については、一八五六年五月にモンクット王に謁見したアメリカ使節のハリスが、「王は、ずば抜けて上手にしゃべり」と書いている。そして、ハリスに「たくさんの書籍、印刷物、武器、化学製品など、すべてヨーロッパ製やアメリカ製のものを見せてくれた」という［ハリス 1997: 242］。

＊53　アユタヤー時代からシャムの宮廷に仕え、一九世紀半ばに要職を独占したブンナーク一族の中でも、五世王期のはじめに権勢を極めることになるチュアン・ブンナーク（一八〇八〜八二）。即位後のモンクットの下の外交交渉では、欧米使節から宰相と見なされる中心的役割を果たした。

＊54　ラオスという名の国は当時まだ存在しない。今日のラオスの主要民族であるラーオ人が一四世紀に興したラーンサーン王国は、一八世紀以降分裂状態にあり、分裂したラーオ諸国はそれぞれ一八世紀末にシャムとの従属関係に入った。アヌはラーンサーン王国の後継国家の一つであるウィエンチャンの王であったが、シャムへの従属を嫌って、ラーマ三世に叛旗を翻した。アヌの率いた軍は現在の東北タイ地域を進んで、一時は中部タイ付近まで迫ったが、シャム軍の反撃にあって敗走した。

され、遺体が凌辱されたのである。[*55] この情景を目のあたりにしたギュツラフは、日記にこう記している。

（仏教という）無神論の許し難い影響が、政治の暴虐と相まって、シャムの民衆を、精神的・霊的惨状に追いつめてしまっているのだ。不道徳はその極限に達している。賭博とアヘン吸引の悪習は、生活に悲惨さを加え、詐欺、まやかしの横行は目を覆うばかりである。嘆かわしいことだが、およそ心の正直な人間に、出会ったためしがない。見るもの聞くもの、ただ唾棄すべき暴政、世俗的な僧侶、数々の悪徳と腐敗のみ。

このようなタイ人像は、ギュツラフに限らず、当時の欧米人が持つ平均的タイ人観であった。当時中国の広州で発行されていた『チャイニーズ・レポジトリ』や、シンガポールの新聞『シンガポール・クロニクル』の論説にも同様の議論が見られる。[*56] 宣教師たちは、未開野蛮の異教徒の国シャムに、キリストの福音を述べ伝えることこそが、自らの使命であると確信していたのである

11―シャムの知識人の宣教師観

このような宣教師たちの偏見に対して、シャムの知識人たちのとった姿勢は、弁護的であるよりも、むしろ攻撃的であったことに注目したい。モンクットとともに英語を学んだ青年で、のちに港務長官となるティパコーラウォン[*57]が宣教師との間に交わした対話[*58]の中に、こうしたシャム知識人の自負が示されている。

ティパコーラウォンは、宣教師にこう問いかけている。

万物は神の被造物であるというが、これは事実か？

その通り。

膀胱に生ずる結石もまた神の被造物だろうか。

その通り。

もしもそうであるならば、病人の体内にできた結石は神の意志であり、これを手術によって摘出する行為は、神の意志に反する行為ではないか。

＊55 トムリンは一八二九年一月三〇日の日記に、さらし者になっていたアヌの家族たちを見に行った時の様子を記している[Farrington 2001: 40-41]。

＊56 モンクットが欧米人による、こうした批判的ないし侮蔑的な議論を目にしていた可能性は高い。のちの書簡であるが、モンクットは「香港とシンガポール両地の、ほとんどすべての新聞」を読んでいると述べている[Winai & Theera ed. 1994: 59]。また、英国の『ザ・タイムズ』も読んでいた[Saicon 1985: 5]。

＊57 ブンナーク一族（註53参照）の要人の一人であったカム・ブンナーク（一八一二～七〇）。晩年に五世王チュラーロンコーンの命を受けて、バンコク王朝一世王期から四世王期までの年代記を編纂した。

＊58 ティパコーラウォンの著書『キッチャーヌキット』[Thiphakorawong 1971 (1867)]からの引用である。『キッチャーヌキット』には、キリスト教と仏教の教理の違いをめぐって、シャムで伝道した宣教師たちとティパコーラウォンとの間で実際に交わされたと見られる対話が収録されている。同書の初版（一八六七年）は、タイ人の手になる初の石版印刷本である。キリスト教に批判的な内容が宣教の妨げになるとして、キリスト教系の印刷所が印刷を引き受けなかったためであると言われている。

これを聞いた宣教師は、度し難しと言って立ち去ったという。[*59] 論争は宣教師の負けと言うべきであろう。モンクットもまた、彼がアメリカの友人に書き送った英語の手紙の中で、同趣旨の議論を展開している。[*60]

キリスト教などという宗教は、野蛮人とあまり違わぬ古代ユダヤ人の迷信にすぎない。キリスト教がヨーロッパに広まったのは、一点の疑いを容れる余地のない偉大なる科学の火が、いまだヨーロッパを照らす以前のことであった…われわれがイギリス人やアメリカ人と交際するのは、科学と芸術のためであって、野蛮な宗教に感心したからでも、驚いたからでもない。というのも、われわれは天文学や地理学や文法学や航海術に通暁した人が、聖書の内容を否定し、これをまったく信じない例のきわめて多いことをよく知っているからである…われわれの国は、かのユダヤの宗教よりはるかに立派な道徳と文明、信ずるに足る因果の法則を、はるか以前から持っている。私は、貴下が私の内面的・外面的幸福を乞い願い、あらゆる生き物を永遠の幸福へと導くと信じてやまぬ道への手引きを送ってくれたことに対し、深甚なる謝意を表したいと思う。しかし私は、貴下の忠告を受け入れるわけにはいかない。なぜなら、私は、永遠の幸福を得る正しい道は、世界の宗教がすべてそうであるように、法と善行・善心にあると信じているからである。

この文面を見ただけで、モンクットが宣教師たちを宗教人としてはまったくと言ってよいほど評価していなかったことがわかる。

近隣の諸国で発生しつつある植民地主義の展開を知悉していたモンクットは、宣教師たちによるシャムの伝統的仏教を否定する宣教活動が、隣国ビルマに見られるような、植民地化の前哨戦として発展することをおそれていたと思えるふしがある。こうした歴史の流れに、武力をもって対抗することの困難さを自覚していたモンクットは、シャムの仏教が、西欧の近代思想に対しても、キリスト教よりさらに優れた宗教であると主張することの重要性を自覚していたのであろう。

　モンクットは、宣教師たちが仏教批判をする際の根拠のひとつであった「合理性」を武器として、逆にキリスト教批判を展開している。「合理性」を基準とするならば、キリスト教のほうがむしろ「野卑な」迷信であり、「善因善果、悪因悪果」を説く仏教のほうが、はるかに優れた教えであると主張することが可能と考えたからである。この視点に立ったモンクットは、キリスト教を、「馬鹿げきった宗教 a foolish religion である」[*61]とまでこきおろしている。宣教師のひとりサミュエル・ハウス[*62]は、こうしたモンクットの姿勢について、次のように書いている。

＊59　この問答の箇所［Thiphakorawong 1971: 114-115］で「怒って」帰ったと記されている相手の宣教師はカズウェルである。

＊60　一八四九年一一月一八日付で、米国ニューヨーク在住のエディー（Eddy）夫妻に宛てて書かれた手紙［*PRHL* 1978: 6-18］中の文章である。貿易ビジネスを営むエディー夫妻はマトゥーン、ハウスらシャムに赴いた宣教師たちからの情報に基づいて、当時ビクであったモンクットをキリスト教へ導こうと手紙で説いたらしい。それに対するモンクットの返事と見られる。しかしモンクットがエディー夫妻に長文の手紙をしたためた本当の目的は、別にあったようだ。この手紙でモンクットは自らを夫妻の「親友（your true friend）」と称し、夫妻に自分のエイジェントとなって米国製品購入・発送の便宜を図ってくれるよう依頼しているからである。そして「どうしても欲しい」と真っ先に注文したのが、米国製の石版印刷機一式で、英国製より安いと聞いていると書き添えている。それにより、キリスト教宣教師に頼らずに印刷を行ないたいと願ったのだろうか？　キリスト教を批判したティパコーラウォンの書『キッチャーヌキット』を印刷した石版印刷機は（註58を参照）、こうしてシャムにもたらされたものであったのかも知れない。

＊61　モンクットは、一八四八年にバプテスト・ミッションが刊行した年鑑に住職として登載された際、自身の紹介文として、「聖書を毛嫌いし、キリスト教を馬鹿げた宗教と考えるがゆえに信仰せず」云々と追記するよう編集者に求めたという［Feltus 1924: 52］。

＊62　ハウス（Samuel Reynolds House 一八一七〜九八）は、一八四七年にマトゥーンとともにシャムに到着したアメリカの長老教会派ミッション（The Presbyterian Board of Foreign Missions）派遣の宣教師だったが、医師でもあった。

チャオファーヤイ（＝モンクット）は、強靭な精神がその前に出現した重厚な対象に立ち向かう時の姿勢をもって、キリスト教の問題と取り組んだ。彼はキリスト教を哲学としてとらえている。しかしすべての宗教は、もし哲学的に研究するならば、必ず解決不能の問題に直面するものである。そもそも宗教とは、生活と実際にどうかかわるのか、あるいは人間の心にどのような力を持つのかという見方でとられるのが正しいのではあるまいか。もしモンクットが、西洋の科学と対する時のように、実践的にキリスト教を学んでくれるならば、おそらく、まったく違った結論を得てくれるであろうに。[*63]

ただ現実に見られるシャムの民衆仏教には、宣教師に批判されてもしかたのない側面があったことも、モンクットは自覚していた。それは宣教師が批判の対象とした、『トライ・プーム（三界経）』という宗教書の存在である。この書物は、民衆教化用の通俗書で、タイの民衆の仏教観に長く絶大な影響を与えていた。『トライ・プーム』は、一三四五年、のちにスコータイ王となるパヤー・リタイが著した書物と信じられている。トライ・プームとは欲界、色界、無色界の三界を指し、全編にわたって因果応報の原理が具体的に説かれている。寺院の本堂壁画などには、しばしば『トライ・プーム』の一場面が描かれており、これを見た西洋人たちが、『トライ・プーム』をもって荒唐無稽の書であるとしたのであった。モンクットは、『トライ・プーム』のような通俗書によって仏教が誤解され、批判されている現状を放置しておくことは許されないと考え、『トライ・プーム』は、本来の仏教とは無縁であると主張している。モンクットによれば、真の仏教は、欧米人にとっても信じるに足る優れた宗教であり、これを実証しなければならないと考えたのである。

12 合理主義思想と仏教

ヨーロッパにおける仏教研究は、一八二〇年代に開始され、三〇年代に一層の進展を示すに至った。仏典が翻訳され、数々の仏教研究書が、英語、ドイツ語など、ヨーロッパの諸言語に翻訳されるようになる。新たな宗教思想を模索しつつあったヨーロッパ知識人は、仏教教理に注目し、仏教思想がキリスト教以上に、ヨーロッパの近代合理主義精神に適った宗教であると考えるようになっていた。モンクットの自信の背景には、西欧に生まれつつあったこうした思想状況の展開があったものと思われる。

モンクットは、「堕落した」と非難を浴びているシャムの仏教を、仏典本来の精神に基づいて浄化することの必要性を感じ、そのための改革運動に着手した。彼が主導した復古主義的仏教革新運動は「タマユット」と呼ばれる。「タマユット」とは、パーリ語で仏法を意味するdhammaのタイ語形thammaに、「結合、相応」を指すyuttiのタイ語形yutを合成した造語で、ブッダの教説、すなわち「タンマ」に適った教説を捧持し実践することを標榜する復古的宗教改革運動であった。

パーリ語経典の読解に対するモンクットの姿勢は、信仰によらず、あくまでも理性に基づく実践的認識をめざす

＊63 この文章は、シャムにおけるサミュエル・ハウスの活動を扱ったフェルタスの著書に、すべて過去形の文章として見出される[Feltus 1924: 51]。フェルタスはハウスの書簡や日記を利用しているが、引用する場合はそれとわかる形になっている。この箇所は引用文の形ではないので、フェルタスの意見が述べられている可能性が高い。

という態度に貫かれている。一切の存在は「苦」であり、その「苦」から解放される手段として「八正道」の実践がある。まず戒律に従った規律ある生活を送ることによって心身を整え、これによって精神の統一を行ない、この統一された精神によって最高の叡智を獲得し、苦からの解脱を完成させる、という思想である。そこには宣教師たちが攻撃の対象とした迷信は不在である。モンクットの立場に立つならば、創造神の存在を説き、神に対する信仰によって救済されると主張するキリスト教の方こそ非科学的であり、近代的合理主義精神に反しているのであった。

13―パルゴアの仏教理解

一方、カトリック神父であったパルゴアの仏教に対する態度は、キリスト教の福音を伝えることのみに急であったアメリカ人宣教師とはまったく異なり、きわめて客観的であった。そのことは、パルゴアの著作の中にはっきりと示されている。パルゴアは、一八五四年に、『タイすなわちシャム王国誌』(*Description du Royaume Thai ou Siam*, I-II, Paris, 1854)という著書を出版している。同書は、上巻四八八ページ、下巻四二三ページ、合計九〇〇ページを超える大冊で、その内容は、

第一章　シャム王国の地理・行政区分
第二章　シャムの朝貢国
第三章　首都および地方概説

第四章　地形学的考察および鉱物
第五章　植物
第六章　動物
第七章　タイ人の習慣と服装
第八章　タイの政府
第九章　財政
第一〇章　戦争と海軍
第一一章　商業
第一二章　芸術と産業
第一三章　法制
第一四章　言語と文学
第一五章　シャムの聖典に基づく仏教体系の分析　（以上上巻）
第一六章　仏伝
第一七章　僧侶
第一八章　迷信
第一九章　サヤームと呼ばれたタイ族の歴史
第二〇章　シャム宣教史
第二一章　シャム宣教の現況

の二一章よりなり、文化、社会、政治、行政組織、法制度など、当時のシャムのあらゆる分野について精細に記録されている。一九世紀のシャムの政治、社会、文化に関し、パルゴアのこの著作に勝る書物はほかにない。のちに述べる英国使節バウリングが二冊本の大著を著すにあたっては、全面的にパルゴアに依存している。[*64]

パルゴアがこの著書の一五章以下でとった仏教に関する記述は、きわめて中立的かつ客観的である。シャムの仏教は迷信であると一方的に決めつけるプロテスタントの宣教師たちは、仏教について学ぼうとしなかったのに対し、パルゴアは予断を排して、精力的にタイ仏教を研究している。彼はアメリカ人宣教師たちによって批判された『トライ・プーム』を含め、タイ人の宗教観の形成に寄与しているあらゆる文献を精査し、それに基づき、先入見なしにシャムの仏教の全体像に迫ろうとしているのである。

パルゴアはまず、「シャムの聖典に基づく仏教体系の分析」と題する第一五章を、六〇巻よりなる『トライ・プーム』の分析にあて、その内容をきわめて詳細に記述している。そして仏教徒であるタイ人にとって、ブッダは優れた宗教人であり、創造神として彼を信仰しているのではない。それゆえ仏教の教えは無神論と言うべきであるとする。『トライ・プーム』は、悪人に下されるさまざまな罰を具体的に描くことによって、人々に罰を恐れさせ、善へと導くための方便の書であり、仏教本来の教義から見るならば周縁的存在にすぎないとする。

第一六章では「五五〇ジャータカ」に基づいてブッダの過去生が語られる。とりわけブッダの最後の生を描いたとされる「ウェサンタラ・ジャータカ」についての記述は詳細をきわめている。次いでシャムの僧侶について、得度式に始まり、ビクの日常の修行生活の実態について、きわめて具体的かつ詳細に記述している。さらに注目されるのは、仏教教団（サンガ）の構造についての記述であって、最高位のサンカラート（法王）から、個々の僧侶に至るまで、逐一詳細に説明されている。これらが必ずしも文献からだけでは得られない知識であることを考えると、パルゴアはサンガ関係者からの聞き取りなどを持続的に行なうことによって得たものと考えられる。さらに「迷信」と題する一八章では、おそらくインドや中国に起源を持つものと考えられるさまざまな迷信について詳説している。

シャムの宗教についてのこのような詳細かつ客観的な記述は、彼の高度なパーリ語読解力を如実に示しているが、それに加えて、モンクットをはじめとするタイ仏教徒知識人との間に日常的な密度の高い接触があってこそ得られたものであろう。仏教を学びもせずにこれを迷信ときめつけ、ひたすらキリスト教の福音を受け入れさせることに没頭したアメリカ人宣教師と、パルゴアとの根本的な違いをここに見ることができる。プロテスタントのアメリカ人宣教師に対しては厳しい批判の姿勢を崩さなかったモンクットが、パルゴアの説くキリスト教には耳を傾け謙虚にこれを学ぼうとした姿勢の背後には、タイ文化に対するパルゴアの謙虚な姿勢のあったことを忘れることはできない。

14―モンクットの外国理解

カズウェルによって英語という武器を身に付けたモンクットは、ワット・ボーウォンに移ってからも、その英

＊64　バウリングの著書［Bowring 1857］の出典については、［Kanthika 2002］が詳細に検討している。バウリングはパルゴアの著作と並んで、一七世紀のフランス使節ド・ラ・ルベールの書にも多くを拠っているが、最大の情報提供者はモンクットであった。そのモンクットはバウリングとの会談において、「非常に特別な友人」としてパルゴアについて語っており［Bowring 1817: Vol.2: 273］、バウリング宛て書簡でもパルゴアの著書を紹介し、現物を送付している。

語力を駆使して、西洋に関する新知識を獲得することに努めている。その交遊はパルゴア神父にとどまらず、プロテスタントのアメリカ人宣教師とも幅広く付き合い、彼らから、欧米諸国の歴史、外交関係の現状、国家統治の実態について学んでいる。さらに彼は、シンガポールから英文の新聞[*65]や雑誌などを取り寄せては、世界情勢に関する知識の吸収に努力を惜しまなかった。

ここで、彼がいかに欧米の事情に通じていたかを示す証拠の一つとして、王位についたモンクットが、王子たちの家庭教師として招聘したアンナ・レオノーウェンスに送った一通の手紙を取り上げてみたい。[*66]彼はシャムの奴隷制について非難しつづけたアンナに対し、当時のロンドンやマンチェスターやグラスゴーで働いていた労働者たちと比べるならば、シャムの奴隷の方が、はるかに人道的な取り扱いを受けていることを忘れないでほしいと反論しているのである。

一八六四年五月一二日付でアンナに送った手紙の二伸に、モンクットはこう書いている。

> アンナ君、君は奴隷制がシャムの大きな汚点だと言うが、シャムで行なわれている奴隷制は、多くの国で暗い炭鉱の奥で労働者として働かされている奴隷や、文明国と言われるヨーロッパの各地で見られる、女子どもまでをこき使う奴隷制とはまったく別物なのだ。…君は、人身売買を許すような国が大国になれるわけがないと言うが、私の指摘した問題について、よく考えた上で、ぜひ返事をしてほしい。[*67]

モンクットはシャムの奴隷制と、西洋の奴隷制とどちらが人間的なのかとアンナに問うているのである。モンクットは西洋で行なわれていた奴隷制についてかなり確実な知識を持っていた。同じ手紙の中で彼は、当時の英国における労働者の状況についてさらにこう述べている、自由人と称する人が、「産業君主」や、「工場王子」の意のままに操られ重労働に従事し、子どもまで深夜まで働かされ、それでいて碌な給料ももらえずに、みじめな小屋の一部屋に押し込められて暮らすことを強いられているが、これはどうなのだ。

モンクットのこの描写は、エンゲルスの書いた『イギリスにおける労働者階級の状態』の内容を思い起こさせるものがあるが、エンゲルスのこの本が出版されたのは一八四五年で、英訳が出たのは一八八七年なので、ドイツ語が読めないモンクットが、この本を読んでいたと考えることはできない。[*68] とすれば、彼はいったいどこで、

＊65　一八五一年五月二二日付のバターウォース総督（註75参照）宛て書簡で、モンクットは『フリー・プレス』、『ストレーツ・タイムズ』という新聞紙名を挙げ、それらに掲載された自らの登位に関する記事を読み、満悦した旨を告げている[Seni and Kukrit ed. 1987: 98]。それらの記事はおそらく、モンクットの指示によりブラッドレーが書いたものだったのである（註69参照）。

＊66　モンクットがアンナに宛てて英文で綴った七通の書簡が知られている。いずれもアンナが王子たちの家庭教師（「シャム国王学校女校長 the Siamese royal school Mastress [*sic.*]」とモンクットは呼んでいる）としてシャムに滞在していた間に書かれたと見られ、その内容はモンクットとアンナがさまざまな問題について率直に意見を交わす関係であったことを窺わせるに足るものである[Morgan 2008: 269-286]。このようにモンクットが英文の書簡を綴った女性は、唯一アンナだけであったかも知れない。けれどもモンクットが女性に複数の書簡を送った例は他にもあり、その中では政治的な話題に筆が及ぶこともあった[Koizumi 2000: 330]。

＊67　[Morgan 2008: 274-275]。モンクットの視野には一夫多妻制の問題は入っていないが、アンナは一夫多妻制を奴隷制の一形態と見なしていた[Loos 2006: 118]。ルースは欧米の帝国主義的な文明観に基づく一夫多妻制批判を狭量であるとして、一九世紀末までのシャムにおける一夫多妻制の政治的機能を論じている[Loos 2006]。註98、註99を参照。

＊68　同書の諸版については、フリードリヒ・エンゲルス著（浜林正夫訳）『イギリスにおける労働者階級の状態　下』新日本出版社、

このような英国労働者の悲惨な状況についての知識を得たのであろうか。その解明は今後に残された課題である。

15—植民地主義諸国との対応

一八二四年から二六年にかけて行なわれた第一次英緬戦争が、英国の勝利に終わり、テナセリムやモールメンなどが英領となり、マレー半島横断路を経由して行なわれてきたシャムと西方諸国との交易は困難となった。その結果、シャムの交易は、もっぱら南シナ海を通じての中国向け米穀輸出が中心となっていった。中国との交易の拡大に伴い、多数の中国人労働者がシャムに流入した。一八二〇年代だけでも七〇〇〇人の中国人がシャムに移住してきたという。そのうちの過半数はやがて帰国するが、シャムにとどまり、交易を続ける華人の数も次第に増加していった。一八五〇年代までには、その数は三〇万人に達したという。彼らの大半は、当初港湾等で働くクーリー(苦力)であったが、砂糖キビの栽培が始まり、砂糖キビ輸出が盛んになるにつれ、彼らのうちに、定住して砂糖キビの栽培、販売、輸出に従事する者の数が増加した。こうした現象は、シャムにおける貨幣経済の発展に貢献することとなった。アユタヤー時代以来、シャムの国庫歳入は、もっぱら王室による管理貿易のもたらす利潤が中心であったが、交易品の多様化に伴って徴税請負制度が導入されると、やがてこれが国庫収入の中核を占めるようになったのである。

一方、ビルマの南東部地方の植民地化に成功した英国植民地主義勢力は、さらに南へ進み、マレー半島部の諸国へと、その勢力を拡大しつつあった。当時、ペラク、スランゴール、ケダなどマレー半島北部の諸国は、シャムの宗主権下にあった。そのため英国は、これらの諸国に対するシャムの宗主権と、シャムとの交易をめぐる諸問題について交渉するため、ヘンリー・バーネイをバンコクに派遣した。こうした英国の動きに対するシャム上層部は、開国派と鎖国派とに割れていたが、ビルマでの英国の勝利が確定すると状況は一変し、一八二六年、「バーネイ協定」と呼ばれる協定が英国との間に締結されることとなった。

この協定は、政治面では、マレー諸国に対するシャムの宗主権を認めるものであったが、他方、交易条件に関しては、それまで多様な形で外国人貿易商に税金を課していた制度を改め、税額が船の船幅の大小で定める単一の関税に統合されるというシャムにとって厳しい結果をもたらした。ただ、この協定の成立によって、シャムの対外交易が急激に拡大したことも事実であって、一八四〇年までには五〇隻にのぼるヨーロッパの横帆船が毎年バンコクに入港している。これとは対照的に、長く中国との間に行なわれてきたジャンク貿易は、その規模を次第に縮小していった。バンコク市の東南部にある王立寺院ワット・ヤナワーは、境内にジャンク船を模した仏塔があるので知られているが、これは三世王が、ヨーロッパの蒸気船の登場に伴って次第に衰微しつつあったジャンク貿易の存在を後世に残す記念碑として建てられたものであった。

二〇〇九年、二四一〜二四二頁を参照。英語版はイギリスではなくアメリカで先に出版された。同書中でエンゲルスが参照した一八三三年の『工場調査委員会報告』には、次のように述べられていた。「工場主はまれには五歳から、しばしば六歳から、もっとひんぱんには七歳から、たいていは八歳ないし九歳から、子どもを雇いはじめる。労働時間はしばしば毎日一四ないし一六時間（食事のための休憩時間を除く）つづく。工場主は、監督が子どもをなぐったり、虐待したりするのをゆるしているばかりか、しばしば自分でも手をくだしている。（中略）――しかし、こんなに労働時間が長くても、貪欲な資本家は満足しなかった。建物や機械に投下された資本は、あらゆる手段を用い利益があがるようにし、できるだけはげしく働かせることが重要であった。そこで工場主は夜間労働という恥ずべき制度をとりいれた」（浜林正夫訳『イギリスにおける労働者階級の状態　上』新日本出版社、二〇〇九年、二二五頁）。

一八四〇年から四二年まで行なわれた「阿片戦争」に英国が勝利すると、欧米諸国のアジアに対する姿勢は強硬さを増していった。その結果、先に締結した「バーネイ協定」などの規定に不満が増大し、貿易の完全自由化と領事裁判権を要求するようになる。こうした欧米諸国の動きに対し、ラーマ三世王の態度はあくまでも保守的で、鎖国的態度を崩さず、ヨーロッパ勢力との接触を極小化する姿勢をとりつづけた。英米両国は、一八五〇年、相次いで使節をバンコクに派遣して条約改定交渉にあたらせたが、いずれの使節も、改定交渉の開始に成功していない。

一八五〇年、ラーマ三世は病に倒れ、その翌年、六二歳の生涯を閉じた。その結果、王の後継者をめぐって「守旧派」と「開国派」の抗争が発生したが、最後には、モンクットを国王に推す「開国派」が勝利を占めることとなった。[*69] こうしてモンクットは、二七年に及んだ出家生活の幕を閉じ、還俗してラーマ四世として王位を継いだのである。

---

*69 ブラッドレーがシンガポールの『ストレーツ・タイムズ』紙編集者にほぼリアルタイムで送った報告によれば、三世王は一八五一年一月半ばに病臥し、四月三日に逝去した。三世王は自分の息子たちに後を継がせたいと望んだため、二世王と王妃の間の子であるモンクットやチュターマニーを推す勢力との間で、一時は内戦状態になりかねない緊張が高まった。しかし有力な高官の策動によって、モンクットが第一王、チュターマニーが第一王と同等に近い第二王となることで平和裡に決着した。ブラッドレーは三月二五日にモンクットと面会し、この間の事情の説明を受けている。そればかりか、モンクットはこうしたシャム事情をイギリス船団の基地となっているシンガポールの各紙へ報告するようブラッドレーに頼み、発送前にブラッドレーの書いた文章の内容のチェックまで行なった。モンクットもチュターマニーも英語をよくし、西洋人と交際していたため、三世王時代の末期に顕著だった西洋諸国に対する閉鎖的な政策の転換、いわば「開国」が期待され、ブラッドレーも喜んで協力したのである。正式な即位前にもかかわらず、ブラッドレーとの会見において早くも、モンクットは英語や西洋科学を教える学校の設立などの計画を語ったという［Bradley 1969］。

図8　ワット・ヤナワー

16―モンクットの登位

一八五一年四月二一日、モンクットはシャム国王として登位した。登位に際し、モンクットは次のような書簡をペナンの英国人総督に宛てて書き送っている。

前国王陛下が、本月二日永眠されたことを受け、翌日国王に推挙された私は、王国全土を統治する国王としての任務を果たすこととなった。私の即位の儀式は、父方についても母方についても、前国王と比べより上位にあることに鑑み、前国王以上に盛大な儀式を行なわねばならない。首都圏のみならず、各地方の長官の支配下にある人民はすべて、私の登位を喜ばしく思っている。

この言葉にたがわず、ワット・ボーウォンから王宮へ向かう行列は、盛大の極を尽くすものであった。シャム国王となったモンクットは、二七年の長きにわたる僧院生活の間に身に付けた世界に関する新知識をもって、国家統治の重責を担うことになったのである。モンクットは、彼が玉座についた時の心境を、フランス駐在大使に送った手紙の中でこう記している。

いまやわが国は、二方三方にわたり、強大な外国に囲まれている。小国にすぎない我が国は、この先どうふるまえばいいだろうか？　仮に我が国に一〇〇艘の軍艦を購入できる資金を生みだす金鉱があったとしよう。それでも我が国は戦うことができない。なぜなら我が国はその軍艦や兵器を製造する能力がなく、これを外国から買わなければならないからである。それが自国に向けられると知れば、これらの大国は軍艦や武器を売ろうとはしないであろう。これから先我が国が考えるべきは、どうすれば口と心をもって、われわれ自身を守ることができるかその術を知ることでなければならない。

モンクットが、習い覚えた英語の力を駆使して、世界各国の首長や有力者に、数多くの手紙を書き送り、シャムの存在を訴えようとした理由のひとつがここにある。彼はローマ法王ピオ九世[*70]にも書簡を送っている。一八六七年にパリで開催された万国博にも、積極的に参加している。[*71]いずれも文明国としてのシャムを世界に認知させようという努力の現れと見ることができよう。

モンクットは、シャムを欧米先進国並みの地位に引き上げることを目指し、国内においてもさまざまな改革を行なっている。手近な事例として、硬貨のデザインをあげることができる。当時のシャムの硬貨は豆粒状であったが、モンクットはそれをフランスなど、欧米で用いられていた貨幣にならって平らで丸い硬貨に変えることと定め、そのために、王宮内に造幣局を設け、ここで硬貨の鋳造を行なっている［図9］。

運河が多い首都バンコクに道路を建設したのも、改革のひとつである。当時のバンコクにおける伝統的な交通手段は運河を渡る手漕ぎの船が主流であったが、次第にその数を増す欧米人の便宜を図って、道路を建設することにしたのである。バンコクの「ニューロード」は、乗馬のできる立派な道路がほしいという西洋人の要請に応え、

＊70　三一年七ヵ月の法王在位期間（一八四六〜一八七八）は歴代最長。
＊71　日本、中国、シャムが共用区画に配され、国別の展示館を設けた。

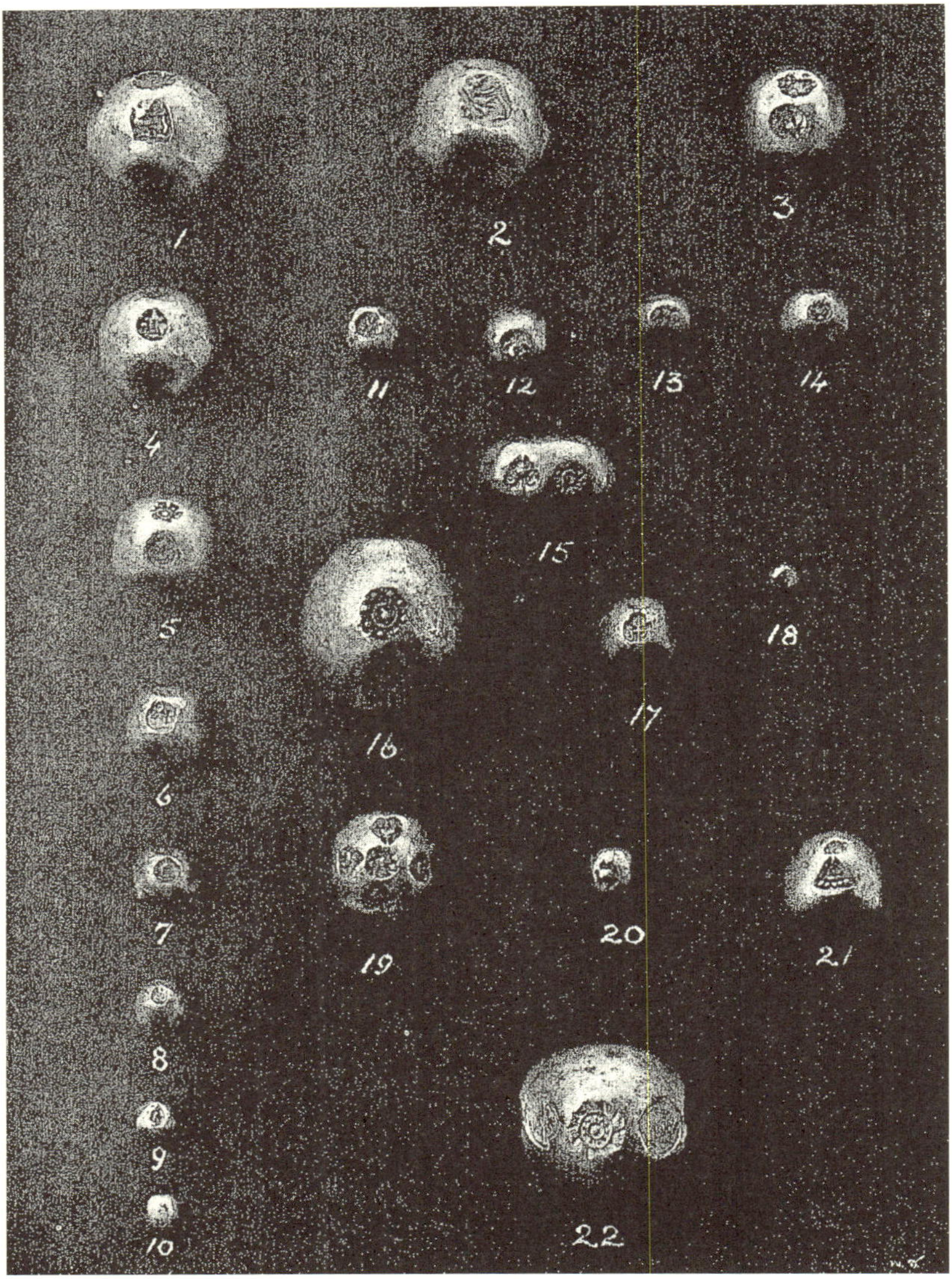

図9　硬貨。ラーマ3世王期～5世王期の“ポット・ドゥアン”銀貨(右ページ)[*72]と
ラーマ4世王期に鋳造された平らな銀貨(左ページ。6を除く)［出典：Le May 1924］

＊72　ドゥアンはコガネムシの類。英語では bullet coin（弾丸硬貨）と呼ばれた銀貨。1860 年 9 月に平らな硬貨の使用開始に先立って発せられた布告では、銅や錫の混入した贋のポット・ドゥアンが横行する状態を刷新するためだと述べている［*PPR4*: 272-272］。鋳造機械はイギリスから取り寄せた。なお、シャムで初の紙幣も、モンクットにより 1853 年から造幣された［Le May 1924: 177-178, 196-200］。

モンクット王の命によって建設された最初の道路である。このほかにも、『官報』の創刊があるが、一八五八年、モンクットは官報の創刊について、次のような布告を発している。

…これまで官吏および民衆に対する命令は、すべて筆写されたものが各地に送達されていたが、筆写を重ねるうちに誤りや脱落が起こるという問題があった…そこで今後はこれを『官報』として印刷配布することとした…これを見るものは失われないよう注意せよ。次々と発行される『官報』は、中国や西洋の本のように綴って保管せよ…。[*73]

民衆の生活にとっての大きな変化のひとつは、国王の姿を見ることが許されたことであろう。古来、シャム国王の行列が行なわれる沿道の民衆は、ひれ伏して、国王の顔を見ることは許されていなかった。そもそも国王は、年に一度、サラブリーの仏足石寺院へ巡礼するほかは、めったに王宮の外に出ることはなかったのである。これに対し、モンクットは、年に一度はおろか、頻々と各地を行幸して民衆と触れ合うよう努めている。これに伴い、民衆が王の姿を見ることを許した。登位後まもなく、モンクットは当時出始めたばかりの蒸気船を購入し、王宮からチャオプラヤー河を遡航させているが、遡航する王室船に立つ国王の姿を眺めた沿岸の民衆は、さぞかし時代の変遷を実感したことであろう。

17―対中朝貢の廃止

一八五一年、即位後間もなくモンクットは、多年にわたって中国に送っていた書簡とその漢訳文のタイ語訳の作成を命じている。シャムの正式文書は、薄く紙のように伸ばした金の上にタイ語で書かれたもので、漢文資料には「金葉表」として見える。タイ語を解さなかった中国人は、このタイ語正文に付された漢訳文のみを読んでいたに違いない。モンクットにしてみれば、そのタイ語正文が、どのように中国語に訳されていたか、これを点検したことはかつてなかったので、実際にはどのような内容に訳されていたのか検討する必要があると考えたのであろう。

タイ語正文の漢訳のタイ語への再翻訳を見て初めて明らかになった重要な点のひとつは、書簡の発信者の名前が「暹羅国王鄭信」となっていることである。トンブリー王以降、中国ではすべてのシャム国王を鄭姓で呼んでおり、その流れで四世王は鄭信として知られていたのであった。それはともかく、「国王」という用語には問題が感じられた。というのも「国王」とは「皇帝」の治下にある諸国の元首を指し、その地位は中国皇帝の下位にあるからである。中国人にとってシャムの国王は、中国皇帝の下の存在と認識されていたことがこの調査の結果初めて判明したのであった。

＊73　創刊の理由としてモンクットが強調しているのは、それまで王命などを読める人が非常に少なかったという点である［*PPR4*: 145-147］。一八五八年三月に創刊された『官報（ratchakitcanubeksa）』は、翌年まで一九回刊行されて、休止した。第二期目の刊行が開始されるのは、五世王期の一八七四年である。

これに加えて、シャムからの輸出品——多くは森林生産物——を、中国側は彼らの伝統的な文脈でとらえ直し、すべて中国皇帝への「進貢品」と理解していたことも明らかになった。

こうした重要な事実がそれまでまったく不問に付されていた理由は、シャムの関係者の中に中国語を解するものがいなかったため、輸出実務は、すべて華人に任せきりとしていたことによるものであった。シャムから中国への送り状に表れたこれらの重要な問題は、モンクットの指示を受けて行なわれた翻訳文の点検が行なわれるまで知られることがなかったのである。周知のように、中国にとって、外国との交易は、すべて朝貢の形で行なわれていた。シャムに対しては「三年一貢」、つまり三年の一度の「進貢」が定められていた。おそらくこうした事情もシャム側は意識していなかったであろう。記録によれば、三年に一度以上の頻度で実施されている。

伝統的なシャムの対中「朝貢貿易」は、ヨーロッパとの通商の拡大に伴い、次第にその重要度は減少しつつあった。守旧の王であった三世王とは異なり、こうした趨勢の変化を知悉していたモンクットは、一八五三年、数百年の伝統を持つ対中朝貢貿易の全廃を宣言した。[*74] この歴史的決定は、中国の朝貢体制からシャムが離脱したことを全世界に示すものであり、シャムが欧米にならって国際経済の一翼を担う存在であると主張するモンクット王の強い意志と判断の表れと見ることができよう。

18—シャムの開国

一八二六年に英国との間に結ばれた「バーネイ協定」、一八三三年にアメリカ合衆国使節との間に結ばれた「ロバーツ協定」は、単なる友好関係の確認にすぎず、領事の駐在権も認めない不十分なものであったが、それにもかかわらず、この協定がそれまで数百年にわたって続けられていた対中朝貢貿易の衰退をもたらし、ヨーロッパとの交易が増大する契機となったことは確かである。しかし英国はこの協定の内容に満足せず、一八五〇年、ジェームズ・ブルックをシャムに派遣して、交渉の開始を図ったが、シャム側はこれに応じる姿勢を示さなかった。同様にアメリカ合衆国もまた、シンガポールに駐在していたボルスティアという貿易商人をバンコクに送って交渉させたが、シャム側は問題にしなかった。五年ののち、英国全権大使として協定改定交渉に成功したジョン・バウリング卿は、これらの交渉が成功しなかった理由は、交渉にあたったのがバンコクの王族や貴族によく知られていた一介の貿易商人にすぎなかったことが、気位の高いシャムの高官たちのお気に召さなかったのではなかったか、と書き残している、ブルックなどは、国王の謁見すら許されず、信任状の提出すら認められないままシャムを離れざるを得なかったのである。

モンクットが王位についた一八五一年、ブルックは再び使節に任命されている。これを知ったモンクットは、先手を打って、先王の葬儀の準備に追われているので、交渉はそのあとにしてほしいという書簡をバターウォー

＊74 中国では、モンクットが即位した一八五一年の一月、江西省金田村で洪秀全が挙兵し、太平天国が展開しつつあった。そして一八五二年にモンクット王が派遣した朝貢使節が北京からの帰路、太平天国軍と見られる暴徒に襲われて死傷者を出すという事件が起こった。一八五四年に使節は帰還したが、これを契機にシャムから中国への使節派遣は停止されたため、一八五二年に派遣された使節が中国清朝への最後の進貢使節となったのであるが、この間モンクットが「対中朝貢貿易の全廃を宣言した」という事実は確認できない。結果としての「朝貢貿易」体制からの離脱をモンクットがいつの時点で策したかは、実は明らかではない。また、モンクットがどこまで将来を見通し、いかなる決断をしたのか、あるいはしなかったのかについても、検討の余地がある。

ス総督[75]あて送っている。しかし実際には、先王の葬儀を待たず、輸入関税の低減と米の輸出を緩めるという措置をとったので、条約改定を求める圧力も次第に弱まりつつあった。とはいうものの貿易商人たちのシャムとの貿易への期待は弱まらず、新条約の締結に向けた準備作業は着々と続けられていたのである。

一八五五年、ジョン・バウリングを団長とする英国使節団がバンコクに到着する。そしてわずか一ヵ月たらずの短い期間に、新条約が締結された。新条約は、英国領事の駐在や、在留英国人の治外法権を認めるなど、大幅な譲歩をシャム側から獲得したものであった。条約改定が、このように短期間に行なわれたのには、理由がある。それはモンクットをはじめとする開明派の周到な根回しがあったからにほかならない。条約が締結される前年にあたる一八五四年七月、モンクットは次のような書簡をバウリングに送っている。[76]

閣下より頂戴した前便は、あくまでも私的なものであると考え、その内容は高官会にも明かしておりません。そこでお願いですが、閣下がバンコクに来られる日程についてのご通知は、このお手紙の後、少なくとも二、三ヵ月後に着くようにお出しいただきたく、[77]そこに何隻の船で来られるのか、随員は何人おられるのかもお示しくださるようお願いいたします…。と申しますのは、シャムに外国の軍艦[78]が来ることはきわめて稀なことであり、さまざまな民衆が周章狼狽したり、過剰な恐れをしないようにさせたいからであります。ジェームズ・ブルック閣下が、三ヵ月前に到着の日程を知らせてくださった前例にならっていただければ幸甚です。加えてのお願いは、ご訪問の趣旨、条約の改定事項の内容について、私宛の私信をいただきたいことであります。これは高官たちと協議し、彼らが同意できる事項、できない事項をあらかじめ確認しておきたいと思うからであります。私の方からも、事前に同様のことを閣下にお知らせして、ご検討ねがう所存です。これにより閣下が到着されてから過ごす時間を少しでも節約できるものと信じます。

この手紙の半年後、モンクットは再び私信をバウリングに送り、その中で、すべて順調に進んでおり、政府は貴卿を歓迎できる体制がととのったと書いている。これを受けたバウリングは、一行と共に一八五五年三月二七日にシャムに到着、その僅か二四日後の四月一八日には条約締結書の署名にこぎつけたのであった。この条約締結後ロンドンに派遣されたシャムの全権大使は、一八五八年五月、英国海軍の軍艦に搭乗して帰国、ヴィクトリア女王からの書簡をモンクットのもとにもたらしている。この書簡に対しモンクットは、丁重な返信をしたため、その中で、わが国の大使の適切な行動が女王陛下と陛下の政府に受け入れられ、その任を全うできたと、その喜びを語っている。*79

*75 バターウォース（Butterworth, General W. J. 一八〇一～五六）は一八四三年から一八五五年まで、ペナン島（プリンス・オブ・ウェールズ島と呼ばれた）とシンガポールとマラッカより編成された英領海峡植民地の総督（Governor）であった。
*76 ［Mongkut 1927: 13-15］
*77 バンコク到着時を決めて、少なくともその二、三ヵ月前に手紙で知らせていただきたいとの趣旨であると理解される［Mongkut 1927: 14］。
*78 「軍艦あるいは蒸気船（or steamers）」となっている。ちなみに、一八五三年に日本に来航したペリーが率いたアメリカ合衆国海軍の艦隊（いわゆる「黒船」）四隻のうち二隻が蒸気船だった。
*79 一八六一年三月二一日付で、再度ヨーロッパに派遣する使節に託された長文の親書が書かれている［Mongkut 1927b: 166-177］。

19—フランスとの関係

シャムとフランスとの関係は、一七世紀末のナーラーイ王失脚以来、一七〇年にわたって途絶えていた。これが再開するのは、フランス皇帝のナポレオン三世[*80]の登位を待たなければならなかった。ナポレオン三世は、既にアジアに進出していた英国に対抗するため、さらには東南アジアを経て雲南に進出することを企図していた。後者の目的を果たすため派遣されることになるのが、ガルニエによるメコン河調査隊である。[*81]この調査隊はメコン河中流域にコーンの急瀬があり、雲南までの交易船の遡行は不可能と報告したことで知られている。一方シャムも、英国の進出に対するカウンターバランスとして、フランスの進出を望んでいた。シャムは、既にラーマ三世時代の一八四〇年に、シンガポール駐箚のフランス領事シェノーに対し交易開始の希望を表明している。しかし時のフランス外相ギゾーは興味を示さなかった。[*82]

一八五一年、シャムはフランスに対し、再度交易開始のため、条約の締結の検討を打診した。これに対し、ナポレオン三世は、一八五六年、上海・寧波駐在領事でアジア情勢に詳しいド・モンティニーをバンコクに派遣して交渉にあたらせることとした。パリ外国宣教会は、これを布教を促進する絶好の機会ととらえた。パリ外国宣教会の当時の神学校長P・F・アルブランは、ただちにフランス外務省に書簡を送り、今回の決定は宣教師一同にとっての朗報であり、これによりシャムにおいてカトリックの布教が自由に行なわれることを期待すると述べ、フランス政府にはタイ語に堪能な人物がいないと思うので、パルゴア神父に依頼して、条約交渉のために優秀な通訳を任命してもらうこととしたいと書いている。パルゴアが交渉の通訳として推薦した人物は、優れた生物学者であり、既に一二年にわたりシャムで活躍していたP・ラルノディ神父であった。ラルノディ神父は期待に応えて任務を全うしている。

ド・モンティニーは、七月二一日、初めてモンクット王に謁見している。この謁見の席にパルゴア神父とラルノディ神父が同席していたが、この事実は、条約締結にパルゴアの果たした役割の重要性を示すものと言えよう。

20—改定条約文をめぐる諸問題

バウリング条約の成立以後、一年半の間に相次いで米国およびフランスとの間に締結された三つの修好通商条約は、王室独占貿易によって代表されるシャムの閉鎖的対外交易機構を破壊し、近代国際法秩序を前提とする国際貿易体制の中に、シャムを組み込む役割を果たすことになった。これによって旧権力を支えていた家産官僚と華人商人との共生関係は変更を迫られることになり、シャムの権力構造は基本的に再編を余儀なくされた。その意味において、これら三条約は、シャムの近代史に重要な画期をもたらした歴史的意義を持つ条約と見ることが

＊80　ルイ・ナポレオン（一八〇八～七三）は、一八四八年に第二共和政大統領となった後、一八五一年にクーデタを決行して議会を解散、翌五二年に人民投票で支持を得て、皇帝ナポレオン三世（在位一八五二～七〇）となった。

＊81　一八六六年、メコン河調査を行なったフランス海軍の探検隊を率いたのは、ド・ラグレだった。これに参加したガルニエ（Francis Garnier 一八三九～七三）は、のちに紅河通航権獲得交渉のためにトンキンに派遣され、ハノイで戦死したことで名高い。

＊82　［Pensri 1962: 2］

できる。

ここで検討しておきたいのは、条約締結当時の言語状況である。「バウリング」「ハリス（シャム＝米修好通商条約）」の両条約は、その付属「通商章程」において「英国（米国）政府全権は、シャム語の知識を有せざるところ、シャム国政府は、本章程ならびに本章程がその一部をなすところの条約、および付属税率表の英語テキストが、あらゆる点において真正な内容を伝えているものと承認することに同意した」という記述があることを指摘しておく必要がある。これは英米両国全権団の中には、タイ語を解する者はひとりもいなかったことを意味している。[*83] バウリングは、のちにその日誌の中で、到着の当初は、（英語）―官話―広東語―福建の一方言―タイ語を介して、ようやく意思を通じあうことができたと述懐している。条約の当事者間のコミュニケーションには、かなりの問題があったに違いない。そのこともあってか、英語テキストとタイ語テキストの間には、かなり大きな齟齬が認められるのである。

一例をあげてみよう。「クルング krung」というタイ語は、「首都」を意味する語であるが、同時に、周辺領域を含む「くに」の意味でも使われることから、これを一語で英訳することはできない。バンコクは、「クルング・テープ krung thep」と言うが、いうまでもなくこれは「首都」のみを指している。一方、「大英帝国」は「クルング・ブリテン krung briten」と訳されており、これは都市ではなく大英帝国全体を意味している。

さらに重要な例は条約の冒頭の一文で、バウリング条約の場合、主語は「大英帝国女王陛下とシャム国第一国王プラチョムクラオならびにシャム国第二国王プラピンクラオ両陛下は」と英国女王とシャム国王の両者であるが、これがタイ語の条文になると「…英国女王陛下の派した全権使節が、シャム王国と修好通商条約を締結したいとの趣をもって来朝したるところ、プラチョムクラオ陛下ならびにプラピンクラオ陛下におかれては、英国女王の考えに御同意遊ばされ…英国女王と条約を締結することをお望みになった」とあり、主語はシャムの国王のみであり、判断の主体はシャム側にあることになっている。これは対米条約の場合も同様で、条約の対等性は確保されているとは言えない。

英米と仏の三条約を比較してみると、前二者とフランスの条約文とタイ語文との間に微妙な、しかし重要な相違のあることに気づく。「バウリング条約」と「ハリス条約」においては、「この条約はシャム語をもって一部、英語をもって一部作成され、両者は同一の内容を持つ云々」とあるが、正文がどれであるかの明示的規定を欠いている。これに対し、フランスとの条約である「ド・モンティニー条約」を見ると、「本条約はフランス語およびシャム語をもって作成され、両者は同一の内容を持つ」とあり、これに続いて「フランス語テキストは正文であり、あらゆる点において、シャム語（＝タイ語）テキストと同等に証拠たりうるものとする」と記され、「正文」がフランス語であることが明記されている。

英米条約の場合と異なり、対仏条約の締結交渉にあたっては、フランス側にタイ語に堪能な通訳であるラルノディ神父がおり、[*84] さらにその背後にはパルゴアというフランス切ってのシャム通がいたことが、英米とフランス

＊83 米国使節は、宣教師のマトゥーンを通訳とした。英国使節の場合、シャム側は宣教師たちをシャム側の通訳としたい旨の提案をしたが、宣教師たちがアメリカ人であるという理由で英国使節に拒否された。しかし英国使節との交渉期間中、宣教師たち（マトゥーンとハウス）は頻繁に呼び出されて、シャム側の対案を公式の英文にする手伝いをした。一晩中、最終草案作成に従事したこともあったという。また、英国使節のバウリングも、個人的にはアメリカ人宣教師たちと親しい関係にあり、特にハウスを重要な情報源としていた［Feltus 1924: 132-133］。

＊84 一八五六年九月六日付ナポレオン三世宛てのモンクットの書簡によれば、通訳のフランス人神父はフランス語から英語への翻訳を行なった。書簡には、「［フランス使節］モンティニーの言葉はフランス語で読まれた。それから通訳であるフランス人神父が訳文を英語で読んで、シャム王［モンクット］に聞かせて［シャム王が］了解すると、シャム王はそこでシャム語に訳して会議に列席した王族方と貴族官僚たちに告げ知らせた」と書かれている［*PRS*: 17-18］。

の条約文の違いを生み出したのであろう。

こうしたこともあって、パルゴアがシャムの王室に重要視されている人物であることを知った欧米の外交官たちは、シャムに赴任するとまずパルゴアを訪ね挨拶するとともに、彼から意見を聴取するのが慣行となっていたようである。パルゴアの日誌を見ると、一八五六年四月二六日にはアメリカ大使来訪[*85]、一八五七年四月三〇日にはレミー氏来訪、拙宅に止宿、一八五八年一〇月二二日にはフランス領事コント・ド・カステルノー来訪、拙宅に止宿したなどと記されている。ちなみにパルゴアは英語にも堪能で、英米の外交官とも交際している。[*86]

21―モンクットと写真術

一八三九年、フランス人ルイ・ジャック・マンデ・ダゲールは、世界初の写真技法を発明し、これをフランス学士院で発表した。その技法は発明者にちなんで、ダゲレオタイプと呼ばれる。その写真機材一式が日本に紹介されたのは、嘉永元年(一八四八年)のことで、科学者でもあった薩摩藩の御用学者上野俊之丞がこれを入手し、主君の島津斉彬に献上したのが最初である。シャムではこれより三年早い一八四五年に、パルゴアの注文によって、ダゲレオタイプ機材一式が、パリからバンコクにもたらされた。パルゴアはこの写真技術を、シャムの上流階級との関係を密接なものとするために活用している。パルゴアは一八四五年一〇月二〇日付の書簡の中で次のように書いている。

私はラルノディ神父といっしょにダゲレオタイプをためしてみた。三、四日撮り続けたおかげで、なんとかうまく写真が撮れるようになった。ただ、ラルノディ神父が持ってきた現像液は、船で運ばれる途中でかなり昇華してしまったので、残り僅かとなり、一緒にとどけられた銀板もほとんど使い切ってしまった。というのも、わたしは大勢の王族や高官方々から頼まれて、写真を撮りまくってしまったからである。プラヤー・プラクラン（財務・外務卿）も近日中に写真を撮ってもらいにゆくと言っておられるし、プラヤー・プラクランから私が肖像写真を撮るという話を聞かれた殿下もご関心がおありで、そのうち私をお召しになりそうなご様子なので、とにかく臭素と沃素と塩素をできるだけ沢山、それと大判と小判の銀板をそれぞれを三ダース、大至急調達して送ってほしい。ダゲレオタイプ使用解説書の最新版も送っていただきたい。……[*87]

この書簡によってわれわれは、写真技術を初めてシャムに紹介したのはパルゴアであり、実際にダゲレオタイプの機材一式と操作技術をシャムにもたらすことに貢献した最初の人物であったことを知ることができる。[*88] ただ

＊85 同日のハリスの日記には、「フランスの僧正を訪問した。僧正は鄭重な歓迎の言葉を私に述べ、また乾杯の時に、貴下の使命が貴国のために有益、かつ光栄をもたらすものとなるようにと言った。彼は、貴下が持っていると聞いている忍耐は、当地では重要な価値があり、（中略）などと語った」とある。またこの時、パルゴアはハリスに、所蔵の『シャム語』の辞書一部を贈ったが、ハリスはそれを「貴君の学識と勤勉の気高いモニュメント」と賞賛して謝意を表した。［ハリス：192, 195］

＊86 モンクットとの会話においても、タイ語とともに、英語を使うことがあった［*APF*, 26 (1854): 43］。

＊87 ［Anake 2005: 81-82］

＊88 一八四五年八月二二日付のパルゴアの書簡によれば、パルゴアがパリ在住のアルブラン神父に購入と送付を依頼したダゲレオタイプ機材は、一八四五年七月頃にバンコクに到着したラルノディ神父によってもたらされた。この書簡を紹介しているアネークは、シャムで最初に写真撮影をした技術者は、既にフランスにおいて撮影技術を見知っていたはずのラルノディ神父で

写真術がシャムに紹介された当初は、肖像写真を撮ってほしいという者はだれひとりとしていなかった。かなりの進歩派とされた貴族でさえ、写真撮影を好まなかった。というのも、写真に撮られると命が短くなるといった迷信[*89]が、広く信じられていたからであった。

こうした迷信を否定し、自ら進んで写真撮影をシャムに普及した人物は、開明君主モンクットであった。そのモンクットが自ら進んで写真を撮らせるようになったきっかけは、ナポレオン三世から送られてきた一枚の肖像写真である。皇帝と皇妃が並んで撮ったこの写真を見たモンクットは、写真撮影を怖がる人々の恐れは、杞憂にすぎないことを知ったのである。[*90]モンクット王がひとりで、あるいは王妃と並んで撮った写真は今日数枚が残っている。[*91]

パルゴアは、写真撮影を王族、貴族の間に普及させる先達の役割を果たした。福音の伝道に全精力を注いでいたアメリカ人プロテスタントの宣教師が、タイ人によって宗教者と認められず、ただ近代科学技術の紹介者としてしか評価されなかったのとは裏腹に、聖職者としてタイ人の尊敬を勝ち得ていたカトリック神父のパルゴアが、写真術という非宗教的技術の紹介者として評価され、その結果シャムの王族、貴族たちと親交を深めていったという事実は歴史の皮肉と言えよう。

22｜モンクットとカトリック

モンクットはこうしたパルゴアとの親密な交友関係を通じて、カトリックの神父たちに親近感を抱いていた。

パルゴアはある報告書の中で次のように述べている。

国王陛下はミッションに心を寄せ、物心ともに支援してくださっている。つい最近も陛下は私に対し、温情あふるる手紙を下さったが、その手紙に添えて、一〇〇〇フランを賜ったのである。[*92]

あろうと推測している［Anake 2005: 81-82］。

*89　ダムロン親王によれば、人々は肖像写真が呪いをかけるのに使われるのを恐れたという。ラーマ五世も、肖像写真にさまざまな危害を加えられるのを厭われたためであり、またタイ人はあらゆる肖像（絵にせよ、彫像にせよ、写真にせよ）の作成を人を見下す行為と考えていたので、人物に似せて肖像を描く技術が発達せず、得意でなかったと書いている［Anake 2005: 51, 63］。

*90　これに似たエピソードを語るプーンピッサマイ・ディサクン（ダムロン親王の娘、モンクットの孫にあたる）によれば、ナポレオン三世から贈られたのは塑像であり、モンクットはそれにならって、周囲の反対を押し切り、自らの塑像を作らせてナポレオン三世に贈ったという。なお、ナポレオン三世と王妃の肖像写真は、一八五六年にモンティニー使節が携えて来て、正式な外交訪問時に用いる王の名刺の代わりとして献呈されるものだと聞いて、モンクットは大いに喜んだと自ら記している［*PRS*: 17］。

*91　モンクットが写った写真は一八五五年頃のものが最も早く、一八六八年の急逝のきっかけとなった日蝕観測旅行時のものまで、三〇枚以上が確認されている。モンクットはイギリスのヴィクトリア女王、ローマ法王ピオ九世、アメリカ大統領のフランクリン・ピアス（在任一八五三〜五七）、ジェームズ・ブキャナン（在任一八五七〜六一）、そしてフランスのナポレオン三世に自らの肖像写真を送った（ピアス、ブキャナン宛ての写真を受け取ったのは、それぞれ次代の大統領ブキャナン、リンカーンである）。一八六一年にヴィクトリア女王に送った写真は、一八五六年にヴィクトリア女王から贈られた写真機を用いて撮られ、撮影者はタイ人初のカメラマンとして知られるモート・アマータヤクンであったと見られる［Anake 2005: 153, 158-159］。

*92　金銭的な援助は、プロテスタント関係者に対しても行なわれた。一八五五年と一八六六年にハウスがアメリカに一時帰国する際、カズウェルの未亡人に贈るそれぞれ一〇〇〇ドルと五〇〇ドルを託している。また、カズウェルの墓に記念碑を建てる費用も負担したという［Feltus 1924: 48-49; Bradley 1966: 33］。

四世王が親交を結んだのはパルゴアひとりにとどまらなかった。彼のミッションの同僚に対しても、親近感をもって接している。たとえば、パルゴアの同僚のクレマンソー神父が病に倒れたことを知った四世王は、ただちに王の侍医を派遣して見舞わせている。この侍医はクレマンソーに対し、じきによくなるから安心してと言って慰めてくれたとパルゴアは書いている。四世王は、カトリック神父との交遊を通じて、ヨーロッパへの理解を深めていったのである。

モンクットの脳中には、常にヨーロッパとの比較があった。そのためヨーロッパ人の目に野蛮と映るような慣習は、積極的に廃止させた。その一つの事例をあげれば、王が拝謁のため王宮を訪れる官吏に対し、服を着用させるよう指示したことがある。拝謁のため参内する官吏が上半身裸であるのは、ヨーロッパ人から見て野蛮に映ることを危惧しての措置であったことはいうまでもない。王の意識の中には常にヨーロッパの姿があった。そしてなにかの必要が生じた時には、常にパルゴアを通して、希望する物品を注文購入した。

パルゴアにとってみれば、国王が絶対権力を持つ仏教国において伝道を続けるための唯一の方法は、国王および王の臣下の信頼を得て友好な関係を打ち立てることであった。まさにそれこそが神父として果たすべき重要な役目であると彼は確信し、それを実践したのである。パルゴアの努力は次第に実り、シャムにおけるカトリックは、その数においては少ないとはいえ、順調な発展を遂げていくのである。

一八五二年と一八六一年の二回にわたり、モンクットはローマ法王に挨拶の手紙を送っている。一八六一年の手紙[*93]の中で、モンクットはまずパルゴアとの間に生まれた親密な関係について触れたのち、長い歴史を通して、いかなるシャム国王も、中国やベトナムの支配者がしたように、国内で活動する宗教者を敵対視した者はなく、宗教的寛容さはシャムの伝統として定着しているとした。モンクットは仏教改革運動の指導者であったが、王としての権威をかざして他宗教を排除したことはなかったと書いて、シャムが宗教的に寛容な国であることを強調している。

モンクットは宣教師がキリスト教の伝道を行なうことをまったく気にとめていなかった。モンクットがワット・ボーウォンの住職であった時、弟子のひとりの僧がカトリックに改宗したことがあった。これに対し、ビクたる者が改宗するとは何事かと非難の声が上がったが、モンクットは、何人も己の信じる宗教を持つ自由がある、とこの改宗僧を弁護している。[*94] モンクットに英語を教えたカズウェルに対してさえ、寺に一室をもうけ、そこでビクたちにキリスト教を説くことを認めたほどである。[*95] 王位についてからも、モンクットは墓地の一角に、プロテスタントを埋葬するための土地を与えたのであった。

モンクットは宣教師たちが彼の立場を十分に理解することを望んでいたのである。モンクットは、ある布告の

＊93　原本の正文はタイ語で、モンクット自身による「真正なる英訳文」が付されている［Dhani Nivat 1949］。［*PRHL*: 646-651］のタイ語版には、［Dhani Nivat 1949］に載る原本の写真版と比べると、一部省略がある。

＊94　［Feltus 1924: 49-50］

＊95　カズウェルは英語のレッスンの後に、寺院の付属施設内で説教をし、トラクトを配ることを認められた。宣教師の側ではこれを、モンクットは宣教師たちにとって布教活動がいかに重要なのかを知った上でそのような申し出をした、それほどまでに英語を習いたかったのだと解釈している［McFarland 1999: 19］。モンクットが説教とトラクトを組み合わせたプロテスタント宣教師の布教方法を熟知していたことは、彼がサミュエル・ハウスに送った書簡からよくわかる。この書簡でモンクットは、葬儀に際して多くの寺院から高僧たちが集まっているので、彼らに説教をし、トラクトを配るのによい機会だと、わざわざ誘いの連絡をしている［Feltus 1924: 54-55］。これに付されたハウスのコメントには、「東洋的な（oriental）追従、おそらくは東洋的な不誠実さの見本…、殿下はおそらく、宣教師たちと彼の仏教徒の友人たちとの間で一種のディスカッションをしたら喜ばれるのだろう」とあって［Renard & Swanson: 1982］、あくまでも冷ややかである。

中で、すべての宗教は守るべき共通の道徳律を持つことで一致していると述べている。殺さないこと、盗まないこと、姦淫を犯さないこと、嘘をつかないこと、飲酒を避けること、怒りをおさえること、誠実であること、寛容であること等々の徳目は、民族、言語の別を問わず、あらゆる宗教に共通するものであって、こうした徳目に反する行為を容認するような宗教は、仏教であれ、キリスト教であれ、存在しない、と述べている。にもかかわらず、モンクット自身は仏教を捨てようとはしていない。彼は宣教師に対し、たとえあなたがたがタイ人のすべてを改宗させることがあったとしても私は絶対に洗礼を受けることはない、と語ったと伝えられている。[*96]

ある時モンクットは機帆船の船長であったブラウンに、カズウェルさんは私が英語を学ぶのはキリスト教徒になろうとしているのだと考えているようだが、これはまったくの誤解なので、そうカズウェルに伝えておいてほしいと依頼している。モンクットとの付き合いの長いブラッドレーは事情を心得ていたようで、モンクットたちが英語を学ぶ目的は、科学について学ぶためである、と述べている。モンクットは後年、このブラッドレーの言葉について、そのとおりだと話していたという。宣教師のサミュエル・ハウスはこう言っている。

（モンクットはこう考えている）アメリカ人宣教師はいずれも廉直な人物だ。彼らはシャムの政治に干渉しようともしないし、シャム人と問題を起こすこともない。シャム国民と同じように生活している。シャム王国政府は、彼らを尊敬している。

その一方、アメリカ人宣教師たちは、彼らがタイ・英両国語で発行した雑誌の中で、仏教を偶像崇拝と非難する記事を書き、一夫多妻の国王に対しても批判的な発言を繰り返している。こうした批判に対してモンクットは、批判を無視し、Buddhist Championという筆名で投稿し、宗教論を挑んでいることは注目に値する。

23―モンクットの西欧化教育

王位について三ヵ月後、モンクットはプロテスタントの宣教師たちに対し、王室の女性たちを教育してほしいと頼んでいる。『バンコク・レコーダー』の記事によれば、この要請について在京の宣教師たちはミーティングを開いて議論を行なったが、即答を避けたらしい。モンクット王の催促を受けてブラッドレーが回答したのは、それから六週間もたってのちのことであった。宣教師たちは王の真意を測りかねていたのだろう。結局、宣教師側は、王の要請に応え、アメリカ宣教会（AMA）のブラッドレー夫人、プレスビテリアンのマトゥーン夫人、バプテストのジョーンズ夫人の三人を送ることにした。モンクットはこれら三人の宣教師夫人に対し、週に二日、朝に来てほしいと頼んでいる。彼女たちは、こうした王の頼みを、キリスト教を王宮内に広めるために神の与えた絶好の機会と理解したようである。しかし当の女性たちにとって英語の授業は重荷となったようで、一人去り、二人去りして、残ったのは英語を話すことで国王を喜ばそうと考えた若い側室だけとなってしまう。三人の宣教師夫人は、王宮ではなく自宅に来てほしいとの彼女たちの希望を容れて、家を訪ねている。宣教師夫人たちはタイ語のキリスト教宣教文書を持って宗教について話し、時には微妙な問題の一夫多妻制の是非についても議論を交わしている。しかしタイ人の女性たちにとって、一夫多妻のどこが悪いのかわからなかったらしい。

＊96 ［Feltus 1924: 52］

モンクットは、シャムの長い慣習である一夫多妻制[*97]が、西洋人キリスト教徒の目には未開の象徴と映っているという現実の意味を深刻に感じていたらしい。というのも、ブラッドレーは、彼の日記の中で、モンクットはアメリカ全権使節タウンゼント・ハリスが新条約締結交渉のために来シャムした時、新条約には、シャム王は今後一人の妻しか持つことを許されない[*98]という条項ならびに、宣教師の妻が王宮を訪れて王の複数の妃たちに、国王が複数の妻を持つことは正しくないと教えることを認める条項を入れないよう助言してほしいと要請されたと書いているからである。[*99]

モンクットが西欧の思想に触れたのは、彼が成人してのちのことである。彼は今後はもっと早い時期にヨーロッパ人の考え方を学ぶ必要があると考えた。モンクットが長子のチュラーロンコーンのために、イギリス人の家庭教師を雇った理由がここにある。ただし、キリスト教については教えないという条件をつけることは忘れなかった。結局シンガポール在住の代理人陳金鐘[*100]の斡旋で、アンナ・レオノーウェンスが、長子チュラーロンコーンの家庭教師としてバンコクの宮廷に赴任することになったのである。アンナは五年間シャムに滞在した。

24―モンクットと自然科学

モンクットが学んだヨーロッパの学問の中で彼の心をもっとも強く捉えたのは、前述したように、天文学であった。モンクットはビクとして出家していた一八五〇年の日蝕のデータを公開している。日蝕、月蝕、惑星の掩蔽を計算する能力を持っていたことを外国人の友人に示そうとしたのである。彼は条約締結のため来シャムしたバウリング卿を接遇した席で、海王星の発見について質問している。[*101] また、英国領事のショーンバーグ卿が北タイ旅行を計画していると聞いて、まだよく知られていないわが国の地方を歩かれることは大変結構である、できることなら、私自身も暇をみつけて一緒に行きたいくらいだ、と述べ、実地調査に基づいて作られる地図を見たいものだと言っている。[*102] 別の機会には、英国領事に向かって、私はタイ湾の地図を持っていない。英国の調査船

＊97 ［Loos 2005: 110-129］

＊98 モンクットは五〇人以上の〝妻〟を持ち、うち三五人との間に八二人の子をもうけている。ちなみに、子のチュラーロンコーンの〝妻〟は一五三人、三五人の妻との間に計七六人の子をなした。一夫多妻が変化するのは、チュラーロンコーンの子のワチラーウット王の時代になってからである［Loos 2005: 110-129］。ちなみに、ワチラーウットは別の性癖を有した。

＊99 モンクットがキリスト教宣教師たちの一夫多妻制批判を気にしていたことは確かであろう。しかしその実、モンクットは一夫多妻制を積極的に支持する考えを表明していた。そしてパワーの象徴である一夫多妻制度において、弟のプラピンクラオ王に対して優位にないことを引け目に感じていたらしいこともまた明らかである。モンクットの「新しさ」は出自によって女性を選別しようとしたところにあり、それが数字の上では〝妻〟の減少傾向となって現れたと、［小泉 2001］は論じている。

＊100 陳金鐘（タン・キム・チェン）は英国籍を有した福建系中国人商人。父陳篤生がモンクットのビク時代から、欧米の文物や情報の入手を助ける私的なエイジェントとして重宝がられた。一八五五年以降は陳金鐘が王の私的なエイジェント役を引き継ぐと同時にシャム政府のエイジェントの役目を果たし、一八六三年には在シンガポール初代シャム領事となった。陳金鐘はまた、バンコクでライス・ビジネス（精米と白米の輸出）を営むビジネスマンでもあった［宮田 2002］。いくつもの顔を使い分ける「国際人」としての陳金鐘については、［吉澤 2010: 201-205］を参照。

＊101 一八五五年四月六日のバウリングの日誌に拠る。海王星は一八四六年にフランスとイギリスで相前後して軌道が予測され、「発見」が報告された。同じ箇所でバウリングは、モンクットが黄道十二宮の名をラテン語と英語の両方で口にしたとも書いている［Bowring 1856: Vol.2, 280］。

＊102 一八五九年一二月七日付のショーンバーグ宛て書簡中に、この件が見出される［Mongkut 1927b: 164-165］。

「サラセン号」の船長をつとめたジョン・リチャード大尉からタイ湾の略図はもらったが、地図はまだ手に入れていない、と述べて協力を要請している。*103 モンクットは自然科学の知識を通して自らの先進性を強調したものと考えられる。

おわりに

パルゴアは政治家ではなかったが、現実にはフランスとシャム、バチカンとシャムを結ぶ「大使」の役割を果たした。既に見てきたように、一八五六年に締結されたシャム＝仏条約の成功の陰には、パルゴアの姿があった。この条約のおかげで、カトリックもまた公然と、そして完全な自由のもとに伝道することができるようになったのである。カトリックの神父であるパルゴアが、本来の伝道者としての任務のほかに、こうした多様な政治的、社会的役割を果たすことができたのは、ひとえに彼がモンクットとの長い交友によって培った信頼関係の成果と言うことができる。

パルゴアは一八六二年六月一八日、五七歳の生涯を閉じた。パルゴア神父はすべての人に愛されていた。逝去の翌日、バンコク駐在のすべての領事館は半旗を掲げるとともにフランス領事に弔辞を送って、亡きパルゴア神父に弔意を表した。パルゴア神父の逝去に伴い、教会はモンクット王に同神父の逝去を告げる書簡を送ったが、これに対して王から、王自らの筆になる丁重な弔文が送られてきた。モンクット王とパルゴア神父との間は、深い友情によって結ばれていたが、とりわけパルゴアの斡旋によってローマ法王ピオ九世との間に交友関係が生まれたことに、モンクット王は深い感謝の念を抱いていたのである。[*104]

在京のカトリック信徒たちは、急遽故人が暮らした居室の中に、遺体を祭る祭壇をしつらえるとともに、遺体を上流のコンセプシオン教会に運ぶための船行列の準備を行なった。

棺が安置されたアソンプシオン教会はバンコクの南端にあった。遺体が埋葬されることになるパルゴアの建設したインマクレ・コンセプシオン教会はその約八キロ北に位置し、二つの教会はチャオプラヤー河によって結ばれていた。モンクット王の命令により、五〇〜六〇人の漕ぎ手の漕ぐ三隻の王室船が、パルゴアの棺を乗せた船を囲み、これに四〇人の漕ぎ手を乗せたアッカラ・マハーセーナーボディ（総理大臣相当）の大型船二隻が続く。さらに王族・貴族高官の船数一〇隻が長い船列をつくって進んだ。正午、[*105]モンクット王は、家族と共に、今まさに王宮の前を通過しようとするパルゴアの船を見送って別れを惜しむのであった。[*106]モンクット王は、帽子を脱ぎ、身を屈めて棺を見送ったと伝えられている。葬儀の後、モンクットは友人への手紙の中で、[*107]「パルゴアは二八年の長きにわたり、私のよき、親愛なる、そして誠実な友であった」と書いている。

こうして「王様」の友情に見送られた「もうひとりの私」は、やすらかに天国へと旅立っていったのであった。

＊103　この件も前出の書簡（註102を参照）の続きに書かれているので、「別の機会」とは言えない。書簡によれば、モンクットが入手していたのは付録の海図を欠いた水路部作成の小冊子で、その提供者はショーンバーグであったと言うように読める。

＊104　[*APF*, 35 (1863): 66-67]

＊105　一八六二年七月一日から三日間に及んだ葬儀で、棺を運ぶ船行列が行なわれた七月二日のことである。

＊106　[*APF*, 35 (1863): 71-72]

＊107　葬儀が終わると、教会からモンクットに宛てて、感謝状とともにパルゴアの遺品の指輪が贈られた。それに対する返信である[*APF*, 35 (1863): 72-73]。

（註作成　飯島明子）

解説

王様の国の内と外——一九世紀中葉のシャムをめぐる「世界」

飯島明子

1 バウリング条約

モンクットがバンコク王朝四代目の王として即位してから四年後の一八五五年、シャムはイギリスと修好通商条約を締結した。イギリス側、すなわち大英帝国ヴィクトリア女王の全権使節として条約交渉に臨んだジョン・バウリング卿（Sir John Bowring 一七九二〜一八七二）［図1］の名に因んで、「バウリング条約」と通称される、この条約の締結は、シャムが近代国際法秩序に編入した証しであると同時に、シャム経済の世界市場への参入を意味する「開国」であった、と本篇（石井米雄「もうひとつの『王様と私』」）では述べられた。

しかし「開国」と言っても、それまでのシャムが、いかなる意味においても、日本の例から類推しうるような「鎖国」の体制をとっていたわけではない。王都とりもなおさず交易港を不可分の要素とした、「港市国家」であったアユタヤー朝（一三五一〜一七六七）以来、対外交易がシャム王国経済の基盤をなしていた。ヨーロッパやイスラーム圏を含む西方諸国の人々との交渉で賑わった一七世紀を経て、一八世紀以降は対中交易を活発化させながら、アユタヤーは交易港として開かれ続けた。アユタヤー朝滅亡後の後継国家であるトンブリー朝・バンコク朝シャムも対外交易に依拠する点では一貫して、一九世紀に至った。その間、大量の中国人移民が流入し、賃労働と輸出作物の生産や流通を担ったことは、本篇に述べられた通りである。また、一八二六年の「バーネイ協定」以降は、来航するヨーロッパの船もふたたび増加していた。そして「開国」のはるか以前、モンクットがまだ僧籍にあった時代から、さまざまなチャネル、中でも枢要な役割を果たしたキリスト教関係者を通じてもたらされた、西洋に関する幾多の情報や先進技術が、シャムのエリートたちによって貪欲に摂取され、そうした環境において、モ

図1　香港総督時代のバウリング卿（Maull & Polyblankの写真による）
［出典：*ILS*, 1Dec.1860: 506（天理大学附属図書館蔵）］

ンクットとパルゴアとの交流も始まっていたことを思えば、誤解の余地はないだろう。

後世より振り返れば、「開国」の眼目は、従来ヨーロッパ人商人に対して適用されていた管理貿易——特定の役人からの購入（「官売」）の義務づけ、国王の名による一方的な価格での先買特権の行使（「官買」）——を否定して、西洋との自由な通商関係を樹立するという、貿易の自由化にあった。イギリスにおいて、自由貿易主義者として聞こえたリチャード・コブデン（Richard Cobden 一八〇四～六五）の知己で、一八三九年の反穀物法同盟の結成にも参加していた、バウリングの旗幟は鮮明だった。

「バウリング条約」はその第八条で、次のように規定した。

> イギリス商人は、その貿易対象となる物品を生産者から直接購入することが許され、同様に自分の商品をその購入希望者に直接販売することができ、いずれの場合にも、他のいかなる者からも干渉されない。

このような「開国」に関して、多くの財貨をもたらすであろう貿易の発展は、モンクット自身が明らかに望むところであった。モンクットは、一八五七年七月二四日付のヴィクトリア女王宛親書に、「新条約（＝バウリング条約）の発効後、諸外国との交易がますます増大し、我々の民は幸福な生活へのよりよい機会を得て、とても喜んでおります」［Winai and Theera 1994: 50］と綴ったが、「開国」からまもない時期の国内向け布告でも、よく似た表現をしている。たとえば、「外国硬貨の使用を許可する旨の二回目の布告（一八五七年一〇月一〇日）」［*PPR4*: 138-9］において、王はその理由を、「大勢の外国人の顧客が絶えず商売にやってくれれば、財貨がバンコクに落とされ、王国の臣民たちはこぞって豊かで満ち足りて、幸福になるだろう」と説明したのである。しかし、その後長期にわたる自由化の影響を、王はどこまで予測していただろうか。

「バウリング条約」締結の一事は、世界史の文脈において、一八四六年に穀物法が廃止され、自由貿易体制への移行が定着した、一九世紀中葉のイギリスが舵を取った海外膨張戦略、「自由貿易帝国主義」の発展航路の傍らにたやすく見出すことができよう。半ば強制された「自由貿易」により、やがてイギリス帝国経済への従属性を深めていったシャムは、政治的には独立を保ったが、経済的にはイギリスが世界を股にかけて構築した非公式帝国の一部であったと論じられる場合もある。

シャム国内の文脈では、条約締結が「全面的な革命(a total revolution)を伴う」[Bowring Vol.2: 226.]と断言したバウリングの記述が頻繁に引用されながら、これにより、王朝権力が主導していた独占的な貿易体制の崩壊が引き起こされ、独占貿易に寄生した家産官僚と華人商人らの既得権益が失われて、権力構造が再編されたと説明されることが多い。本篇でもまた、「その意味において」、バウリング条約と、相次いで締結されたアメリカおよびフランスとの間の修好通商条約を合わせた三条約をもって、「シャムの近代史に重要な画期をもたらした歴史的意義を持つ条約」と評されている。ただし、その変化は、こと王室について言えば、従来毫も自明ではなかった王室の範囲が、まさにこの時代の王たるモンクットによって次第に限定され、秩序立てられるのであり、そうして顕現したモンクット・ファミリーが担うべき王権の正当性が確立されていく過程であったと見ることができよう。したがって王権は、このモンクットが意図した再編過程を通じて、「革命」の波を泳ぎきり、「伝統」の一部を巧みに変改温存して、次代のチュラーロンコーン王が絶対君主に擬せられるまでのアナクロニズムの種が蒔かれたとも言えるだろう[図2]。

けれども同じ「バウリング条約」第八条で、一八二六年の「バーネイ協定」においては禁止された米輸出が、条件つきながら解禁されたことの結果は長期的に見て甚大だった。初期の輸出量の伸びは思いのほか緩慢であったが、一八七〇年代になると、シャムはとりわけイギリス植民地を通じて、東南アジアや東アジア地域へ米を供給しながら、世界市場における米輸出国と位置づけられるに至った。やがて中央平野を貫流するチャオプラヤー河

図2　1908年、即位40周年記念に建造されたチュラーロンコーン王の騎馬像。
渡欧中にフランス王ルイ14世の騎馬像を見た王が希望して造られた。
[出典：Anake 1994: 267]

の下部デルタ（新デルタ）地域の土地開発、つまり灌漑用運河の開削に伴う水田地帯の大規模な創出が開始され、海外の米需要が高まるとともに、輸出量は増大した。米はその後、自然災害、市場の変動などに起因する耕作環境の紆余曲折を経ながらも、実に一九八〇年代半ばまで、タイの輸出金額のトップを占める主要輸出品となる。

社会経済史的な観点から、「バウリング条約」がしばしば、シャム（タイ）の近代史の始点として叙述されてきた所以である。しかしながら、こうしたドラスティックな変化は現在のタイ国中部に限られた。バウリング条約締結から半世紀を経た一九〇五年の輸出米のうち、九八パーセントが中部タイ産、残りの二パーセントが北部と東北部の産米であったという報告がある［Heide 1906: 17］。その中部においても、実は地域的偏差があり、チャオプラヤー河流域のいわゆる古デルタの米作地域の状況はゆっくりと推移した。そして変化の及ばない、その他の地域は、内陸部への鉄道の敷設が進む一九二〇年代まで、まだ王都バンコクから僻遠の地だったのである。

2 「未知の砂漠」

シャムを「開国」へと導いたバウリング卿は、ジェレミ・ベンサム（Jeremy Bentham 一七四八〜一八三二）の著作集の編集などでも知られた著述家で、シャムについても大著『シャムの王国と人々（*The Kingdom and People of Siam*）』を残した。その内容の多くをパルゴアに拠っていることは本篇に述べられた通りだが、上に引用した「革命」の語を含む章句のみならず、バウリング自身の所説が披瀝された同書は、一九世紀半ばのシャムに関する最重要の文献の一つと見なされて、常に参照され、シャム近代史の見方に多大な影響を及ぼしてきた。ところが、同書に付された「シャムとその属国（Map of Siam and Its Dependencies）」と題された地図［図3］を子細に見ると、今日のタイ国の中央部あたりを占めるシャム（SIAM）と、その上側に位置する、今日のタイ国北部からラオスにかけて延びた地域を指し示す〝ラオス（LAOS）〟という文字の間に「未知の砂漠（Unknown Desert）」と書いてあって、たとえバウリング卿のお墨付きでも、これはいかにもおかしい［図4］。ゆえに、現代タイの歴史家トンチャイ・ウィニッチャクーン（Thongchai Winichakul）は、評価の高いその著書『地図化されたシャム――ある国家の地理的身体の歴史（*Siam Mapped: A History of the Geo-Body of a Nation*）』（石井米雄氏による邦訳［トンチャイ 2003］がある）の中で、「当時の地図では、後背地はなおも『知られざる土地』であった。たとえばジョン・バウリング卿は、（中略）中部平原とラーンナーの間には未知の砂漠が横たわっていると信じていた」［トンチャイ 2003: 212; Thongchai 1994: 115］と述べているのである。

バウリングがどこまで（むろん在りもしない）砂漠の存在を信じていたかはともかくとして、バウリングの地図に情報を提供したはずの当時のシャムの人々にとっても、シャムの北方に延びるその辺は、ほとんど未知の領域、まさに辺境であったのではないだろうか。再びトンチャイの言を引用すれば、「それは、彼ら［＝現地における情報提供者であったシャムの住民］がシャムを地理的にいかに認識し、何がシャムで、何がシャムでないと認識していたのかのあかしである」。言い換えれば、「シャム人自身が、」今日のタイ国民にとって文字通りの外国であるラオスの領域ばかりでなく、今は紛れもないタイ国内の北部にあたる地域までもが〝ラオス〟という外部であり、「シャムの一部でないと認識していた事実を示している」と言える［トンチャイ 2003 :214; Thongchai 1994: 115］。

この〝ラオス〟、今日のタイ国北部地域では、一三世紀末頃より、その頃創建された王都チェンマイを中心として、シャムとは別個の政体が盛衰していた。山間盆地ごとに成立した小国家群が連合して発展した、この政体がラーンナーと呼ばれ、シャムのアユタヤー朝とは互いに抗争し合う関係にあった。ラーンナー王国の範域は、今日のタイ国国境を越えて展開したが、一五五八年にチェンマイがビルマのタウングー朝軍に攻略されて以降、約

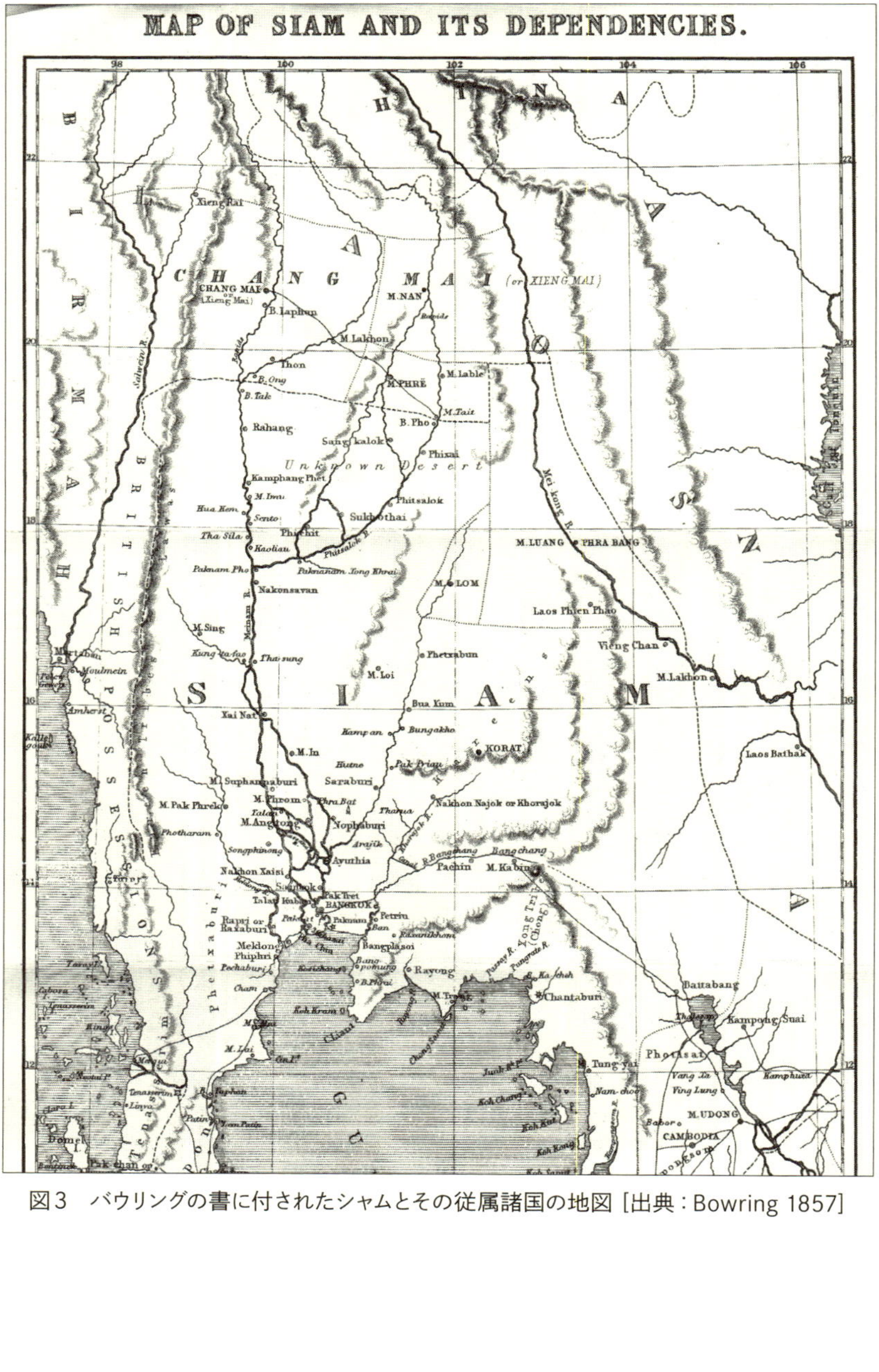

図3　バウリングの書に付されたシャムとその従属諸国の地図［出典：Bowring 1857］

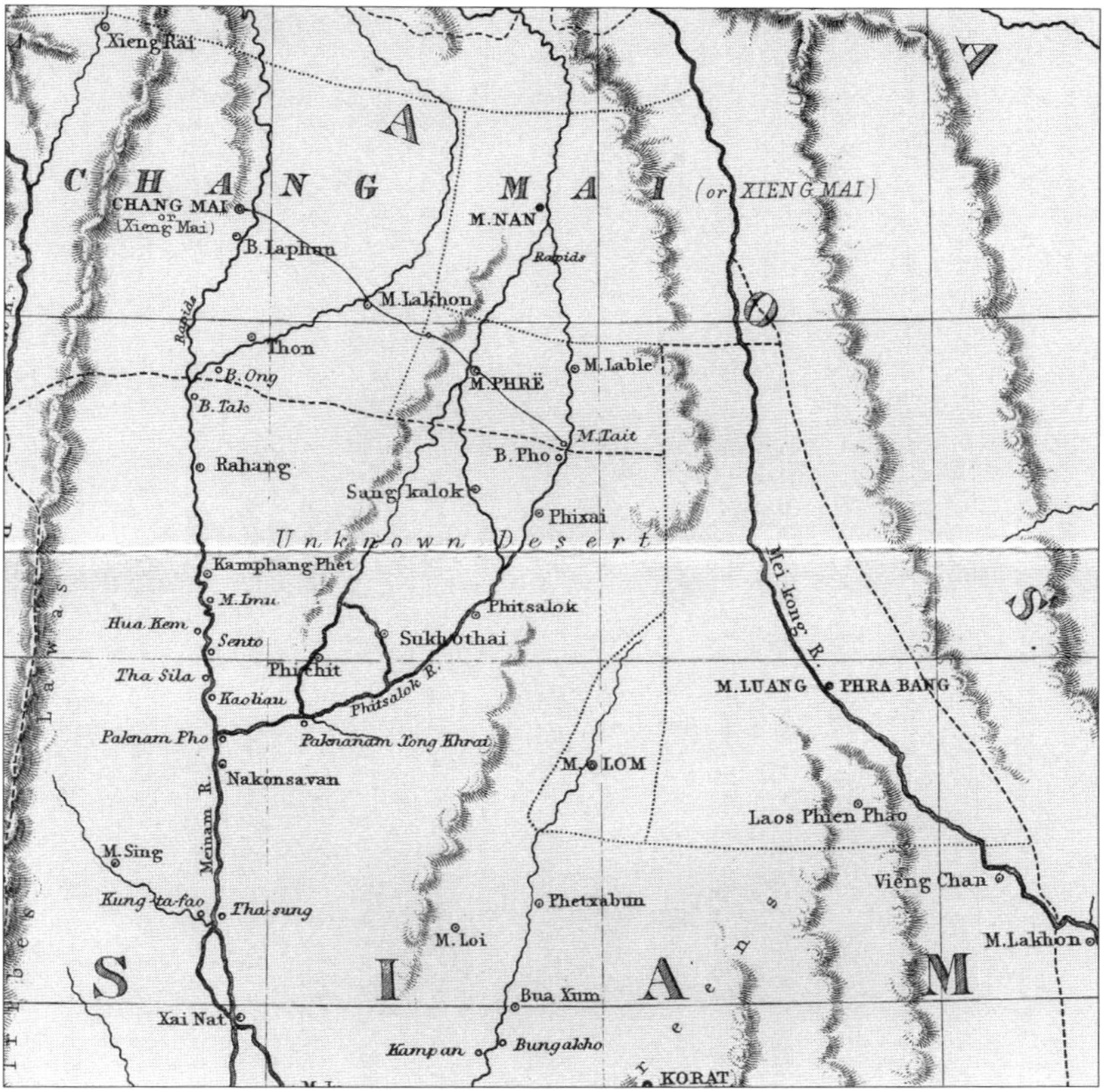

図4　図3の中央部拡大図。
チェンマイ(Chang Mai) の南方に*Unknown Desert*の文字が見える。

二〇〇年間は概ねビルマ王朝の直接・間接の支配下にあった。該地域からビルマ勢力がようやく駆逐されたのは、一九世紀に入るか入らないかの頃であるから、世紀半ばの「南方」(ラーンナーの文献において、シャムを指す)の人々の「シャムの一部でない」という認識は、むしろ当然のことだっただろう。

一九世紀中葉のシャムに暮らした普通の人々が、日常の生活圏を超えた世界を、どのように認識していたかを知るのは難しい。それは、普通の人々が自ら書き残した記録が欠如しているからで、そもそも、彼らが自分たちをシャム人だと意識していたという証拠もないのだ。トンチャイは前掲書の中で、近代以前のタイ人(=シャム人)の空間観念として、精神的次元における『トライ・プーム(三界経)』の宇宙観とともに、空間に関するさまざまな民俗知について論じているが、それらはどれもそれぞれに限られた次元と領域において一定の機能を有したと考えられている[トンチャイ 2003: 第一章]。

しかしモンクットをはじめとする当時のシャムのエリートたちに限って言えば、事情はかなり違っていただろう。彼らは、既に西洋式の地図に親しんでいたのである。その事実は、「王朝年代記」の記録を繙いてみるだけでも、西洋諸国からやってきた使節が献上した品々の中に地図が含まれていることから、容易に確かめられる。たとえば、一八五六年のアメリカ使節ハリス(Townsend Harris 一八〇四〜七八)がもたらした献上品リストには、一二枚の地図、諸国の地図六枚、アメリカの地図一枚が挙がっている。そして後二者は、受け取った第二王プラピンクラオを喜ばせたとティパコーラウォンが編纂した(本篇註57)『ラタナコーシン王朝四世王期年代記』(以下、『四世王期年代記』)に書いてある[*PPR4*: 111-112]。したがって彼らエリートたちには、当時の西洋人に近いやり方で、地図上のシャムを想像することが十分可能であったと推測される[トンチャイ 2003: 215-6; Thongchai 1994: 116]。

そこで、モンクットが上記のバウリングの著書に付された地図を実際いかに見たかはわからないが、本の扉にはモンクットへの献辞が記され、一八五七年八月三一日付のバウリング宛書簡でモンクットは同書を受領した旨を告げているのだから、そこに描かれたシャムの「姿」は、モンクットが見ても肯んじうるものだったと仮定して差し支えないだろう。そう思って眺めると、モンクットの王国シャムは、少なくとも地図の上では、現在のタイ国とは比べものにならないほど小さい国だった。事実、モンクットは欧米の首脳たちに宛てて自らペンを執った書簡の中でしばしば、「シャム国は小さな王国」と書いたし、本篇に引用されたフランス駐在大使宛書簡中にも、「小国にすぎない我が国」とあった。ある場合（一八六四年のフランス皇帝ナポレオン三世宛て親書）にはことさらに、その小王国は「海岸近くに位置する」と書いていて［*PHR4*: 65］、あたかも地図に描かれたシャムの国土を目に浮かべているかのようである。

とはいえ、当時はまだ、西隣のビルマ（ミャンマー）の植民地化を着々と進めていたイギリスのインド政府との間で、接触地帯における境界画定作業が緒に就いたばかりだった。近代的国境――それは地図上に、両側を排他的に分け隔てる実線として、表記されるのが習いである――がシャムの周囲をほぼ隈なく画するまでには、この頃からおよそ半世紀の時を要する。シャムが国境線によって明示された領土、トンチャイが言うところの「地理的身体（geo-body）」を獲得するのは、一九世紀末以降のことである。それゆえ、モンクットが想像した国の姿形がどんなふうであったかは、私たちもまた想像してみることしかできない。

3―シャムと「ラオス」

「バウリング条約」は新たに領事の駐在を定め、その権限の一部として、いわゆる「領事裁判権」条項が盛り込まれた。その規定に従い、翌一八五六年に条約が批准された後に、イギリスの領事が初めてバンコクに駐在することとなった。

一八五七年一二月に赴任した三人目のイギリス領事ショーンバーグ（Robert Hermann Schomburgk 一八〇四〜六五。六四年まで在任）は、フライブルク（当時ザクセン王国領、現ザクセン＝アンハルト州）生まれのドイツ人で、近代地理学の父と称されるアレクサンダー・フォン・フンボルト（Alexander von Humboldt 一七六九〜一八五九）の感化も受けたという、稀有な経歴の持ち主だった。若くして郷里を離れ、船荷監督人としてアメリカに渡ったショーンバーグは、一八三〇年頃から博物学的調査に従事し、英領西インド諸島から南アメリカ北東部の英領ギアナ（現ガイアナ共和国）を渡り歩く間に、イギリス王立地理学協会（The Royal Geographical Society）に知られ、同協会から委託された探検・調査で名を挙げた。王立地理学協会自体が、一八三〇年にロンドン地理学協会として発足したばかりであったことは、記憶しておいてよいだろう。ショーンバーグは次いで、イギリス植民地省が派遣する境界弁務官として、英領ギアナの境界地帯調査に赴いた。二一世紀まで持ち越されているガイアナとベネズエラの境界問題は、この時ショーンバーグが作成した地図上の暫定境界（「ショーンバーグ線」と呼ばれる）に端を発する。

一八四五年、ショーンバーグはその功績により、ヴィクトリア女王からナイト爵に叙せられた。かくしてイギリス植民地帝国の周縁に連なる人士となったショーンバーグは、望んだイギリス市民権は得られなかったものの、自ら進んで領事職を求めた。領事としての最初の任地は、独立後間もないドミニカ共和国の首都、サントドミンゴだった。そこでは、時に砲艦外交を示唆するしたたかさも見せる外交官として振る舞いながら、年来の多岐にわたる調査活動も精力的に行なったという［Rivière 2006: Vol.2, 211］。

バンコクに赴任したショーンバーグは、ヴィクトリア女王の親書を携行したことで［*KMEC*, Vol.21（2）: 147-149; 153-154］、モンクットをことのほか喜ばせた。後述のように、短期間で去った前任者たちよりも高い、ショーンバーグの「格」が、モンクットには重要だった。そこで、モンクットから女王宛ての返書において、最大級の賛辞を呈されたばかりではない。モンクットとはたまたま同い年で（そのことをモンクットは、ショーンバーグの着任後まもない時点の外務大臣クラレンドン伯爵（Earl of Clarendon, 4th, George William Frederick Villiers 一八〇〇～七〇。在任一八五三～五八）宛て書簡［*KMEC*, Vol. 21 (2): 155］、さらに六年間在勤の後、ショーンバーグが離任する際にヴィクトリア女王に宛てた書簡［*KMEC*, Vol.22 (1): 15］において、特筆している）、地理学や天文学、植物学などの諸科学に明るいショーンバーグに、モンクットは格別な興味と親しみを懐き［Winai and Theera 1994: 67-68］、相手にも好誼を求めたらしい様子が私的な書簡から読み取れる［図5］。しかしショーンバーグの方は、モンクットについて、「頑固で、虚栄心が強く、尊大」などと書いたように、余り高い評価をしていなかった模様で、パルゴアあるいは後述のバウリングとの間のような、特別な信頼関係が生まれる余地はなかった。ちなみに、ショーンバーグはルター派の敬虔なキリスト教徒で、生涯独身のかなり気むずかしい人物だったらしい［Rivière 2006: Vol.2, 215-216; Rivière 2006: Vol.1, 3-5, 14］。

　そのショーンバーグが、一八五九年に「北タイ旅行」に出かけようとした折、モンクットは「まだよく知られていないわが国の地方を歩かれることは大変結構である」と大いに関心を示し、できるなら一緒に行きたいと述べたというエピソードが本篇に語られていた。これは単なる社交辞令ではなかったようだ。なぜなら、現に王弟ウォンサーティラートサニット親王（一八〇八～七一）の二人の息子つまりモンクットの甥にあたる年若い王族たちが、ショーンバーグの旅に同行したからである。モンクットはその時、そこが「我が国の内陸の一部」であるとイギリス領事に語り、道中に必要な便宜を図ることを約束した。その言葉通り、確かに「シャム領内」を旅行中は、投宿地ごとに快適な寝所が予め用意されていた。

　ところが、ショーンバーグ一行が六週間あまりの旅の末にチェンマイにたどり着いてみると、そこではまず、現地「ラーオ」人高官の御殿まで運ばれたモンクットの命による文書を読み上げることのできる人物を見つけ出

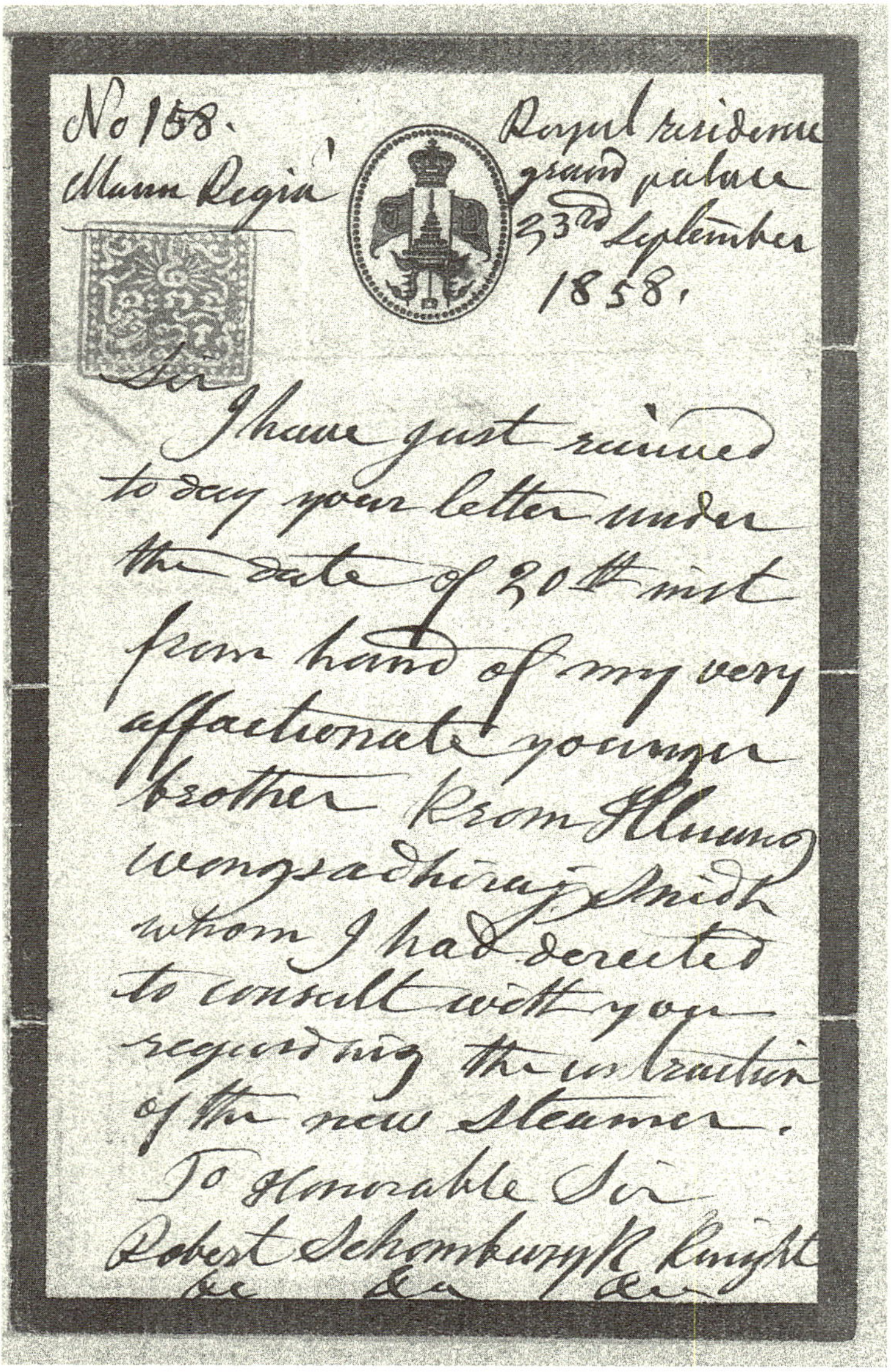
No 158.
Manu Regia
Royal residence
grand palace
23rd September
1858.

Sir
I have just received to day your letter under the date of 20th inst from hand of my very affectionate younger brother Krom Hluang Wongsadhiraj Snidh whom I had directed to consult with you regarding the construction of the new Steamer.

To Honorable Sir
Robert Schomburgk Knight
&c &c &c

↗の助言に従うと述べ、ショーンバーグが当地のイギリス人の誰よりもモンクットらに好意的であるとの謝辞を記す［出典：公益財団法人東洋文庫所蔵］

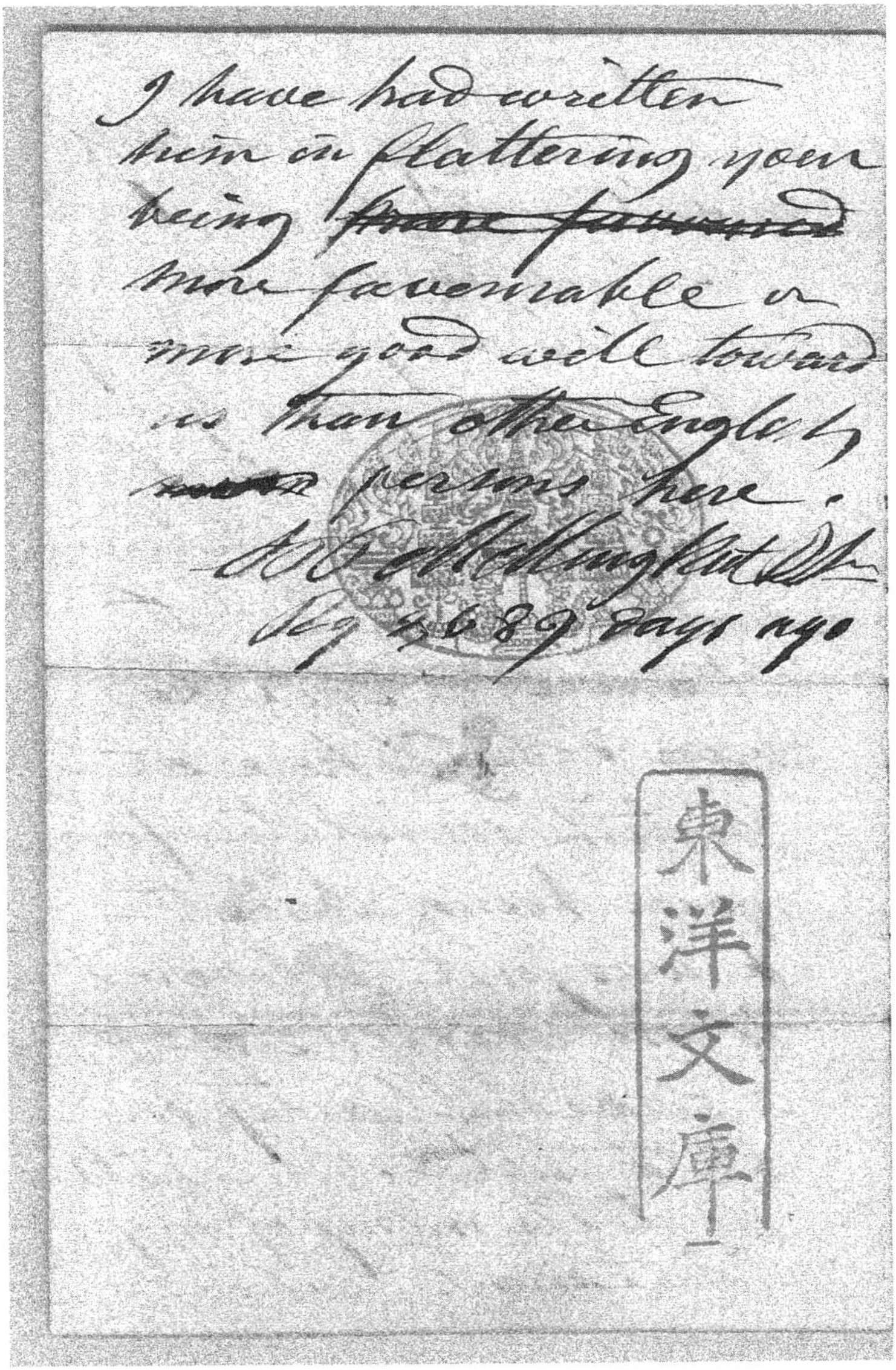

I have had written
him in flattering your
being ~~more favoured~~
more favourable or
more good will toward
us than other English
~~men~~ persons here.
S.P.P.M. Mongkut Rex
Sep 4689 days ago

図5　モンクット直筆のショーンバーグ宛て書簡(1858年9月23日付)。ウォンサーティラートサニット親王の手を経て受け取ったショーンバーグの手紙への返信で、ショーンバーグ↗

P.S.

Our Ship "Bangkok mark" will be sailed for Singapore on next Monday or Tuesday I desire to have your letter addressed to Mr Tan Kim ching stating that his letter per the Steamer "Niger" has been delayed here at British consulate for your being absent & was just delivered to my adopted son P Sarasedh bhaety on 28th ult. it will be testimony of my statement which

I beg to state truly
that I have observ[ed]
your opinion expressed
therein is very reasonabl[e]
I beg to thank you for
your good advice whi[ch]
I will accord without
delay

I beg to remain
your faithful

Sd/ Mangkhat R[...]
by [illegible] days age[nt]

すのに難渋した。と言うのも、文書がシャムの言語と文字で記されていたからである。ショーンバーグはそこで、「ラーオ」の言語も文字もバンコクのシャム人の用いるものとは異なって、両者には「方言以上の差がある」と論されねばならなかった。御殿に多数の人々が平伏して集った儀礼の場で、ようやく文書朗読の任を果たすことができたのは、旅の途中のラヘーン(今日のターク)から随行した役人であった。後述のように、当時はラヘーンが、シャムと「ラーオ」(バンコクの人々が呼んだところの)諸国の境界に位置していた。

シャム王モンクットの全面的なサポートを受けて、はるばる「北タイ」へ赴いた最初のイギリス外交官であったにもかかわらず、ショーンバーグに対して現地を治める「ラーオ」人王侯たちの応接ははかばかしくなかった。バンコク王朝とは全く出自を異にするチェンマイ王族を代表した当主のカーウィローロット王(Kawilorot Suriyawong 在位一八五六~七〇)はショーンバーグに、「シャム人には我々を拘束する類いの条約を締結する権利はない」と言明したという。また、別の高位のチェンマイ王族は、シャムがイギリスと締結した条約はバンコクのみに当てはまるもので、チェンマイを始めとするいずれの「ラーオ諸国にも適用できない、必要とあれば、イギリスはラーオ諸国と別個の条約を結ばねばならない」と答えて、ショーンバーグの抗議を遮ったと伝えられる[飯島 2000: 64]。

バウリングが前掲書の中で「シャムの北部地方として地名を挙げているのは、サワンカローク、ピサヌローク、カンペーンペット、ピチャイ、そしてラヘーンである。当時はこのラヘーンがシャムの北限の町、ショーンバーグによれば「最も南のラーオの町」だった。一八五九年一二月にバンコクを発ったショーンバーグは、チャオプラヤー河を二八日間遡航してラヘーンに着くと、そこから陸路を象の背に揺られながら二週間かけてランプーンに着いた。一〇年後の一八六九年、アメリカ人宣教師マクドナルドはバンコクから二〇日余りの船旅の末に、「ラオスとの境界にある最後のシャムの地方町ラヘーン」に着いたと書いている。マクドナルドはショーンバーグ同様にそこで象に乗り換え、北へ向かって進んで約二週間後にチェンマイに至り、彼の地の王との面談を果たした

[McDonald 1999: 102-110]。一八八〇年代の旅行者であるボックの著書に載る地図には、ラヘーンとランパーンの中間に線が引かれ、そこにも「ラーオとシャムの境界」と書いてある[図6]。ボックの記述では、ラヘーンから北へ約六〇マイル行ったところ、そこはまだシャムの境界内であるがシャム人は一人も住んでいない、純粋な「ラーオの町だった」とある[Bock 1884: 145]。

ちなみに、『寺院と象(*Temples and Elephants*)』と題されたボックの書にはもともと『シャム北部とラーオ国の探検旅行記(*The Narrative of a Journey of Exploration through Upper Siam and Lao*)』という副題が付いて、今日のタイ国の北端に近いチェンセーンまでの往復の旅程を綴っているのであるが、一九八六年にオックスフォード大学出版局から出た復刻版では、副題が『一八八一～一八八二年のシャム旅行(*Travels in Siam in 1881-1882*)』と変わっている。一〇〇年余り前の一九世紀には、タイ国の北部がシャムとは別の〝ラオス〟であり、ラーオ人の王を戴いていたことは、現在ほとんど忘れられている。ラーオ人の国と言えば、誰しも一九七五年に成立したラオス人民民主共和国を思い浮かべる、今日の読者を慮っての改変だろうか。こうして忘却には拍車が掛かる。

4 シャムとビルマ

ショーンバーグ一行は一三日間滞在したチェンマイからの帰路、元来たルートは採らなかった。一行はシャムの「境界」を越えて、下ビルマ(＝ビルマ南部)を目指した。野蛮な部族がいて危険だと言われた山越えの道は、一四〇人の従者と三九頭の象のキャラバンに守られて進み、一ヵ月足らずのうちにサルウィン河の河口、マルタバ

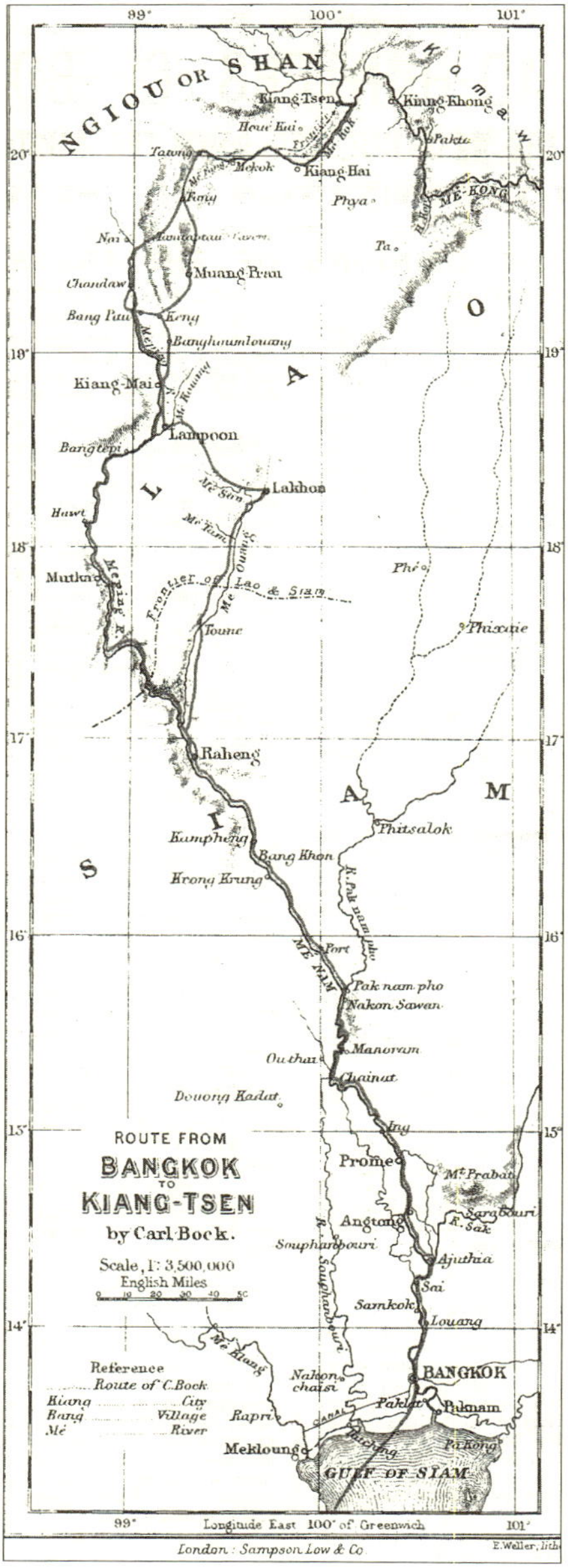
ROUTE FROM
BANGKOK
TO
KIANG-TSEN
by Carl Bock.
Scale, 1: 3,500,000
English Miles
0 10 20 30 40 50
Reference
Route of C. Bock
Kiang ... City
Bang ... Village
Mé ... River
NGIOU OR SHAN
KOMAW
L A O
S I A M
Kiang-Tsen
Kiang-Khong
Kiang-Hai
Kiang-Mai
Lampoon
Lakhon
Raheng
Kampheng
Bang Khon
Krong Krung
Phitsalok
Pak nam pho
Nakon Sawan
Manoram
Outhai
Chainat
Douong Kadat
Prome
Angtong
Souphanbouri
Ajuthia
Sai
Samkok
Louang
BANGKOK
Paklat
Paknam
Nakon chaisi
Rapri
Mekloung
GULF OF SIAM
ME-KONG
ME NAM
Frontier of Lao & Siam
Longitude East 100° of Greenwich
99°
100°
101°
20°
19°
18°
17°
16°
15°
14°
London: Sampson Low & Co.
E. Weller, lith.

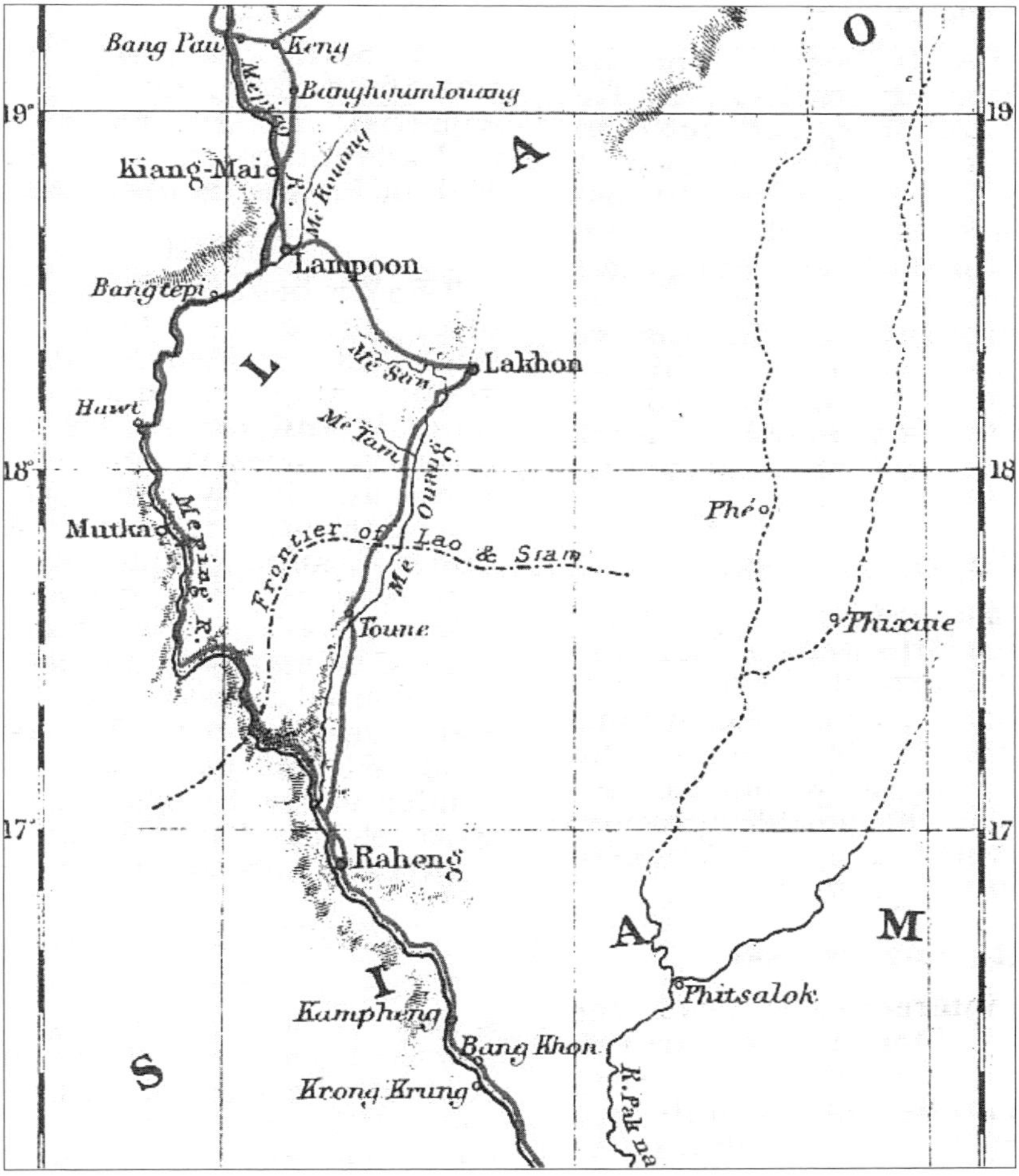

図6　ボックによるバンコクからチェンセーンまでのルートマップ。ランパーン(Lakhon) とターク(Raheng) の間に「ラーオとシャムの境界」線が描かれている［出典:Bock 1986(1884)］

ン湾東岸に位置する港町モールメン（モーラミャイン）に着いた。モールメンからは蒸気船でタヴォイ（ダウェイ）へ行き、そこからクラ地峡横断ルートを探査するという当初の計画を変更して、カンチャナブリーまで象に乗って行き、そこでカヌーに乗り換え、一八六〇年四月末に四ヵ月半の旅行を終えて、全員無事にバンコクに帰還した。

モールメンは、第一次英緬（イギリス＝ビルマ）戦争（一八二四～二六）に勝利したイギリスが、ビルマ植民地統治の手始めの拠点として、テナセリム（タニンダーイー）州長官府を置いた所である。まだ戦争中の一八二五年三月、イギリス軍が占領した直後のモールメンに、「ラーンナーの支配者」を以て任ずるチェンマイ王からの書簡が届いたという。これは、シャムが欧米と締結した初の和親条約である「バーネイ協定」の交渉に、イギリス東インド会社の使節バーネイ（Henry Burney）がバンコクを訪れるより半年前のことで、ラーンナー・チェンマイの面目躍如たる迅速果敢な「自主外交」の証左と言えるかも知れない。一八二九年一二月、チェンマイから三通目の書簡が届くと、最初のイギリス使節リチャードソン（Dr. David Richardson 一七九六～一八四六）が現地商人一行と共にモールメンを発って、チェンマイへ向かった。その後一八三〇年代中に計四回、イギリス使節が下ビルマと「北タイ」の間を往復した。次に述べる雲南への通商路の開拓という目論見はさておき、イギリス側の当面の目的は、占領地で軍隊が食用とする肉牛の調達と、運搬用の馬と象を確保するための取引を行なうことであった［図7］。

こうした交渉の進展は、下ビルマと「北タイ」の近接性に目をやれば、少しも不思議ではない。スリランカで発達した上座仏教がラーンナーに伝播して、一五～一六世紀のラーンナーにおいて、パーリ語に精通した学僧たちによる仏教教学の粋が花開きえたのも、下ビルマという中継地があったからである。下ビルマは、ラーンナーが自律性を保ち続ける限り、その海洋への至便の出口であり続けただろう。下ビルマと「北タイ」を結ぶ道は、「北タイ」からさらに北方の雲南地域へと通じるキャラバン・ルートの一部を成していた。その道を毎年、大勢の中国人商人たちが仔馬やラバに荷を積んで行き来していたことが、イギリス当局の関心を惹起した。中国人商人

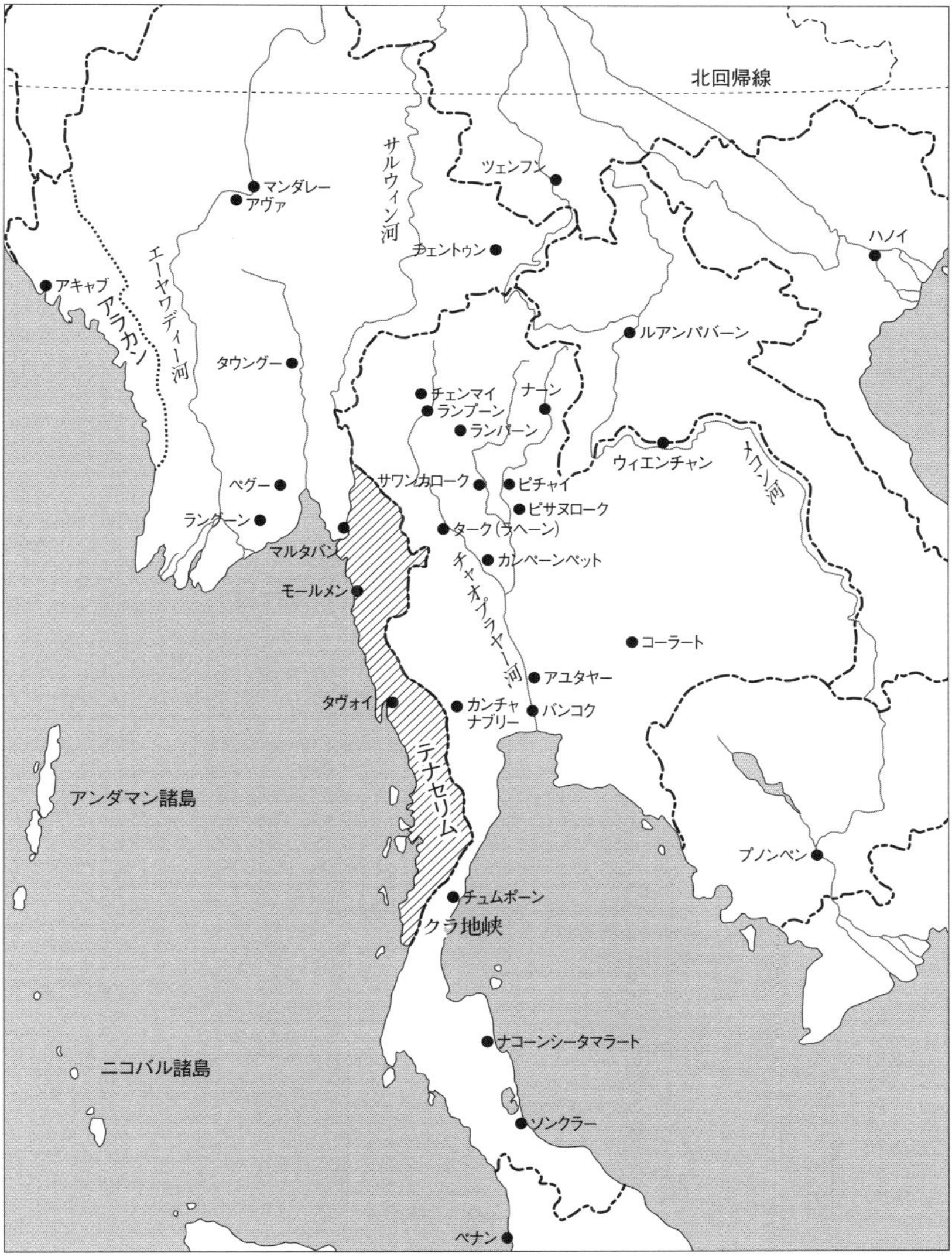

図7　斜線部分が1826年に英領となったテナセリム州

たちの多くは、イスラーム教徒であった。

シャムの西側に隣り合ったビルマ（ミャンマー）では、一八世紀半ばから新興のコンバウン朝（一七五二〜一八八五）が勢いを増していた。そして、歴代のビルマ王朝がたびたび戦火を交えた積年のライバル、アユタヤー朝を一七六七年に攻め滅ぼして、シャムの仇敵となった。しかしその拡張主義ゆえに、インドを支配下に置くイギリスとの衝突を誘発し、一八二〇年代にコンバウン朝とイギリスは戦争に突入した（第一次イギリス＝ビルマ戦争）。戦いに敗れたコンバウン朝は、一八二六年二月のヤンダボ条約により、賠償金支払い等を約したうえ、アラカン（ヤカイン）およびシャムと接するテナセリムの二地方をイギリスに奪われたのである。さらに一八五二年、その後も関係悪化の一途をたどっていた両者の間で、再び軍事衝突が発生した（第二次イギリス＝ビルマ戦争）。その戦いにおいて、軍艦を派遣してラングーン、バセイン、マルタバンの港を封鎖し、さらに河川用蒸気船や新式の銃などの近代兵器を駆使したイギリスに対し、ビルマ側は有効な武器を欠いていた。イギリスは下ビルマ一帯を占領したのち、同年一二月、占領地の併合を一方的に宣言した。これにより、ビルマ王朝は海岸部を失い、残されたのは内陸地域だけとなった。

本篇に述べられたように、アユタヤー王朝滅亡後、シャムはただちに挙兵したタークシンの軍功によってビルマ軍を撃退し、追撃した麾下の遠征軍が短時日のうちに占領地域を広げて、復興を果たした。潮州系華僑の血を引くタークシンは、中国（清朝）皇帝に遣使しながら、チャオプラヤー河河口に近いトンブリーに都を築いて王位に就いた（トンブリー王朝）。タークシン王権の存続には海外交易が必須で、交易を通じて、武器その他の必要物資を調達した。だがタークシンが王位に在ったのはわずか一五年で、配下の武将チャクリーに取って代わられた。

一七八二年、チャクリー王朝の新しい都バンコクが、チャオプラヤー河を挟んだトンブリーの対岸に本拠を遷して、創建される際には、まず第一に対ビルマ防衛に配慮して、立地が考えられ、運河の建設が優先された。本篇には、モンクットの時代に、欧米人の要請によって道路が建設されたことが語られているが、それ以前は専ら水路が交通路であり、水路の支配が「領域」の確保を意味したのである。そうして造られた運河と河で囲繞された島状の土地のぐるりには、四〇〇メートルごとに砦を配した高さ三・六メートル、幅二・七メートルの塁壁をめぐらして、バンコクはあたかも要塞島といったおもむきであった［友杉 1998; 友杉 2001］。運河に象の渡河用の橋を架けるという計画さえ、防衛上の理由で、中止された。

かくまで警戒された、ビルマというシャムにとって最大の宿敵が、この地域に新たに登場したイギリスとの戦いによって、今や危殆に瀕しつつあり、かつての脅威が取り除かれつつあった。一八五一年から掘削を開始した新運河（パドゥンクルンカセーム運河）には、もはや壁をめぐらすことなく、これにより市域は倍加して、バンコクは城塞都市ではなくなった。「開国」に先だって、商業都市への変貌を既に開始していたのである。かかる状況の下で、バンコク王朝はビルマ王朝の間接的支配が及んでいた北方の遠隔地、チェントゥン（ケントゥン）に戦を仕掛けた。これを「チェントゥン戦争」と呼ぶ。

5―チェントゥン戦争

チェントゥンは現在ビルマ（ミャンマー）・シャン州東部の首邑であるが、元々はチェンマイなどと同じく、タイ系の首長を戴く小国家で、チェンマイを中心としたラーンナーとは一三世紀に遡ると伝えられる支配層間の血脈という歴史上のつながりと、きわめて近似した言語や文字など、文化や社会のさまざまな要素を共有していた。

このチェントゥンやラーンナーのように、東南アジア大陸部北部にあって、無数の山間盆地ごとにタイ系の人々を中心に成立した小邑が連合して、国家的なまとまりを形成した例は、ほかに、ルアンパバーン（のちにヴィエンチャン）を都としたラーンサーン、今日の中国・雲南省最南部を占めたシプソンパンナー（主邑はツェンフン）などがあった。これらの政体は、ビルマ、ベトナム、中国、そしてシャムという、周囲のより強大な国家との間に二重、三重あるいはそれ以上に複雑な従属的関係を適度に保ちながらも、それぞれが自立した勢力圏の維持を図っていた。「チェントゥン戦争」の発端はラーマ三世王期にあり、シプソンパンナーにおける紛争が遠因となった。三世王期について語る『王朝年代記』によれば、概略次のような経緯であった。シプソンパンナーでは一八四三年に前王が死ぬと、王位継承をめぐる内紛が起こり、対立する当事者の一方が、ナーンおよびルアンパバーンという「ラーオ諸国」の仲立ちで、バンコク王朝を頼ってきた。シプソンパンナーは、一六世紀中葉から、ビルマ王朝と中国王朝の双方に対して臣下の礼をとる、いわゆる「両属」状態となっていた。遠方のシャムとの関係は浅く、その始まりはタークシン麾下の遠征軍だったが、バンコク王朝はこの時、シプソンパンナーに対するビルマの影響力を排除するために、シプソンパンナーに隣接し、ビルマ側からの干渉を仲介していた、チェントゥンを討つべきだと判断したとされる。一八四九年、ラーマ三世はチェンマイ、ランパーン、ランプーンの三つの北部「ラーオ」諸国に、計六五〇〇名の軍を挙げて、チェントゥンを攻撃するよう命令を発した。しかし、二手に分かれて進撃した「ラーオ」軍は現地で合流することも叶わず、糧食が尽きて、雨季の到来とともにあえなく敗退した。その後乾季を待って再攻撃を企てる暇もないまま、ラーマ三世は世を去った。

ラーマ三世が着手して、失敗した戦争を、モンクットが引き継いだのはなぜか、という問題についてはさまざまな議論がある。先に見た「開国」政策のように、モンクットはラーマ三世王期の轍を必ずしも踏襲せず、独自の道を切り開いて、新時代の到来を招いたのではなかったか。ところが、モンクットが戦争を行なった理由の説明として、僧衣を捨てて即位後間もないモンクットの権力基盤が脆弱であったため、自らの意に反して、主戦論で一致していた有力貴族・顕官たちの意見に従わざるを得なかった、というものがある。既述のように、バンコク王朝の始祖は、トンブリー朝タークシン王の軍を率いた武人としての勲功により、その権力と地位を築いた人物である。「チャクリー」とは個人の名前ではなく、将軍を表す称号に他ならなかった。モンクットは戦争を遂行することによって、先立つ王たちに引けを取らない、バンコク王朝の武人の伝統の正当な後継者たることを示す必要があったというのだ。この説明が腑に落ちないのは、モンクットの行なった戦争が単にラーマ三世にならっただけでなく、むしろ積極的に戦線が拡大されたからである。

ラーマ三世がチェントゥンへ仕向けたのは、バンコク王朝にとってチェントゥンと同じく辺境の従属地域、「ラーオ」諸国の軍にすぎなかった。ラーマ三世の関与の仕方は、「ラーオ」諸国を懐柔しつつ、互いに戦わせて、従属地域に対する宗主としての力を誇示して威光を保つ、言わば「伝統的な」辺境支配の方策の延長線上にあったと見られる。したがって、敗戦の責めも、「ラーオ」諸国に負わせればすんだはずであった。実際、チェンマイ王族同士の不和と功名争いが、チェントゥン攻撃失敗の主な原因だと、バンコク王朝の記録には書かれている。これに対しモンクットは、王都バンコクから二隊のシャム軍（実体は、タイ人兵とモーン人兵の混成軍だった）を派遣して、「ラーオ」軍を統率させることにした。総司令官に任じられたのは、モンクットの信任篤い王弟ウォンサーティラートサニット親王だった。

ウォンサーティラートサニット親王は、モンクットおよび第二王プラピンクラオと共に、バウリング条約の交渉に臨んだシャム側五名の全権委員の一人であり、中で唯一の王族で、モンクットによれば「全王族を代表した」親王は主席に任じられていた。残りの四名の顕官はいずれも、バンコク時代初期においてシャムの政治・経済の中枢を牛耳り、事実上のキング・メーカーであったと喧伝されるまでに権勢を極めた一大門閥家、ブンナーク一族の面々であったのだから、モンクット王権にとってのウォンサーティラートサニット親王の重要性が推し量られよう。バウリングも、モンクットの同親王に対する信任を「賢明な選択」であるとし、「開放的かつ自由主義的政策」へと交渉の趨勢が傾く上で、「私心のない」親王の影響が効を奏したと評価した。また、西洋人との交渉経験が豊富で、シャム人の間でと同様に、西洋人の間でも人気があると書いている [Bowring Vol.2: 228-229]。シャムでの経験については総じて辛口のアメリカ使節ハリスの日誌にも、親王についての好印象が綴られており [ハリス上：183-184]、これは間違いないところのようだ。このようなウォンサーティラートサニット親王のチェントゥンへの派遣には、モンクット自身の強い意思が看取され、モンクットの親征に準ずる措置であったと言えるかも知れない。親王はしかし、本篇で触れられたように、西洋医学を率先して学んだ医師としては聞こえていたが、軍事に関しては未経験だった。

一八五二年一〇月、一隊のシャム軍が、チェンマイ方面に向けて出発した。この方面軍には、チェンマイ、ランパーン、ランプーンの「ラーオ」軍の加勢を得る予定だった。翌一一月、ウォンサーティラートサニット親王率いるもう一隊が、ナーン、プレー、ロムサックの「ラーオ」軍を加える計画で、ナーン方面に向かった。二〇門以上の大砲、その他の火器・弾薬をバンコクから運んだ両方面軍は、「ラーオ」諸国の軍を召集したのち、チェンセーンで合流して、約三万人の軍勢となって進んだ。一八五三年三月、シャム軍が到達したチェントゥンは、海抜八七〇メートルに位置する盆地の丘陵が自然の要害をなしている上に、城壁と深い濠をめぐらした防備体制を整えて、待ち構えていた。シャム軍は、高みのチェントゥン側からの攻撃にさらされて攻めあぐねるうちに、水や糧食の欠乏に悩まされて、敗退した。ウォンサーティラートサニット親王はモンクットへの報告の中で、味方であるべき軍の一部が現地の人々と交わり、士気が高まらないことを嘆き、「ラーオ」諸国の人々にとっての戦争の意味を問うたが、北部からの退去を促すモンクットの命には従わず、ナーンにとどまった。

一八五三年一一月、捲土重来を期して装備と兵員を増強して再攻撃にかかったシャム軍だったが、チェントゥンの城壁に至るまでに、予想外の反撃に遭遇した。そこに、ビルマ王が派遣した援軍が、来ていたのである。シャム軍は前回以上の苦戦を強いられて、困難な山道を採った別働隊は途中で多くの人員と象を失い、チェントゥンまで行き着かなかった。一八五四年の雨季に入った五月、既に二〇日間余り、城壁の外側を包囲していた軍内では、軍律とモラルの欠如は言うに及ばず、赤痢などの病気が蔓延したこともあって、ウォンサーティラートサニット親王もついに撤退を決断せざるをえなかった。

「チェントゥン戦争」は、結果的に、シャムとビルマの王朝間の最後の戦争となった。モンクットの企図には、第二次イギリス＝ビルマ戦争の機に乗じて、詳細な情報収集と状勢分析をしながら、イギリスとの戦いに力を削がれたビルマの隙をつこうとした点で、戦略的な観点から新しさがあった。ところがコンバウン朝内では、一八五三年二月にクーデタによってミンドン王子が実権を掌握すると（在位一八五三〜七八）、主戦派を抑えて、和平を追求した。その結果、イギリスとの戦争は終息したため、チェントゥンへ向けた援軍を間に合わせることができた。イギリスが絡んだ状況を利用して有利な戦いをしようとした、シャムの思惑は外れた。しかしながら、その後コンバウン朝は、ミンドン王亡き後、フランスとの提携を図ったティーボー王（在位一八七八〜八五）が第三次イギリス＝ビルマ戦争を招いた。ティーボー王は一八八五年にマンダレーの王宮を逐われ、一八八六年一月、イギリス領植民地インド帝国に併合されて、ビルマは王国の最期を迎えたのである。

バンコク王朝はこの戦争を通じて、「ラーオ」諸国との間の懸隔を改めて知らされた。「ラーオ」諸国から召集を予定した数の兵員は集まらず、折からの凶作も与って、糧食の徴発もままならず、共同作戦の実は挙がらなかった。モンクットは戦場で「ラーオ」兵がスケープゴートにならないようにと気遣い［*PHR4*: 53］、再攻撃を前に、「ラーオ」王族たちの称号を軒並み昇格させて、歓心を買おうとさえした。けれども、戦続きで疲弊した「ラーオ」諸国の人々には畢竟、親縁関係にあるチェントゥンを討つべき理由がなかったのだ。イギリス領事ショーンバーグとウォンサーティラートサニット親王の息子たちがチェンマイを訪れるのは、この時から五年余り後のことである。「チェントゥン戦争」はまた、上述のように既に西洋列強が新たな脅威として迫り来て、「伝統的な」「国際」秩序が流動化し始めたアジア情勢を背景としながら、バンコク朝の王様が戦った最後の戦争となったとも言えるだろう。一方で「伝統的な」秩序が要請した「宗主」としての「威信（kiatiyot）」の保持を戦争の大義名分として唱えながら、旧来のライバルが地歩を失っていく中で、列強に刃向かって抗戦する「アジアの君主たち」の「無知（ignorance）」を嘆いた［Winai and Theera 1994: 58-59］モンクット王のシャムは、その後、武力による戦いの道を選ばなかったからである。

なお付言すれば、「国家」は「チェントゥン戦争」の蹉跌を歴史の記憶として、この地域の領有への野心を、長い時間と共に涵養することとなった。一九三二年の立憲革命を経て新生したはずのタイ国家が、「大タイ主義」を掲げた太平洋戦争中の一九四三年八月から終戦までの期間、チェントゥンは「原タイ連合国（saharat thai doem）」という名を与えられ、タイ国領土として統治される。その時、バンコク王朝三世王と四世王の企図が、回顧の対象として甦った。

6 王様の「私信」

王様モンクットにとっての「チェントゥン戦争」の意味の一端は、モンクットが戦争について、ほとんどリアルタイムでバウリングに報告したという事実の中に見出せるのではないだろうか。
本篇に一部引用された、一八五四年七月一八日付のバウリング宛書簡は、条約締結のためにシャムを訪問する計画であることを知らせた、バウリングからの書簡（四月五日付、シンガポール経由で五月二四日に届く）に対する返書である。訪問を歓迎する意を表明しつつ、本篇の引用箇所にあるように、ある種の「根回し」への協力を要請している。

ここで注目しておきたいのは、この書簡において、またこれに続くバウリング宛の多数の書簡のみならず、モンクットがさまざまな人々に宛てて英文で書き送った大量の親書において、モンクットが「公的な（official）」通信と「私的な（private, privately）」通信とを使い分け、相手にもそれを求めていることである。管見の限り、モンクットの書簡における「公」と「私」の弁別は登位を機に、より厳密に言うなら、登位を目前にして、始まった。

一八五一年、ラーマ三世の死に際して次代の王として推挙されたモンクットは、その直後に旧知のイギリス人に宛てて英文の書簡をしたため、五月一五日に予定された即位式までの事情を直々に伝えたことが、本篇に触れられている。書簡を送られた相手は、ペナン（プリンス・オブ・ウェールズ）島ならびにマラッカ、シンガポールの英領植民地を治める総督バターウォースであったが、とりわけ多事多端と思われる時期に、このイギリス人にわざわざ手紙を書いた理由は何であろうか。手紙文中の表現を引用すれば、「王国の最高位に就いても、あなたと私の間の友情が断たれないようにと願って」のことであったようだ。これは、シャムの「王は王としか文書を交わさない」という当時の慣習［川口 2013: 37-39］のゆえに、ひとたび王となった後に受けねばならない制約を回避したいとの強い願いに急かれてしたためられたのだろうか。そのために、モンクットは、登位後の両者の間の連絡には、公と私の二つの方法があると述べ、友人としての（「友情の事柄」に関わる）私的な連絡方法については、宛名を違えた二重の封筒にするなどと、具体的に事細かく指示しているのである。通常の方法では、敷奏するか否か、取捨選択の権限を有する取り次ぎの大臣の意に委ねられてしまうのを慮ったらしい。それとともに、一〇〇〇ドルの自費を託した部下が、王とその家族が王宮で使うに相応しい品々の買い物をする手助けをしてほしいとバターウォースに依頼しているのは、「友情の事柄」の例であろうか［*KMEC*, Vol.21 (1): 3-6］。

一八五四年七月一八日付のバウリング宛書簡では、モンクットは既に受け取ったバウリングの書簡を「私信」と見なし、「私信の内容は側近の高官たち（Council）にも明かさない」という理由で、改めてシャム訪問についての「公的な」連絡をするよう求めている。と同時に、それとは別に、「私的な」通信の継続を請うている。こうした内容からして、この書簡自体は、モンクットの「私信」と考えてよいだろう。

この「私信」の末尾（バウリングに慈悲と寛大さを求めるという結語の後に、「近隣諸国、すなわちコーチシナ［ベトナムを意図している］とビルマに負けず劣らず」とあるのは興味深い）に加えられた追伸で、モンクットは、「チェントゥン戦争」についての「ニュースを内容とする石版印刷した書類を同封させていただく」と書いている。モンクットは「チェントゥン戦争」を、「チェントゥンのラーオ・コーム［「クーン」の誤りか?］人との我々の戦争」、さらには「ビルマの辺境地帯との我々の戦争」と呼んで、バウリングの関心を喚起した。

追伸において言及され、書簡に同封したという、「チェントゥン戦争」のニュースを伝えた印刷物の所在は知れないが、おそらくそれに準拠したと推測されるのが、件のバウリングの著書に付録として収載されている、「シャム王による、一八五四年の、ビルマの町チェントゥンに対する攻撃の記録」である［Bowring Vol.2: 364-367］。「記録（account）」は、「ビルマ帝国に属する」チェントゥンを奪取するために、王国の北部へ派遣されたシャム軍からの情報として、一八五四年一月に開始された再攻撃の戦況を、五月一七日の撤退決定まで綴っている。その内容は、おおよそ既に記したところと変わりない。が、最後に数行にわたって付された文章は、当面は兵員に休息を与えなければならないが、「いつか将来、これらのチェントゥンの人々を懲らしめるために行軍して、この件を片付けるだろう」と結ばれ、敗戦を未だ承服せずに、含みを残している。そして本篇で触れられた二通目、一八五四年一二月の書簡では、今度は本文中に、その末尾で次のように「チェントゥン戦争」に言及する。

「チェントゥン戦争」に関して、今季の我々は、北方の「ラーオ」朝貢諸国を支援して、我々の王国を防衛するために、三人の高等弁務官が率いる三〇〇〇名の軍隊を派遣したにとどまる。

本年の新たな軍事行動に向けた遠征は、目下遅れており、我々の従属諸国のすべてにおいて我が軍勢は力がない。だが、もしビルマの従属国どもが我々の北方諸国を侵すならば、お返しに、戦闘が始まるだろう。

モンクットがバウリングに報告した「チェントゥン戦争」とは、イギリスと敵対関係にあるビルマとの間で進行中の戦争である。シャムはイギリスと共通の敵と戦っており、戦争の決着はまだついていないというのが、その趣意であろう。モンクットがウォンサーティラートサニット親王の出陣に際し与えた指示を読むと［*PHR4*: 51-60］、モンクットは明らかに西洋諸国の評判を意識しながら、戦争を開始した。モンクットの「チェントゥン戦争」は、単にラーマ三世の戦争を継承したにとどまらず、イギリスを始めとする西洋諸国の認知を求めた点において、国際社会に踏み出すシャム王の威信をかけた戦争だったと言えよう。

バウリングのバンコク訪問前から始まったモンクットとバウリングの交信は、バウリングが一八五九年にアジアの任地を離れてヨーロッパへ帰った後も止むことなく、一八六八年のモンクットの死の直前まで続いた。モンクットは「最も信頼しうる友人」として、バウリングが七〇代半ばの高齢になっても、依然として公私にわたり、その助言と尽力を求めた。バウリングはモンクットの最晩年となる一八六七年に、ヨーロッパにおいてシャム政府の代理人として外交交渉にあたる特命全権公使の任を授けられさえした（この件については、後にまた触れる）。

一方バウリングの側も、バンコク訪問時から、モンクットの期待にさほど違わぬ対応を示したように見える。バウリングのアジアにおけるキャリアは総じて躓きに満ちていたが、その中で、シャムとの条約締結の成功は最も満足すべきものとなる[Bartle 1961b: 304-305]ことを既に予感していたのだろうか。任務を終えて、いよいよシャム湾を去る船上からモンクットに宛てた書状が著書に収められているが、そこには「大英帝国女王の全権使節としての公的な地位」と「私的な立場」の両方において、モンクットの鄭重なもてなしに感謝するとの言葉が連ねられている[Bowring Vol.2, 438-439]。これに拠れば、全権使節の任を解かれて以後のバウリングとモンクットとの交信は、概ね私的な領域に立ち入ると解釈してよいと思われる。それは同時に、公的なチャネルを介さずにすむことを意味した。モンクットからバウリングに宛てて送られた書簡は、既刊分のみでも、相当の数に上る。それらの内容の濃密さと率直さに触れる時、ここにも「もうひとつの王様と私」があったと言いたくなるほどである。実際、新刊の充実したバウリング伝は、「王様と彼——消えない遺産」と題する一章を設けて、バウリングのシャム経験を扱っている。バウリングには「おだて性癖」があり、またモンクットにはバウリングの「文筆家としての名声」が大切だったという面も指摘されているが、「王様と彼」の関係は「異例の、歴史上重要な個人的関係」に違いなかった[Bowring, P 2014]。しかし時に相互の理解の程度には限界が見られ、そこに抜きがたい齟齬も感知される。

7—アロー号事件

モンクットによるバウリング宛て書簡の一例として、バウリングがまだ香港総督であった時期(一八五四〜五九)

の一八五七年一二月二〇日付書簡［Winai and Theera 1994: 65-69］の内容を、概略、紹介する。

はじめの話題は、シャムに関するバウリングの著書である。バウリングはモンクットに著書を送付するとともに、記述内容の点検と修正を求めたらしい。それに対してモンクットは、平民のインフォーマントは王侯貴族のことを知らないなどと述べて不備があることを認め、自らの知識をもってバウリングを手助けしたいところだが、多忙で不可能だと忙しい理由をあれこれ書いている。その中で、英語の読み書きについての苦労が語られているのがおもしろい。近きはシンガポールから遠くはアメリカまで、海外から英文の手紙が届くが、モンクットには代わって英語で書いてくれる書記も秘書もおらず、辞書と首っ引きで全部自身で返事を書かねばないので時間が足りないといった事情である。次には、領事ショーンバーグを話題にして、着任時の様子や、人物や仕事ぶりなどを細かに綴り、ショーンバーグに対する興味と不安がないまぜになった心境を覗かせている。

話題は続いて国外に転じ、「中国における騒動」すなわち一八五六年一〇月八日、広州で起こったアロー号事件に関連した記述となる。イギリス側が主張した事件の発端は、広州沖に停泊していた香港つまりイギリス植民地の船籍を有するアロー号に中国（清朝）官憲の臨検が入って、中国人船員一二名が海賊の疑いで拉致されたこと、そしてその際、船に掲げられていたイギリス国旗が引き下ろされるなど侮辱的行為があったということだった。これを理由に、とりわけ〝イギリス船〟への中国当局の干渉を条約（虎門寨追加条約）違反であると広東欽差大臣に強く抗議して、武力衝突を惹起し、やがて戦争（アロー戦争、ないし第二次アヘン戦争）に発展するに至るきっかけを作ったのは、他でもない、広州領事パークス（Harry Parkes 一八二八〜八五）と香港総督バウリングだった［Bartle 1961a］。パークスから報告を受けたバウリングは、後述のように、イギリスがアロー号を保護すべき正当な事由がなかったにもかかわらず、現地のイギリス海軍に広州攻撃命令を出したのである。この顚末についてモンクットは、真っ先に次のように書く。

広東総督［両広総督］の葉大将［葉名琛］の振る舞いを知って、私は残念です。彼は自分の国もしくは地元の尊厳を非常に誇りとする一方で、西洋の力（western power）を知らず、そのため、彼は重大な事件を引き起こし、それが今日まで長々と続いています。

モンクットが事件とその後の経過を知っていたことは驚くにあたらない。モンクットは情報を継続的に、香港やシンガポールで発行されていた英字紙の購読を通じて得ていたと思われる［本篇註56］。中国とイギリスとの間の争いについて、中国側に非があるとして、イギリス側の軍事行動を指示した当のバウリングに対し、諸手を挙げて支持する心情を露わにしているのは、そうした英字紙の論調を自家薬籠中のものとしていたからだろうか。

　しかしイギリス本国の議会では、現地で先行した武力行使を追認して開戦を決定したパーマストン首相（3rd Viscount Palmerston Henry John Temple 一七八四～一八五六）が批判を浴び、四夜にわたる論戦の末に一八五七年三月四日早朝、反対動議が可決された［*ILS*, 7 March 1857: 204, 224-7］。批判の急先鋒だったのはコブデンである［Bartle 1961a: 306-7］。二月末に下院で行なった演説において、コブデンはバウリングからの報告を「前代未聞の破廉恥な文書」［*ILS*, 28 Feb 1857: 177］だとこき下ろし、バウリングを完膚なきまでに非難した。それはバウリングが、コブデンによれば、アロー号の香港船籍の期限が九月二七日とされていることを自ら確認した上で、事実に気づかず性急な挙に出たと思われる若きパークスにその旨を知らせながら、同時に、「中国人は期限切れを知らない」のに乗じて不法な要求の強弁を押し進めたことが明白だったからだ。さらに、本国に無断で戦争を開始した、軽率とも見られるバウリングの判断に潜む意図が糾弾された。そしてモンクットが慨嘆した葉名琛の態度について、コブデンは葉の文章を引用しながら、武力攻撃に曝された悲惨な状況においてなお、融和的な対応に徹していると評価し、

「この男の明敏な判断（acute reasoning）を見よ」と訴えた［Cobden 1857］。

コブデンは、同様のことがもし中国ではなく、「完全に対等な関係にある」アメリカで起こったらどうかと議場で問うている。コブデンは、中国が「野蛮（barbarous）」であるどころか、古い文明の歴史と伝統を有し、二〇〇〇年前のローマ帝国の人々に絹やその他の奢侈品を提供した中国人は「まさに東洋における通商の本質である（the very soul of commerce in the East）」と論じた。欧米とやり方が違い、欧米人には理解できなくとも、「尊敬」と「同情」そして「正義」に値するはずだというのがコブデンの表明した信念であったが［Cobden 1857］、現地「東洋」の関係者と政府、そして議場の外の大衆やジャーナリズムの大勢の考えは異なった。新聞はコブデンを偏執狂の「新哲学ないし新宗教の唱道者」と呼び、中国に対してフランスやアメリカや「他のキリスト教徒の文明国」に対する振る舞いと同じにするべきだとのコブデンの意見を取り上げ、「答えは、そうするのは不可能」と断じ、そもそもフランス人にせよ、アメリカ人にせよ、「太陽の下のいかなる人々」との間にもかかる問題は起こりえず、「狡猾で不実で悪質な」中国人相手でなければ、アロー号事件は五分で解決すると論評した［*ILS*, 7 March 1857, 223］。

パーマストン首相は、議会の解散、総選挙に打って出た。一八五四年から五六年に参戦したクリミア戦争を勝利に導いた、「全国民の英雄的存在」［村岡・木畑 1991: 158］だったパーマストンは、五七年三月の総選挙に勝利をおさめた。一方、コブデン、ブライト（John Bright 一八一一～八九）ら、マンチェスター派の「急進的平和主義者」［Bartle 1961a:309］は軒並み議席を失った。コブデンらは自由貿易主義が国際平和に寄与すると考えたが、国策となった自由貿易政策は武力による強要を辞さない「自由貿易帝国主義」［村岡・木畑編 1991: 96-98, 159-162］に他ならず、バウリングもまたその立派な担い手だったのである［Bartle 1961b: 299-300］。モンクットがイギリス本国における議論を十全に把握していたら何を思ったかはわからないが、当事者であったパークスもバウリングも旧知の人々であり、まずは彼らの立場に与して状況を理解することが、モンクットにとっては容易だったのかも知れない。あるいは、モンクットのシャムが既にイギリス海軍の艦船が待機した［Bartle 1961b: 307］状況下での「バウリング条約」交渉を通じて、「自由貿易帝国主義」にコミットしていた以上、モンクットには別の立場を想定する選択肢はなかったと言うべきかも知れない。

選挙民の支持を得て、パーマストンは戦争を遂行するべく、前カナダ総督のエルギン伯（James Bruce, 8th Earl of Elgin 一八一一～六三）を全権として、兵士五〇〇〇人の軍隊を広州へ派遣した。モンクットの書簡は、その時点で書かれている。

けれども私は、程なくして平穏になると期待しています。なぜなら、現在閣下とご一緒のエルギン伯爵様が、広東の現況を賢く収め、中国北部へ前進されて新条約の交渉をしようという、良きお考えと行動力をお持ちだからです。閣下がもし、同封いたします私の名刺を、私からの敬意を込めたご挨拶とともに、エルギン伯爵様にお渡しいただければ、大変ありがたく存じます。［Winai and Theera 1994: 68］

バウリングやパークスと違って面識がないどころか、何らの知己でもないというのに、第二次アヘン戦争へと突入するイギリス遠征軍の司令官エルギン伯にまで親しく肩入れしようとする、モンクットの姿勢は明瞭である。エルギンの赴任は、実はバウリングにとって、自身が与えられていた全権が失われる屈辱を意味した［Bartle 1961a: 312-314; Beasley 1995: 165］。そこまでの事情を知り得なかったモンクットの示した姿勢は、推測される意向に反して、けっしてバウリングを欣喜させはしなかっただろう。この手紙が書かれてから約一〇日後の一八五七年一二月二九日、イギリス軍はナポレオン三世の派遣したフランス軍と連合して出動し、翌年一月初めに広州を占領、葉名琛は捕らえられてインドに送られる。連合艦隊は北上して天津を脅かし、一八五八年六月に清朝とイギリス、フランス、アメリカ、ロシアとの天津条約が結ばれた。が、その後も事態は紛糾し、清朝と決裂した英仏が一八六〇年に編成した遠征軍は、ついに首都北京に迫った。

再びイギリス軍を率いたエルギンは、そこで北京郊外にあった清朝皇帝の名だたる離宮、円明園の略奪、放火、破壊を命じた張本人として、史書に名を残すことになった。一八六〇年一〇月、敗れた清朝とイギリス、フランス、さらに講和を斡旋したロシアとの間で北京条約が締結され、アロー号事件に端を発した戦争は終結した。英仏との北京条約では天津条約に追加して、賠償金の増額、天津開港、外交使節の北京への常駐、九竜のイギリスへの割譲などが約された［濱下 2002: 22-26; 三谷他編 2009: 153-4; 吉澤 2010: 91-98］。モンクットはこうした成り行きを追いながら、自らの認識と判断の正しさを確認していたのだろうか。

ちなみに、のちの一八六二年、バンコク王朝に朝貢していたマレー半島のイスラーム王国の一つ、トレンガヌのスルタンに業を煮やして砲撃を加えたイギリス軍艦がバンコク沖に現れた際、モンクットは、あくまでもイギリス領事ショーンバーグとの交渉に徹して、「何が起こっても友好的に話し合い、けっして妨害したり、逆らったりしないように」と文書で諭している。イギリスが「中国その他の国々」で示した砲艦外交の実際に触れ、侵入を防禦しきれないと断言する。本篇で述べられた「武力をもって対抗することの困難さを自覚していたモンクット」の避戦の態度が、まさに貫かれているのである。そして後述の「太陽が沈まない」という表現をそのままタイ語に直して、イギリスの超大国ぶりを説いて聞かせた相手は、第二王プラピンクラオ（チュターマニー）［本篇註33］の息子で、モンクットにとっては甥にあたるウィチャイチャーン（一八三八〜八五）であった［*PHR4*: 85-94］。

当時のウィチャイチャーンはアメリカ好きの父が付けた〝ジョージ・ワシントン〟のニックネームでバンコクを訪れる西洋人の間に知られた若者だったが、一八六八年に五世王チュラーロンコーンが登位する際［図8］、摂政シースリヤウォン［本篇註53］の推挙により、副王（Uparat）に擁立されることになる。王位継承者たりうる副王は、

図8　モンクット王とチュラーロンコーン王子（1868年）［出典：Anake 2005: 140］

前宮（wang na）と呼ばれた王宮を構える。やがて前宮内に二〇〇〇人以上の私的な軍勢を養うなど、力を蓄えたウィチャイチャーンとチュラーロンコーン王との間の軋轢が高じた。一八七四年一二月、一触即発の事態になると、ウィチャイチャーンは自らイギリス総領事館に緊急避難した。ウィチャイチャーンはこの時、イギリスを味方と恃んだのだろう。だが、イギリス外務省はシャム国内の揉め事と見なして、干渉を慎んだので、この「前宮事件」はまもなく収束した。けれども、ここでウィチャイチャーンを支持する抵抗勢力が顕在化したことにより、若気のチュラーロンコーンが進めていた急激な諸改革は水を差された形で頓挫する。そして、のちにシースリヤウォンを始めとする旧世代が退場するのを待って、ようやく開始される漸進的改革が軌道に乗るまでには、多くの時間が費やされることになった［Battye 1974: 159-208; Terwiel 2011a: 187-191; Wyatt 2004: 178-9］。

モンクットのバウリング宛て書簡中に扱われる最後の話題は、ベトナム（コーチシナ Cochin China と呼ばれている）情勢である。モンクットはバウリングに、周辺諸国ではベトナムが〝シナインドないし東インド〟中で最もよく訓練された砲手と騎兵を備え、ヨーロッパの軍隊をもってしても、必要な通商と信教の自由を内容とする条約関係に引き込むことができないとの噂があると伝えながら、後述のド・モンティニー使節を拒絶したベトナムの態度について、「ベトナム政府は、日本や中国に至るまでの東洋諸国を通じて蔓延している、ジェラシーという揃いの慣習にどっぷりと浸かっていることができる」と批判的な言辞を弄する。そしておわりに、ベトナムの産品はシャム、中国および日本よりはるかに乏しく、西洋列強は条約締結に熱心ではないが、いずれ英仏両政府が条約締結にこぎつけ、シャムと中国の中間に位置するベトナムの商業が増大するであろうとのシャムにおける観測を述べながら、「閣下の友人であるがゆえに」、何であれ、耳にしたことで、閣下の興味を惹きそうなことをお知らせすると結ばれている。

ここでもう一人、モンクットによる多数の書簡が刊行されている人物に触れておく。名前をアダムソン（William

Adamson）と言い、ボルネオ商会（The Borneo Company Ltd.）の支配人で、一八六〇年から六八年に至る間に頻繁な通信が交わされている。モンクットはアダムソンに、咳止め薬から書籍、ガラス器、さらにはアームストロング砲まで、ありとあらゆる品々の調達、周旋を依頼したのである。アダムソンははじめシンガポール支店にいたが、のち一八六三年頃に香港に移った。この人物について記すべきことは二つある。一つはアンナ・レオノーウェンスの紹介者であったことで、アンナについて、本篇ではシンガポール在住のモンクットの代理人タン・キム・チエン（陳金鐘）の斡旋とあるが、実はそのタン・キム・チェンにアンナを紹介したのがアダムソン夫妻であった［Winai and Theera 1994: 131］。もう一つは、香港に移ったアダムソンが、モンクットのたっての希望で、香港駐在シャム領事に任命されたことである。一八六五年一月六日付で、シャムのしきたりに従い、タイ語の欽賜名と位階（ルアンチーン・ウィサイサヤームカーン）、および位階に伴う位階田八〇〇を付与された終身官だった。イギリス人であるアダムソンの領事任命については、バンコクに在住する有力な中国人商人たち（principal Chinese merchants）の強硬な反対があったことを、モンクットは明かしている。彼らの言い分によれば、彼らは中国の諸港で旧来の方式の下、十分な利益を享受しているのに、シャム臣民でもなく、彼らと同族（race）の中国人でもない領事が任命されることにより、彼らの船の乗組員や貨物が不利益を被るのを恐れるというのだった。こうした中国人商人たちの態度に対し、モンクットは次のような批判的意見をアダムソンに開陳している。

…貴殿の領事任命に関して、シャム政府内では中国人商人たちのような反対や不服は全くありません。彼ら［中国人商人］は未だに文明開化した（civilized）慣習や国際法（international law）についてまるで無知で、我々に彼らの若き皇帝［同治帝］らに貢ぎ物を納めるようひたすら促し、中国とイギリスとの戦争以前に過去のシャム王たちが中国皇帝と広東総督に対して行なっていた古いやり方で行なうよう、我々に強制するのに躍起になっているのです。当地の大勢の有力な中国人商人たちの、そうした逆行する望みや意見は実に残念でなりません！［Winai and Theera 1994: 147-148］

8　王様の外交――対ヴィクトリア女王のイギリス

一八五五年の「バウリング条約」締結はまた、王様の外交の始まりでもあった。おそらく一八五八年にフランス皇帝ナポレオン三世に送った書簡の中で、モンクットは次のように書いている。

一八五五年以来、シャム王［である私］は、喜ばしく思っております。と申しますのも、以前よりも大いなる勝運が高まっており、過ぎ去りし御代のシャムの王たちよりも、そして中国、インドのあらゆる諸国の大君主たちよりも、恵まれていると考えるからであります。なぜなら、ヨーロッパの幾つもの国々から、王命を帯びた使節が、互いに申し合わせて訪れ、修好条約を締結して通商を開くよう求めてきたからです［中略］。シャム王は、ヨーロッパ諸国の君主およびアメリカ合衆国の元首と友好関係をもって親しみ合い、いずれの国とも、このように王の親書が往来する道が開けました…。［*PSR4 Pt1*: 1-2］

この引用の末尾の言葉通りに、そして本篇で述べられたように、モンクットは「習い覚えた英語の力を駆使して、世界各国の首長や有力者に数多くの手紙を書き送」った。本篇では、モンクットはそれにより「シャムの存在を訴えようとした」とされ、その理由の一つを、「これから先我が国が考えるべきは、どうすれば口と心をもって、われわれ自身を守ることができるか、その術を知ることでなければならない」という、モンクットがフランス駐在大使に送った手紙文中の一節に見出している。

ここでは、モンクットが送った親書の幾つかをさらに参照しながら、モンクットがどのように「シャムの存在を訴えようとした」のかを、併せて、モンクットが世界をどのように捉えていたかを追求してみることにしよう。

モンクットにとっては、何よりもまず、大英帝国ヴィクトリア女王との交信が成立したことが、この上ない喜びだった。一八五六年三月に「バウリング条約」批准のために再来したパークスが、ヴィクトリア女王の親書を携えてきたのである。パークス一行に対して最上級の礼をもってした大歓迎の有様をモンクット自身が詳述しているが、それはひとえに、「最も強力な国家の大君主からの親書の接受」の機会であるがゆえだった。チャオプラヤー河口に現れたイギリスのフリゲート艦オークランドから、条約に定められた埠頭で金ぴかの豪華絢爛たる御座船に移され、飾り立てた船の列を仕立てて河を遡行したのち、親書は王の象徴である黄金の傘と扇に囲まれた金色の駕篭に載せられて、王宮まで運ばれた［*KMEC*, Vol. 21 (1): 21-22］。それに対する返書として、翌一八五七年にロンドンへ派遣されたシャム使節に託したヴィクトリア女王宛の親書には、次のように書かれている。女王の親書を受け取ったことが、いかに大いなる名誉であるかを説明する段である。

…なぜならブリテンの君主が、全方位の国々にあまねく王威と偉大な権力を有し、地球のまわりじゅうに領土を有して、太陽が沈む間のないことを、世界中の人が知っているからです。頂戴したお手紙の中に述べられたような、シャムに対する深い御慈悲を賜りますと、信じがたいほどの御恩徳です。と申しますのも、インドじゅうのどこの国であっても、中国でさえも、かつて大英帝国の君主から今回のような御親書とお目出

度き品々を賜った試しはないからです…。［*PHLR4*: 446］

すぐに見て取れる要点は、イギリスが世界に冠たる大国であることの的確な認識である。一八世紀後半のイギリス人の著作に、「太陽が沈むことなく、自然がその境界を定めていない広大な帝国」と描写されて登場し、一九世紀に「人口に膾炙していった」［木畑 2012: 238-9］、「太陽の沈まぬ帝国」という表現を明らかに踏まえている点で、モンクットの認識を支える該博な知識の在りかが推し量られよう。そうした「世界共通」の認識があればこそ、ヴィクトリア女王から受けた恩顧を「特別」に有り難いものとしている点が重要である。「特別」の意味は、タイ語から翻訳された英語版では「かつて他のアジアの君主たちが英国政府から受けた栄誉よりも絶大なる、女王陛下から直々に賜った栄誉」と表現されていて、もっとはっきりする。「アジア」について、英語版では、「中国を含む、シナインド（Chinindia）じゅう」という表現が用いられている［Winai and Theera 1994: 51］。

本篇には、モンクットの「王様外交」を含めて、モンクットが「文明国としてのシャムを世界に認知させよう」と努力し、「シャムを欧米先進国並みの地位に引き上げることを目指し」たと書かれている。それとともに、「モンクットの脳中には、常にヨーロッパとの比較があった」、「王の意識の中には常にヨーロッパの姿があった」ともある。モンクットが常に西洋に目を向け、その動向を注視していたのは確かである。が、それだけに、彼我の差を人一倍、強く意識していたとも言えるだろう。その意識は、後述のように、時に絶望的なまでの深淵を覗き込んでいた。そこで一足飛びに「欧米先進国並み」とはなり得ないことを知悉した上で、アジアの中で「特別」に抜きんでた存在として認められることこそ、さしあたり最上の喜びであったことが、親書の口吻から窺えるのではないか。

「中国まで至る、シナインド地域」［*KMEC*, Vol.21 (2), 155］と言うように、〝シナインド（Chinindia, Chenendia とも綴られる)〟という独特の呼称でモンクットが指しているのは、中国を中心として捉えられたアジア地域と言ってよいだろう。バウリング条約の締結に関しても、中国(清朝)を「中心とする既存の地域秩序を準拠枠として理解していた側面もうかがえる」[小泉 2010: 197-198]との指摘があり、これも看過できない。ヨーロッパを注視しながらも、モンクットが地球上におけるシャムを、この〝シナインド〟地域に位置づけていたことは、先に触れたイギリス領事ショーンバーグの着任を歓迎して、外務大臣クラレンドン伯爵に宛てて書かれた書簡にある次の一文でも確認できよう。

この地のイギリス領事である、ナイト爵士ショーンバーグ卿の品格(dignity)は、我々の名誉(honor)が、中国まで至るところのシナインド地域の諸国の中で、先だって、より高いことの証でもあります。[*KMEC*, Vol. 21 (1), 155]

バウリングとパークスが率いた二度にわたって、イギリス使節を迎えた返礼としての表敬訪問のために、シャムの使節をイギリスに派遣するという申し出をするにあたって、モンクットは、英語版では、アユタヤー時代のナーラーイ王(在位一六五七〜八八)が、フランス王ルイ一四世の宮廷に使節を送った「古《いにしえ》の例」に従うものだと述べている。そこではバンコク朝とアユタヤー朝が途切れなく連続しているかのように、ナーラーイ王は「我々より一〇代前のシャムの大王」と呼ばれ、バンコク朝がアユタヤー朝の後継王朝であることを自明とする考えが見られる。モンクットがバウリングの示唆を受けて、ウォンサーティラートサニット親王と共に編纂を企図したシャム史の構想も、一四世紀半ばのアユタヤーの建都を起点とするものだった。ナーラーイ王時代の遣仏使節へのモンクットの関心はことのほか深く、フランスの古書までも収集して、熱心に参照していた[Bowring Vol.2: 444-445]。
本篇にあるように「ポルトガル人の到来から約一世紀遅れ」、イギリス、オランダにも半世紀以上遅れて、フランスは一六六〇年代にアユタヤーに進出した。しかし、時のナーラーイ王はルイ一四世治下の強国フランスとの修好を強く望み、王の寵臣に伸し上がったギリシア人コンスタンス・フォールコンの働きもあって、フランスとシャムの関係は急速に進展し、一六八〇年代には双方の使節が海を越えて往来するに至った。ナーラーイ王の使節は、一六八四年と一六八六年の二回、フランスに渡り、ヴェルサイユ宮殿でルイ一四世の歓迎を受けた。このようなシャム＝フランス関係の顕現は、「ルイ一四世が世界中で最も偉大な君主」であるとの主張を裏づけるものとして、一七世紀のフランスにおいて大いに注目を集めたようだ［バーク 2004: 139-140］［図9］。後年のヴォルテール（一六九四～一七七八）の著『ルイ一四世の世紀』（一七五一年）もシャム使節に言及して、王が格別に喜んだと記す［ヴォルテール 1958: 197-198］ほどである。ルイ一四世は、ナーラーイ王のカトリックへの改宗という途方もない目論見を抱いて、一六八七年、イエズス会の神父たちを含む使節団と八〇〇人の兵士をシャムに送り込んできた。

　シャム史において、ナーラーイ王の時代は、一六八八年に同王の治世が終焉を迎えるとともに、簒奪者ペートラーチャー王（在位一六八八～一七〇三）が即位する過程で「排外主義に傾き」、以後陥ったとされる「鎖国」状態との対比で語られることが多い。確かに一六八八年の混乱時には、当時シャムに駐留していたルイ一四世の軍隊も、フランス東インド会社の商館員も這々の体で退去し、次いで六〇年代から定住していたパリ外国宣教会の宣教師たちも苦難に遭うという、「大転換（フランス人の記録者たちは『一六八八年のレヴォリュシオン（革命）』と呼んだ。くしくも、イギリスの『名誉革命』と同年の出来事だった）」が起こった。けれども、こうして華々しい対仏関係は途絶したが、既述のように、海外交易を主要な経済基盤とする「商人王」の統べる国家だったと言いうるアユタヤーは、富をもたらすべき来訪者を絶えず待ち受けて、内外に国を閉ざすことはけっしてなかった［飯島 1975］。また「革命」の間もその後も、アユタヤーに先住したポルトガル人のカトリック教徒たちは安泰だった。彼らの子孫はバンコク時代に至るまで、「元々のポルトガル人」として、シャム王の治下で遇されていく［Castelo-Branco 2011］。

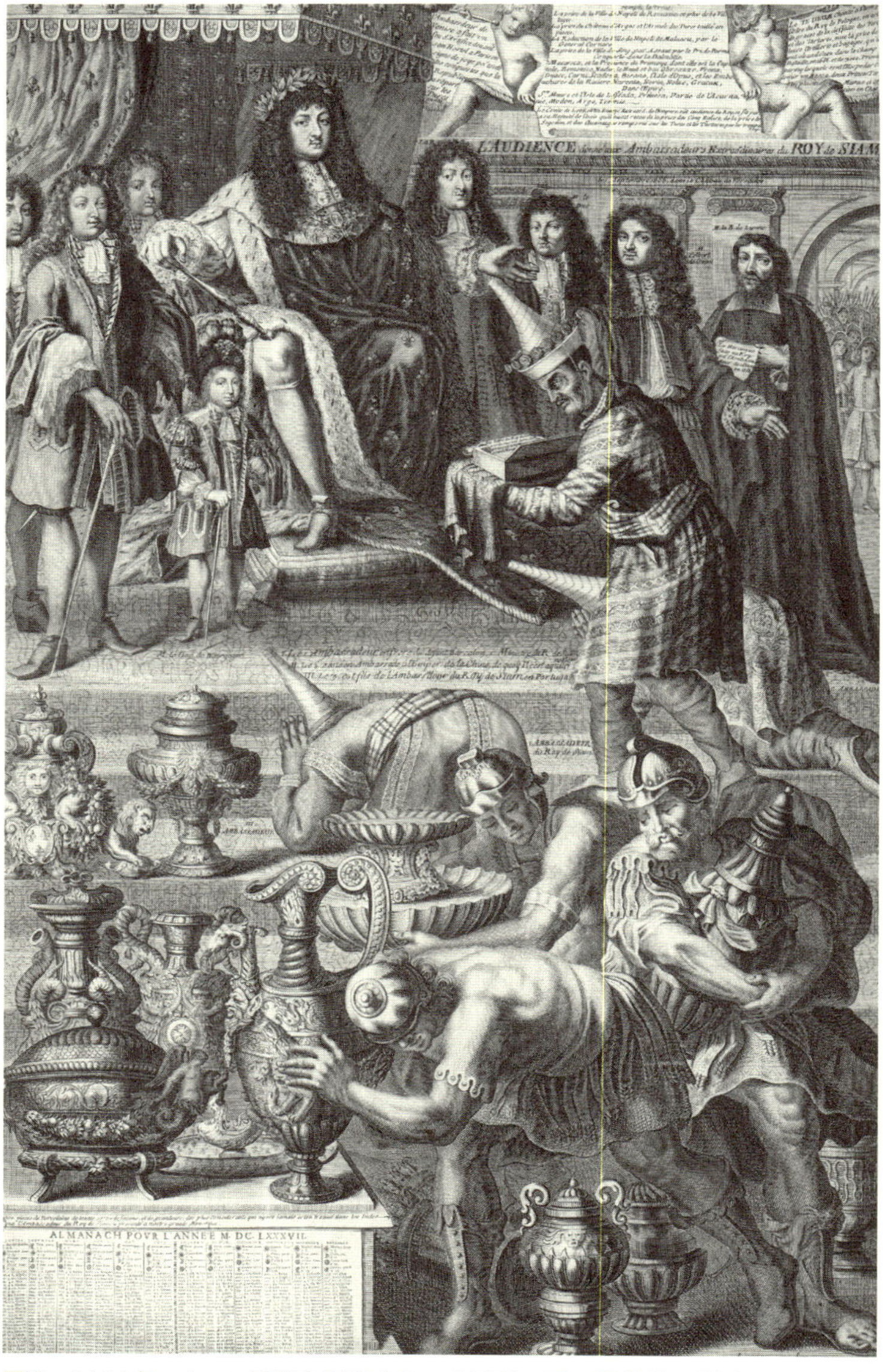

図9　1686年、シャム使節を引見するルイ14世の図。異教徒に対するキリスト教の勝利として、『1687年版年鑑』に描かれた。
©RMN-Grand Palais (Château de Versailles) / Gérard Blot / distributed by AMF

モンクットが使節を派遣するに際して、ナーラーイ王時代の例と同じだったのは、シャムがヨーロッパへ往還する使節を運ぶ自前の船舶を所有せず、訪問国側に頼らねばならないことだった。かくして実現する使節の派遣は、モンクットにとって、「シナインドの諸国中で、最大で最高の栄誉」だった。運んでくれるイギリス船を待って、二八人のシャム使節団は旅立ったが、表敬訪問の合間に、「相互の友好関係の継続と、将来の諸列強との交易関係に役立つような、最も文明の進んだ、正しい国際的習慣を身につけさせてくれるよう」、さらには「短時間で可能な限り、ヨーロッパの科学と芸術についての有用な知識を獲得する機会があるように」と、派遣の趣旨が親書に語られている。

モンクットの期待に違わず、使節たちは精力的に任務を遂行した。一行はロンドンからバーミンガム、マンチェスター、リヴァプール、シェフィールドまで足を伸ばして、各市長や産業界の人士たちの歓待を受け、数々の工場や商業施設を訪れ、最先端の機械設備や生産工程を熱心に視察した。彼らは「ブリタニカ百科事典に扱われているすべての項目を熟知しているかのようだ」とイギリスのジャーナリストを驚嘆させたほどに、ヨーロッパの科学や工学の多分野に及ぶ知識を行く先々で披瀝しながら、その上に科学書と機器類の膨大なコレクションを土産に買い込んだ。買い物の中には、モンクットのための、最新発明品だという天文機器もあった［PP45: Vol.27, 115-245］。無論モンクットを最も喜ばせたのは、本篇に述べられた、使節がもたらしたヴィクトリア女王の親書だったであろうが。

モンクットの親書とダゲレオタイプ式肖像写真に加えて、使節団がイギリスに持参した贈答用の品々は、その多くが金や銀の細工を施した、身の回り品や武具、絹織物などだったが、それらについてモンクットは、「我々シャムの手工業者による製作品」で、彼らは「取るに足りない能力に従い、つまらない仕事をするにも無能で無粋」とまでに、謙遜する言葉を連ねている［Winai and Theera 1994: 52-53; KMEC: 21 (2), 139-142］。

図10　シャム王からヴィクトリア女王への進物品
[出典：ILS, 28 Nov. 1857: 528（天理大学附属図書館蔵）]

イギリス初の挿絵入り新聞として知られる週刊『イラストレイテッド・ロンドン・ニュース（*The Illustrated London News*）』の一八五七年一一月二八日付の紙面に、シャム使節がヴィクトリア女王に送った品々の一部が、木版画に彫られて載っている［図10］。同日同紙のトップは、一八五七年五月にデリー北東の町メーラトで起こったシパーヒーの反乱に始まり、反乱側がムガル皇帝を擁立していったん占拠したデリーを九月に奪還した後に続くインド情勢に関する論説的記事が占め、「シャム王からの贈り物」の記事そのものは小さい。けれどもイラストはA3版大の紙面いっぱいを埋めて、異彩を放っている。記事は、一一月一九日午後にウィンザー城内の謁見室にシャム使節一行を迎え、女王夫妻を始めとするお歴々が列席して挙行されたモンクット王の親書と贈り物の捧呈式の次第を伝えるともに、「見事な贈り物（magnificent gifts）」の内容を紹介している。イラスト頁に描出された「素晴らしい品々（splendid articles）」については一点ごとに、金、銀、ダイヤモンド、ルビー、ざくろ石、猫目石などの宝石類を用いた飾りを説明し、「すべてが非常に美しく装飾され、デザインの点では、ヨーロッパの精選品の多くに引けを取らない」と評している。一八四二年に発刊された『イラストレイテッド・ロンドン・ニュース』は一八五〇年代から六〇年代には他紙に抜きんでて、毎週二〇万〜三〇万部以上を売り上げ、「ヴィクトリア朝を代表する視覚的メディア」だった［玉井 2008: 3-5］。モンクットの心配をよそに、「珍しく、好奇心をそそる、職人の技量（workmanship）」は当時のロンドン子たち、それも中流階級の人々の審美眼に十分適ったようだ。実際のところ、当代シャムの職人技の粋を集めて作製された、王のレガリアに匹敵する品々であったに違いないのだ。

翌週の一二月五日付の同紙は、「この興味深い出来事」のイラストの完結編として、大使の上下の服装のちぐはぐさや、女王の面前で平伏して膝行するさまを物珍しげに記す若干のコメントとともに、三人のシャム大使の肖像画と奉呈の際の国儀の模様を描いた図を二頁にわたって掲載した［図11］［図12］。

先にモンクットの〝シナインド〟認識を指摘したが、同時に、頻繁に示されるヨーロッパの進んだ「文明」への

図11　謁見場で膝行するシャム使節［出典：*ILS*, 5 Dec. 1857: 560（天理大学附属図書館蔵）］

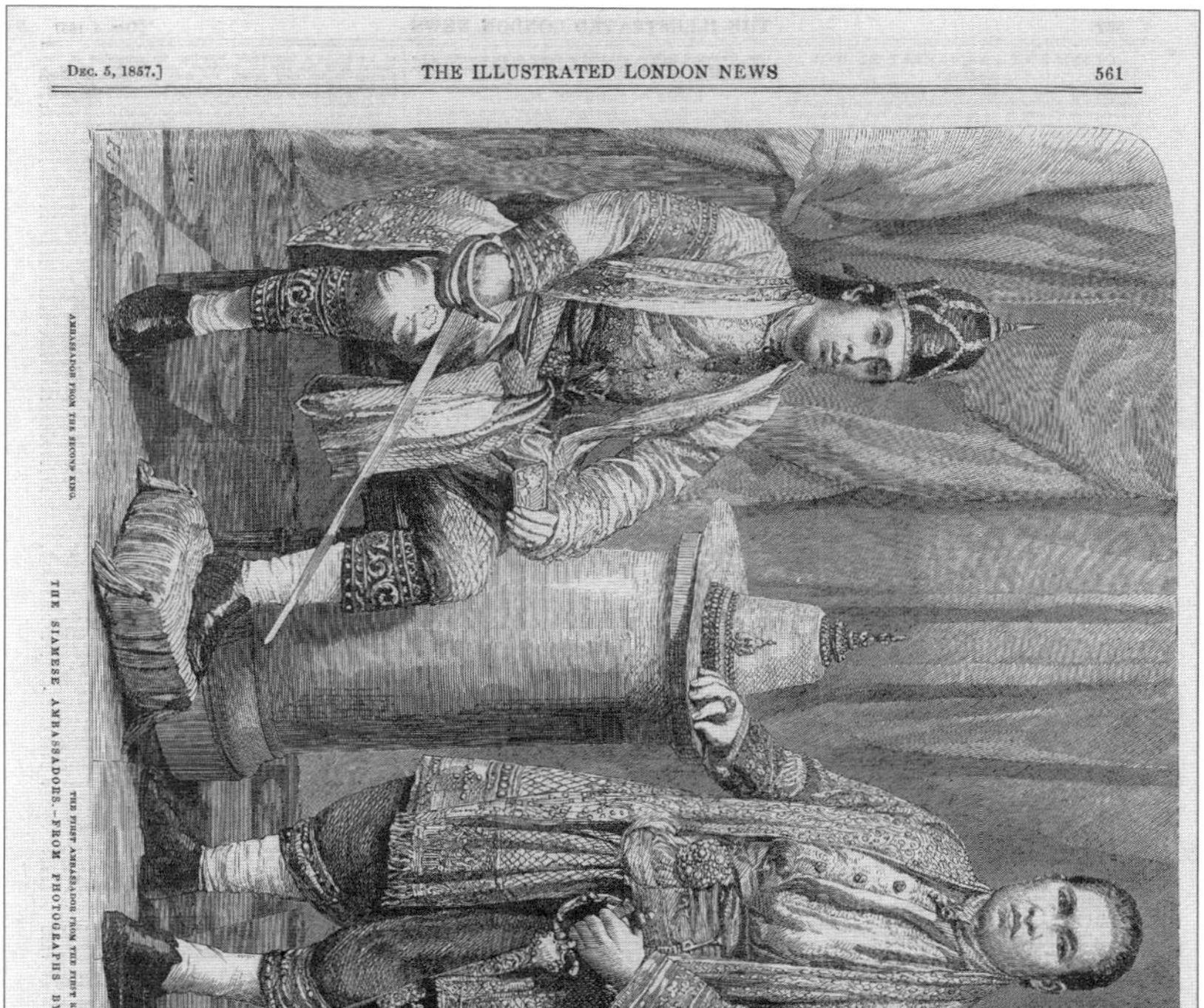

図12　シャムの大使たち［出典：*ILS*, 5 Dec. 1857: 561（天理大学附属図書館蔵）］

憧憬と、卑屈なまでに彼我の差を意識する態度には、「欧米先進国並み」を目指す「脱アジア」的志向が確かに存在すると言ってよいだろう。ショーンバーグについても〝シナインド〟地域でリクルートされた前任の領事たちと違って、イギリス本国から直接派遣されたことが肝心だったので、後任も「イギリス本国から派遣されるのが望ましい」と要請するモンクットがいた。さらには、膝元の中国人商人たちの反対を押し切ってまでも、香港駐在領事に懇意のイギリス人を任命しようとするモンクットがいた。

しかし、繰り返しになるが、本篇の註(74)で指摘したように、モンクットが中国(清朝)との朝貢関係からの離脱を表立って宣言したという事実はなく、シャムは五世王期に入ってからもなお、中国からの朝貢再開要求への対応に苦慮しながら、多角的な外交の道を模索していくことになる[小泉 2010]。モンクット個人の「世界」認識から生み出された志向性は「脱アジア」的だったとしても、現実には、シャムを動かすエリート層内でも温度差があり、ましてや支配下の諸々の人々との間には著しい落差があったと言わねばならない。そしてまたモンクット自身、同じ西ヨーロッパの〝友邦〟でも、フランスとの関係においては、足をすくわれる経験をすることになった。

そこで対フランス関係の検討に入る前に、モンクットが明白にイギリス贔屓であったことを確認しておきたい。バウリングが、「シャムのような僻遠の国に確固としたイギリスの影響が見られ」、モンクットが「英語を話せる人間を大勢雇い得ていること」を「不思議だ」と特筆している[Bowring Vol.2: 257]のはもっともだった。

次に引用するのは、一八六四年に離任してイギリスへ戻るショーンバーグに託されたヴィクトリア女王宛親書の一部である[*KMEC*, Vol.22 (1), 16]。

シャム政府は、[我々が]ヨーロッパから遠く、文明の進んだヨーロッパの良き諸法と慣習を知らないことを承知しております。[中略]…英国(Great Britain)議会の法令は常に正義に導かれていると確信しているからであります。我々は次の三つの理由により、英国と密接な関係にあると考えます。

第一に、我々の領土は、はるか以前から、英国の領土と隣接しています。

第二に、何年も前に条約が結ばれ、その条約を他のどの国とシャムが更新するよりも前に、更新しました。

第三に、条約だけでなく、王の親書が陛下と私との間で交わされ、シャムと英国の大臣たちとの間で通信が行なわれてきましたが、これらの通信は、翻訳者による翻訳を必要とせずして、相互に読み、理解されてきました。


第一点は、ビルマの植民地化によって、イギリス領と陸続きの接触地帯が早くに生じたことを言っている[図7]。第二点は、一八二六年の「バーネイ協定」、そして一八五五年の「バウリング条約」を指すことは言うまでもない。第三点からは、英語によるコミュニケーションが、通訳や翻訳者を介さずに可能であるとの自信を持っていることがわかる。モンクットを始めとする外交交渉にあたる人々が「国内」で最も英語能力に長けた人々であったという事情は、英語話者とのコミュニケーションにオランダ語あるいは中国語という媒介言語を要した、同時代の幕末日本と著しく異なっていた。

9―王様の外交――ナポレオン三世のフランスとの出会い

モンクットが登位する頃、パルゴアの故国フランスでも、新たな時代が画されていた。一八四八年、二月革命後の第二共和政大統領選挙に圧勝した大統領ルイ・ナポレオン（Louis Napoléon Bonaparte 一八〇八〜七三）が、一八五一年一二月にクーデタを決行、翌一八五二年一一月に実施された人民投票による圧倒的信任を経て、一二月二日帝位に就いて皇帝ナポレオン三世となった。第二帝政（一八五二〜七〇）が始まったのである［柴田・樺山・福井編 1995: 80-101］。フランスにおける帝政の復活は、「一八五二年の世界的事件」の主たる一件として、オランダ人により江戸幕府にも詳しく伝えられていた［井上 2006: 9-10］。本篇には、一七世紀末以来「途絶えていた」シャムとフランスとの関係が、ナポレオン三世の登位を待って再開されたと書かれている。事実、モンクットが王位に在った間のフランスとは、ほぼ、この皇帝ナポレオン三世治下のフランスであり、モンクットの対仏外交は第二帝政の動向と響き合いつつ展開することとなる。

先述の一八五七年にイギリスへ派遣されたシャム使節団は、往きには喜望峰回りで北上した大西洋航路の荒波に散々苦しめられたらしい。幸い彼らは、帰路に同じ目に遭わずにすんだ。ロンドンを発った彼らはドーバーから海峡を越え、フランスのカレーに上陸、約一週間パリに滞在した後、汽車でフランスを縦断してマルセイユへ行った。そこからアレキサンドリアに渡り、カイロを経て、スエズから再びイギリス軍艦に乗船して帰途に就いたからである［*PP45*: Vol.27, 52-71］。パリでは、ナポレオン三世の謁見も賜った。モンクットは既にフランスへの使節派遣の可能性をド・モンティニーを通じて打診はしていたが、派英使節のフランス訪問は全くの予定外で、使節は国書も贈呈品も持たない「手ぶらで」、フランス皇帝に謁見した。

一八五八年五月、バンコクに帰還した使節団から、モンクットは次のごとき事情を聞き取った。使節たちは四ヵ月余りのイギリス滞在中に、フランス皇帝とイギリス女王が互いに親密な友好関係にあって、旅行者はフランス皇帝領内を通過する近道を採ることが可能で、大西洋を迂回しなくともよいという話を聞きつけたという。そこで往路の船旅に難儀した使節たちはフランスを通る陸路を希望して、イギリス外相にその旨を告げたところ、外相はフランス側と交渉して手はずを整え、カレーまで送り届けてくれた。彼らはカレーでフランスの係官の出迎えを受けてパリまで同道され、パリでは大臣のはからいでナポレオン三世とウージェニー皇妃に謁見したばかりか、さまざまな驚嘆すべき見物《みもの》に案内されて一週間を過ごしたのち、マルセイユまで送られたという。

こうしたいきさつを知ったモンクットは、改めて正式にフランスへ使節を派遣するべく、ナポレオン三世に宛てて長文の書簡をしたためた[*PSR4Pt1*: 1-10]。前に述べた使節の体験談は、そこに詳しく語られている。その冒頭が、既に引用した「王の親書が往来する道が開けた」という喜びの表現である。実のところ、フランス使節ド・モンティニーは、ナポレオン三世の親書を携えていなかった。親書への強いこだわりを示したモンクットは、皇帝夫妻の肖像写真が親書に相当するとド・モンティニーが釈明して、ようやく納得したという[Meyniard 1891: 203-204]。皇帝夫妻の写真をいたく尊び、喜んだのには、かかる事情もあった。

書簡は続いて、例のごとくアユタヤー朝のナーラーイ王時代に言及し、フランス王ルイ一四世との関係も「今回と同様」、修好と通商を開くものであったと述べる。フランス革命の遺産を継承すると主張したボナパルティスム[歴史学研究会編 2007: 191-192; 柴田・樺山・福井編 1995: 104]を相手にして、引き合いに出されたブルボン王朝時代の故事がいかなる効を奏したかは不明だが、この書簡でモンクットは、「今般」のフランスとイギリスを並べて、共に盛んに称することにも力を入れている。フランスとイギリス、「この二国が[世界で]他の国々よりも強大で名を轟かせ、この二国の人々が[中略]このバンコクにも他国人より多く」やってきており、「ヨーロッパで同じような大国である」。そしてシャム使節がヴィクトリア女王に続けて拝謁の栄を賜ったフランス皇帝は、「もうお一方のヨーロッパの大君主」であられ、使節にとってこの上ない果報であるばかりか、シャム王にとっても莫大なる名誉である、等々と。

ナポレオン一世の弟でオランダ王だったルイ・ボナパルトの子とされるルイ・ナポレオンだが、その出生には不義の子の伝説がつきまとい［工藤 2003: 237-8］、一族の間でも疑惑が持たれていたという［杉本 2002: 133-4］。そのために彼は幼時から転々とした亡命生活を送り、フランスに帰る少し前はイギリスの首都にいて、上流社会に受け入れられて過ごした［ランツ 2010］。「ルイ＝ナポレオンにとって、英仏接近こそが真の固定観念であり、他のあらゆる思想の前提となっている」と、あるフランス人の著者は書く［鹿島 2010: 397-8］。イギリスで見聞を広めたシャム使節が賢明にも諒解したように、当時のイギリスとフランス、就中ヴィクトリア女王とナポレオン三世の間柄は極めて良好だった［君塚 2007: 65-66］。したがってフランス皇帝が、東洋の小国シャムの君主から献じられた、自国とイギリス、さらには自身とヴィクトリア女王を並称する言辞を厭う気遣いはまずなかったと言えよう。

一八五五年四月、バウリングがヴィクトリア女王の使節としてバンコクに在って、シャム王との条約交渉に臨んでいた、ちょうどその頃、ナポレオン三世はウージェニー皇妃とともに、ヴィクトリア女王の招待でイギリスを訪問していた。英仏が協調して介入したクリミア戦争の最中で、前年から続くロシア黒海艦隊の根拠地セヴァストポリ要塞攻防戦の帰趨が明らかになるまでにはまだ半年近くを要するという時だった。皇帝夫妻がイギリスで大歓迎を受けた様子は、『イラストレイテッド・ロンドン・ニュース』が組んだ、特別付録を含む紙面がよく物語っている。新聞は、時ならぬ興奮に包まれたカレーの港を出発する時点から、帰路に寄ったブーローニュ港を去ってパリへ向かうまで、皇帝夫妻の文字通り一挙手一投足を伝えようとばかりに克明に綴り、「最高度に政治的重要性を帯びた」皇帝のイギリス訪問だと報じた［*ILS*, 28April1855: 399］。その中で、訪問初日の四月一六日、上陸地のドーバー市当局による歓迎演説に対し、皇帝が「即興で」応じた挨拶について、「優れた英語でなされた」と特筆されている。モンクットが英語で書いた書簡を、ナポレオン三世はフランス語に翻訳して読む必要はなかったのだろう。

同じ一八五五年の八月、今度はヴィクトリア女王が夫のアルバート公とともにパリを訪問して、五月から開催中の万国博覧会会場に足を運んだ。わざわざブーローニュまで行って女王夫妻を出迎えたナポレオン三世は、夫妻と同じ馬車に乗ってシャンゼリゼ通りをパレードした［鹿島 1992: 93, 96］。女王のフランス訪問の一部始終は、先のフランス皇帝のイギリス訪問時をはるかに凌ぐ、『イラストレイテッド・ロンドン・ニュース』に溢れるほどの記事やイラストを通じて、ロンドンの読者たちに提供されていた。

一八五五年の第一回パリ万博は、イギリスが世界に工業水準の高さを誇示した一八五一年のロンドン万博に対抗しつつ、フランス国民である資本家と労働者に産業社会にふさわしい自覚を呼び起こすという教育的意図をもって企画された。ナポレオン三世にとっては、帝政の基盤を強化する民衆の支持を獲得する一方、フランスがイギリスに負けないことを世界中に示し、自らが正統なフランスの君主であることを全世界に認知させる機会となった［鹿島 1992: 73-96］。経済学者ミシェル・シュヴァリエ（Michel Chevalier 一八〇六～七九）がこの第一回パリ万博、さらには一八六七年の第二回パリ万博の事実上の組織者であった。彼はナポレオン三世のブレーンとして、両万博の間の一八五九年にはかのコブデン担当相と密かに交渉を進め、イギリス側の自由貿易主義の要求に応じた英仏通商条約（コブデン・シュヴァリエ条約）の締結（一八六〇年一月二三日調印）をもたらし、フランスの工業化の発展に契機を与えた［歴史学研究会編 2007: 194-196］。

第二回パリ万博には、本篇に触れられたように、シャムも正式に出品した。金銀細工の装飾品や調度品から漁具、耕具などの道具類、武器、織物、衣類、農作物まで、多くの品々が、随行員たちと共に送り込まれた。中でも、博覧会の名誉賞牌を受賞した九メートル余りの長さの王の御座船模型や、三頭の仔馬、螺鈿細工の仏画などが、会場で異彩を放った［Gréhan 1868: 71-78］。モンクットは既に第一回パリ万博から多大な関心を寄せ、旧知のイギリス人バターウォースを通じて、シャムの工芸品を送ろうとしたと自ら明かしている。また、一八六二年の第二回ロンドン万博にも出品を検討し、搬送費用の心配までしたが、実現はしなかった［*PHPAR4*: 9］。

一八五六年のフランス使節ド・モンティニーのバンコクにおける条約交渉は、パルゴアも大いに与って、概ねスムーズに運んだ。高官たちとの通訳に任じられていたのはラルノディ神父だったが、ド・モンティニーによれば、謁見の場での会話は英語とタイ語で行なわれ、王のタイ語に関してはパルゴアが補助した［Meyniard 1891: 199］。交渉の結果にモンクットが満足していたことは、ド・モンティニーに託された、ナポレオン三世宛て親書（一八五六年九月一九日付）から充分に察せられる。

親書はまず、三隻の軍艦を仕立て、皇帝の印璽を携えてやってきたド・モンティニーを真正のフランス皇帝の使節と認めて謁見した上で、シャム側五名の全権委員を任命、条約交渉が開始されて、一五日後の一八五六年八月一五日に調印にこぎつけるまでの次第を詳しく述べる。次に、条約調印後にド・モンティニーが披露した、大砲を始めとするナポレオン三世からのめでたき賜り物を一つ一つ数え上げ、感謝をもって受領した旨と礼が綴られる。その筆致からは、贈り物に「目を凝らして」、そこに目ざとく〝皇帝ナポレオンより贈る〟との銘と大文字の〝N〟が刻まれているのを見つけて、嬉々としているモンクットの心持ちが直に伝わる。

続いて、モンクットはきわめてへりくだった調子でシャムの国情を語り始める。

…シャム王国は種々様々な物が産する所であるとはいえ、その悉くが森林物産で、年々歳々、臣民が見つけてきて、売り買いに供することができる量は多くありません。

シャム人は通常の習俗を保ち、身の程は善悪相半ばし、愚かで、大多数は知識が乏しく…

と言った具合だ。そして、「未だに鄙人と蛮人が交ざった状態」である、「この［シャム］王国や近隣の諸王国」では、「たとえ国の大人が正しきことと良きことを見通す知性を有し、［原状に］抗しながら改良する方法を熟考し、あらゆる人々を振り向かせて善なる新しい慣習（thamniam）に従わせようとしても…一日、二日どころか、一年、二年かけても達成するのは至難のわざです」と述べる。「大人（＝大いなる人）」が、モンクットを始めとする少数の開明的エリートたちとすれば、大多数の民衆との隔たりは大きかった。

さらに「改良」が困難な事情を、モンクットはナポレオン三世に次のように説明する。

> なぜなら、鄙人も都人もすべては多くの種族や言語の人々が混じり合い、さまざまな宗教を奉じ、さまざまな伝統を植え付け［られ］ているからです。用いる文字も異なっています。読んでわかりあえるのは仲間ごとに過ぎず、一つの言語の内の一つの文字でもって、読んであまねく理解させ合うことはできません。文字の読み書きができる人は、読み書きのできない人よりも何層倍も［ママ］少ないのです。[*PHR4*: 605; *PSR4 Pt1*: 19-20]

この述懐は、異なる文字を用いていた既述の「ラーオ」地域や後述するカンボジア、さらにはイスラーム圏の南方マレー諸国といった「シャムの一部でない」地域まで包摂する支配を前提として語るというモンクットの矜持を示しながら、実際には文字も言葉も通じない、茫漠たる「外部」を抱えていることを告白している。実効支配を及ぼすべき、次に述べる「布告」の対象とする国内と、対外的に掲げられた広大な支配域とのダブルスタンダードが存在したわけだが、周知のように、のちにタイ国北部となった「ラーオ」地域の一部を除いて、当時の「外部」であった「異民族」地帯のほとんどが、現在のタイ国にとっては国境の彼方、外国に位置する。

モンクットがここまで内情を、窮状のままに曝け出した理由は、「この度、三つもの有力な大国」、つまり「フランス、イギリス、アメリカ」と修好通商条約を結ぶ仕儀となったからに他ならない。「良き慣習」すなわちシャムにとっての「新しい慣習」を有する遠い国の人々が、前述のごとく「野蛮な」シャムの人々と付き合うようになって、さまざまな誤解が生じることをモンクットは恐れたのである。そして何か問題が起こった時、事を鎮め、平穏を維持できるか否かは、大国の君主たちの慈悲深い配慮の如何に掛かっていると考えた。そこで、モンクットはナポレオン三世に、「ですから、この［シャム］国を統治する者に、大いなる慈悲と憐憫（metta karuna prani）を賜り給え」と訴えた。

この後モンクットは、ド・モンティニー使節について、バンコク滞在中の余暇に個人的に親しむ機会もあり、知恵と才覚を備えた人物だと確信したが、ナポレオン三世もおそらく全幅の信頼を寄せられたのだろうなどと書き添え、終わりにフランスへのシャム使節の派遣を申し出て、書簡は結ばれている［*PSR4Ptl: 20-22*］。この書簡を通じて、モンクットはナポレオン三世に対して驚くほど素直に胸襟を開き、深交を求める姿勢を顕著に表しているのが印象的である。

10 モンクットと「臣民」

モンクットが問題を起こすことを心配し、ナポレオン三世に配慮を求めた支配下の一般民衆、王が「臣民（ratsadon）」と呼んだのはどのような人々だったのだろうか。

本解説の冒頭でも少し紹介したが、バウリング条約とそれに続く対米・対仏条約締結後まもない時期に、国内に向けて条約の内容を周知させることを目的とした一連の「布告」が、王命として相次いで仰せ出された。周知させるといっても、実は、「布告」の対象はバンコクとバンコクから約一五〇キロメートル以内の交通至便な範囲に収まる、シャムの核心域の住民に限られた〔飯島 2000: 60-61〕。「布告」は一件ごとに、内容を述べるに先立って、核心域の集合体（〝ムアン〟と呼ばれる邑）の地名を並べ挙げて特定し、その住民たちに対して個別に発せられたからだ〔*PPR4*: 41-45〕。通達の方法は、本篇にあるように『官報』の創刊は一八五八年のことで、前後して「布告」ビラの印刷配布も始まったが、それ以前は役人によって手写され、後は口頭で行なわれた。布告する（prakat）とは、「大きな声で王務を告げること」〔Bradley 1873: 407〕を意味したから、声が届かなければ伝わらない、一円的な周知の徹底は含意されていなかったと言えよう。そもそも王には、統治の対象として、「はっきりと確定された臣民の全体集合を想定」するすべがなかった。人的関係に依存した制度上、王が把握しえていたのは中間的役人のレベルまでにとどまり〔小泉 1999: 68-69〕、王から見た人的連鎖の末端は曖昧模糊としていた。したがって、王命として宣せられた「布告」類はいわば法であったが、「臣民」たる民衆のすべてを支配しうるものではなかった。

けれども、それらの「布告」類の文面から、民衆一般の様子を幾分なりとも窺い知ることができる。たとえばそこに「黒船」の語は現れないものの、シャム湾岸の洋上に何隻も到来した見慣れぬ軍艦が、「慣習」にしたがって礼砲を何発も放つのに怖れ驚き、さまざまに飛び交う噂に惑い、右往左往する人々の姿が描かれている。〝ファラン〟（西洋の「白人」に限って指す語で、現代まで用いられる）と呼ばれる「膚の白い」「外国人」たちの持ちこむ種々の「慣習」が人心の動揺を惹き起こし、騒動が生じていた模様である。

そうした人々を宥めるために、「布告」は「使節を仕立て、貢ぎ物を携えて」、来航した「イギリス国王とフランス国王とアメリカのプレジデント」との条約を締結した旨とその概要を、次のように告知した。

　この度、ファランと呼ばれる白い膚をした民族の人々が到来して約定したのは、この王国領内に入り来て、居所を買って住み、生活したいと願ってのことで、中国人や他の外国人で以前から来住しているのと同様です。そこで王は、ファランがバンコクから近すぎも遠すぎもしない区域で土地を買ったり借りたりするのをお許しになりました。［中略］城壁から二〇〇セン［約六四三六メートル］以上離れて、余り遠くない範囲、［すなわち］櫓舟または櫂舟で二四時間以内に到達できる範囲内では、持ち主が家を住居、また園地、田とともにファランと呼ばれる外国人に売却してもよろしい、禁じも罰しもしないとお許しになりました。なぜなら異邦人はたいてい気が大きくて、とても高く買うからです。売った者はたくさん金を得て、金銀が国内に落ちます。もし住居が心配ならば、異邦人に園地、田、建物、家屋をいかように貸してもよろしい。持ち主である臣民は貸し賃を得られ、ただじっとしているよりも良い……。（「外国人に対して売却・賃貸する土地区域に関する布告」一八五六年六月四日）［*PPR4*: 95-97］

引用箇所は、「バウリング条約」で言えば第四条の一部、シャムに居住するイギリス臣民の家屋、土地、園地の購入ないし貸借に関する規定に対応している。城壁は、条約文中では「市壁（city wall）」とある。既述のように、一八世紀末に誕生した当初のバンコクは、アユタヤーを滅ぼしたビルマ軍の再攻撃に備えるのを目的とした環濠囲郭都市だった［友杉 1998; 友杉 2001］。ビルマの脅威が遠のき、海外交易の発展につれて夥しい華人人口が流入するとともに、王都は次第に城壁の外側へ拡大しながら商業都市へと変貌しつつあったが、交通路は依然として河と運河であった。そこで条約は、王都の中心からの距離を、シャムの「舟で進める速度により算出する」と規定した。それを受けた「布告」では、舟の形状を具体的に述べている。本篇にあるように、バンコクの道路建設は、条約後に来住するようになった西洋人の活動を契機に始まる。本篇に言及された「ニューロード」（チャルーンクルン通り）の建設は一八六二年、領事たちが名を連ねた請願がきっかけだったが、彼らはバンコクに道路がないために、戸外で馬車や馬に乗るヨーロッパ人の習慣を維持できず、健康によい楽しみを奪われたせいで、来住してから誰もが病気がちになっていると訴えた。モンクットは西洋人たちの目に映った、泥だらけで汚く荒れ放題なバンコクの有様を「恥じて」、道路建設を命じたのである［*PPKRR4*: Vol.2, 6; *DCBE4R*: Vol.1, 260-261］。

条約は続いてイギリス臣民の土地購入に際しての手続きや条件を定めているが、王の「布告」は語りかけるように、戸惑い、躊躇う人々に〝ファラン〟との交渉を勧めている。「布告」はさらに、条約締結の利を臣民に説き明かした。

…［王は］諸大臣とお諮りになり、意見が一致して、条約締結を容認されました。なぜなら国王のお考えでは、シャム国では銀の鉱山がなく、自ら精錬して用いることができず、以前より他国産の銀の使用に依存しなければならなかったからです。しかるに大勢の顧客を擁する大国と条約を結んだ今や、外国商人の船もたくさん寄港しています。商品を積載してやってきても、多くは売れないにせよ、外国の銀を持ちこんでこのシャム国で商品を購入せざるを得ないようです。臣民はいろいろな商品を売ったり、あらゆる雇われ仕事をすることができて、以前よりも裕福になります。…（「軍艦の往来に関する噂に驚くことを禁ずる布告」一八五六年一〇月一六日）［*PPR4*: 109］

右筆方の手を経ているとはいえ、多くの場合モンクットが起草し、モンクット自身の口吻を多分に伝える「布告」類は、人々に商業の利益とともに、〝ファラン〟の雇われ仕事に就いて生活することの利得を、「貧しい臣民が身売りし奴隷となって、他人に使役されるより良い」［*PPR4*: 99］としきりに説いている。「奴隷」と訳出したのは〝タート（that）〟と呼ばれた不自由民で、戦争捕虜に由来する場合もあるが［石井 1967］、ここでは「身売りし」とあって、債務奴隷を意味する。本篇に紹介されたモンクットによるシャムの奴隷制についての議論にも「人身売買」

の語があり、債務奴隷が念頭に置かれている。実際、当時のタートの大半は債権者に身売りした債務者であった［Bowring Vol.1: 124］。

本篇では、モンクットがヨーロッパの奴隷制よりシャムの奴隷制の方がより「人間的」だと主張したと述べられたが、「布告」中にはタートを好ましからざる状態として、その増加の抑制を望み、雇い仕事に代えていくという考えが見られる。人身隷属関係が近代的な金銭関係に置き換わっていくべきだとの為政者の思想は、ラーマ五世王期に「タートの解放」が具体的なアジェンダとなった時に、より明確となる［飯島・小泉 2000］。モンクットの勧奨にもかかわらず、自由な平民であっても、傜役義務を伴う人的管理制度の規範や慣習、あるいは〝ファラン〟に対する恐怖や偏見に囚われて、「商売をやめたり、外国人を追い出したりする」人々に対しては、「普段通り」に生活しなさい、「おかしなことをして、利益を損なう原因とするなかれ」［*PPR4*: 110］と繰り返し諭さなければならなかった。先に指摘した、エリートたちと一般民衆の意識の間の容易に埋めがたい落差を、モンクットは充分認識した上で、人々には専ら金銭的な利得を説いて適応を促しているように見える。そして、それ以上の施策に及ぶことはなかった。

11―ド・モンティニー使節とのその後――カンボジア問題の始まり

モンクットはナポレオン三世宛ての親書を託したド・モンティニーにも、さらにはシャムに同行したド・モンティニー夫人とその妹、および二人の娘たち宛てにも別途、親書をしたためている（一八五七年一月二五日付）。女

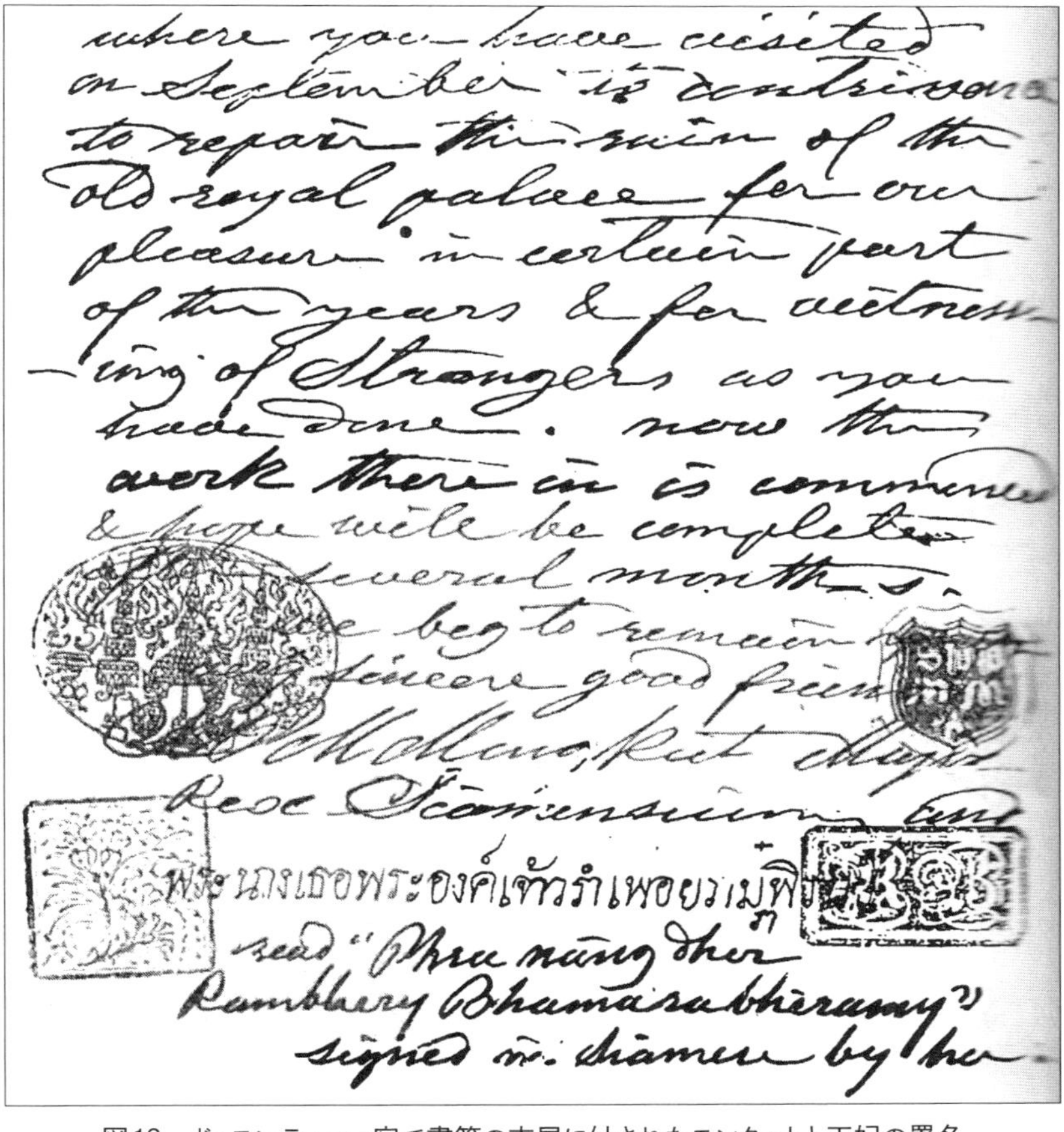

where you have visited
on September is continuous
to repair the ruin of the
old royal palace for our
pleasure in certain part
of the years & for entertain-
-ing of Strangers as you
have done. now the
work there in is commenced
& hope will be completed
in several months.
we beg to remain your
sincere good friend
S. P. P. Maha Mongkut Major
Rex Siamensium and
พระนางเธอพระองค์เจ้ารำเพยภมราภิรมย์
read "Phra nang dher
Rambhery Bhamarabhiramy"
signed in Siamese by her

図13　ド・モンティニー宛て書簡の末尾に付されたモンクットと王妃の署名
[出典：Meyniard 1891: 442]

性たちに宛てた書簡では、使節のシャム滞在中に身重であった王妃が無事出産したことを告げるともに、王宮内で囁かれるフランス人女性たちについての好ましい評判を話題にするなど、非常に打ち解けた調子で、末尾には珍しい王妃の手になるタイ文字による署名も付されている［Meyniard 1891: 437-447］［図13］。

モンクットが待ちわびていたであろう、ド・モンティニーからの返書はずっと後になってから来た。返書よりも先にモンクットが受け取ったのは、ド・モンティニーの怒りに満ちた抗議の書面だった［Meyniard 1891: 449-457］。バンコクを出発したド・モンティニーは、船でカンボジアへ向かった。その際、ド・モンティニーはシャム高官たちの要請で、九人の帰還するカンボジア人の乗船を認めた。ところが、カンボジアの港コムポートに着いてみると、うち一人の自称カンボジア人が実はシャム人であることが発覚し、カンボジアにおけるド・モンティニーの動静を窺うようウォンサーティラートサニット親王に頼まれて乗船したと白状したという。このスパイ行為がウォンサーティラートサニット親王一存の教唆によるものではありえず、取りも直さずモンクット自身の謀略だと判断したド・モンティニーは、自身の行動を監視させたことが単に無礼であるだけでなく、「フランスとシャムの間で樹立されたばかりの友好関係の重大なる侵害」だと考え、この「文明国」にあるまじき行為に、「アジア人」の根深い抜け目のなさや二心、あるいは表裏を読み取っていた［Meyniard 1891: 381-391; 449］。

カンボジアは一八世紀後半から、宮廷内の派閥抗争により、シャムと結んだ勢力とベトナムと結んだ勢力に分裂し、介入したバンコク朝シャムとグエン（阮）朝ベトナムは、それぞれバッタンバンとプノンペンに軍を駐留させて対峙した。一八一一年にシャム派の攻勢に遭ったアン・チャン王がベトナムに保護を求めて逃亡すると、アン・エムとアン・ドゥオン（一七九六〜一八六〇）の王弟たちはシャムに亡命した。ラーマ三世は一八三三年にカンボジアのベトナム駐留軍に攻撃を仕掛け、さらにベトナム領内まで攻め入って戦ったが勝利することができず、翌年、全面撤退する結果となった。以後、カンボジアはベトナムが据えた名目的な女王アン・メイ（在位一八三五

〜四七）の下、実質的には、首都ウドンを占拠したベトナム人官僚の支配下に置かれた。やがてミンマン（明命）帝（在位一八二〇〜四一）の命により、仏教の排斥を含むベトナム化が推進されると、一八四〇年、地方に割拠した官人有力者たちが反乱を起こした。彼らはラーマ三世に軍事援助を求めると同時に、バンコクに留められていたアン・ドゥオン王子の帰国と即位を求めた。シャム軍の支援を受けて、徐々に勢力を扶植したアン・ドゥオンは、一八四八年、ウドンで王位に就いた。しかしながら、「二国の奴隷であるひとつの独立国」［トンチャイ 2003: 161］と表現されたような、シャムとベトナム両「宗主」への従属的状態（「両属」）は依然続いていた。

ド・モンティニーのカンボジア訪問の目的は、アン・ドゥオン王と通商と宗教に関する協定を締結することにあった。これに先立つ一八五三年、アン・ドゥオン王の方からフランスへの接触があった。アン・ドゥオンは長年カンボジアで活動していたフランス人宣教師ミシュ（Jean Claude Miche 一八〇五〜七三）を通じて、ナポレオン三世に宛てた書簡と貢ぎ物を送呈したのである。シンガポール駐在フランス領事に託された貢ぎ物はナポレオン三世の下には届かなかったと言われるが、象牙、犀角、ガンボージ（藤黄）、砂糖、胡椒という品書きは、数量まで細かく記録に残っている［Meyniard 1891: 359-360］。ここには先にラーンナー・チェンマイについて見たような、「宗主」たるシャムが掌握しきれない、小国の「自主外交」が存在したと言えよう。バンコクで育ったアン・ドゥオンもまた、ヨーロッパの文物に関する知識を貪欲に吸収していた。アン・ドゥオンの王宮に迎えられたヨーロッパ人訪問者は、王が幾ばくかの英語を口にし、「自分がどれほどヨーロッパ人とより親しく交際したいと望んでいるかを示した」と証言している［ブイユヴォー他 2007: 177; 北川 2001］。

ド・モンティニーが寄港したコムポートは当時カンボジア唯一の海港で、アン・ドゥオンの政策により対外交易に開放され、王が命じて、シンガポール製の道具類を備えたヨーロッパ人用の宿舎が設けられていた。貿易量が拡大し、発展する港を拠点に王自身も森林物産を売る商取引を行ない、直航で九日間を要したシンガポールにジャンク船を派遣した。そして一八五一年には、王都ウドンとコンポートの間を二〇キロメートル間隔の宿駅で結ぶ〝ハイウェイ〟が造成された。それはアン・ドゥオン王がウドンを中心に築こうとした陸路網の一環であり、カンボジア内陸部をシンガポールへと繋ぐシャム湾岸交易に参入させる道であった［北川 1992; 北川 2001: 180-186; 北川 2006: 204-212］。

のちの一八六三年の保護条約締結時とは違い、ド・モンティニーの場合は、カンボジアからのアプローチに呼応した訪問であり、ド・モンティニーが用意した協定案は、カンボジアを「フランスが修好通商条約を締結した他のすべての国々と同様に、フランス帝国に対する友好同盟国の地位」に導くべきものだとされた［Meyniard 1891: 403-411］。「宗主」たるシャムが探りを入れる理由も、そこにあったと言えるだろう。しかしベトナムでの任務を控えて早々にカンボジアを去ったド・モンティニーは、王都ウドンまで行ってアン・ドゥオン王とまみえることなく、後事を託された経験の浅いフランス人宣教師の交渉は実らなかった。一八五六年一一月三日、ウドン王宮において王は宣教師に向かい、ド・モンティニーが自らそこへ赴かなかった非を咎めたが、フランス側は王の態度から、宣教師との謁見の間にも姿を見せていたシャム人による牽制が不調の原因だと確信した。王は協定締結の諾否については、シャム王の考えに従うと回答した［Meyniard 1891: 419-424; 433］。

不信の念を抱きつつも、ド・モンティニーはシャム王に従うとのアン・ドゥオン王の表明を受けて、モンクットが協定締結を妨げないよう、パルゴアとラルノディ神父に働きかけを求めた。ド・モンティニーのパルゴア宛ての書簡に対し、まもなくパルゴアから、モンクットはカンボジア王の協定締結を許可したと語っており、全く問題はないとの返事があった［Meyniard 1891: 456-457］。パルゴアとモンクットの間には、この時点においても、いわばホットラインが存在したことがわかる。モンクットの認容にもかかわらず、結局、協定締結に至らないまま、一八六〇年にアン・ドゥオン王は世を去った。重要な点は、ド・モンティニーがカンボジア王に対するシャムの

「宗主」権を曲がりなりにも顧慮していたことである。だからこそ、パルゴアらの力を借りてでも、モンクットの許諾を得ようとした。時に「シャム寄り」過ぎると同国人から非難されたパルゴアだったが、そのようなド・モンティニーの仲介であればこそ、引き受けたのだ。そして、その後のフランスの方針転換に直面することを免れたパルゴアは、本篇の結びで述べられたように、一八六二年六月、モンクットに見送られて、やすらかに帰天することができたであろう。

けれどもド・モンティニーによって開かれたフランスとシャムとの交渉の糸口において既に、カンボジアをめぐって双方の不信が芽吹いていた。

12―カンボジアをめぐるフランスとの軋轢

フランス使節ド・モンティニーは一八五六年のシャムとカンボジアに続いて翌一八五七年、ベトナム・グエン朝の都フエに派遣された。フランス領事のフエ駐在とともに、通商とキリスト教宣教の自由等を求めたのである。グエン朝トゥドゥク（嗣徳）帝（在位一八四七～八三）政府は、フランスの要求をすべて拒否した。初代のザロン（嘉隆）帝（在位一八〇二～二〇）が覇権を確立する過程では、カトリック司教ピニョー・ド・ベーヌらフランス人も加担したことがよく知られ、キリスト教布教に寛容なグエン朝だった。ところが第二代のミンマン帝以降、中国をモデルとした中央集権的体制が目指され、キリスト教は儒教的な価値観に依拠した国家政策に反するとして、禁令によって厳しく取り締まられ、信徒が迫害を受けた。一八五八年九月、フランスは同じく信教の自由を求めてキリスト教徒迫害に抗議していたスペインの海軍とともに、ダナンを攻撃した。フランスの武力によるベトナム侵略の始まりだった。

一八五九年、フランス艦隊はサイゴンに攻撃の矛先を転じ、長引いた攻防の結果、一八六二年六月にフランス・スペインとグエン朝との間で結ばれた条約は、ダナンほか三港の開港、キリスト教布教の自由とともに、サイゴンを含むコーチシナ東部三省のフランスへの割譲などを定めた（第一次サイゴン条約）。こうしてベトナムのフランス植民地化が始まった。メコン・デルタを足場にしたフランスは、次にカンボジアへ進出した。一八六三年七月、サイゴンからフランス海軍の将官が砲艦を仕立ててウドンの王宮に押しかけ、アン・ドゥオンの後を継いだ息子のノロドム王（一八三六～一九〇四、在位一八五九～一九〇四）に、保護条約の締結を迫ったのである。八月一一日、ノロドムは条約に調印した。短時日の間に条約への署名を余儀なくされたノロドム王は威嚇的強制に屈した、との見方をシャム側は採った。しかし、ウドンに赴いたフランス海軍少将ド・ラグランディエール（De Lagrandière）によれば、彼はノロドムの要請した猶予を認め、その間アンコール遺跡見物に出かけたというから、それほど切迫した状況ではなかったかも知れない［Thomson 1945a: 330］。現代の標準的なカンボジア通史では、ノロドム自身がむしろ積極的に、シャム王からの自立を志向したかのような解釈をしている［Chandler 2008: 172］。強制の程度については意見が分かれるところだが、いずれにせよ、けっして対等な当事者間の条約ではありえず、またフランス本国政府がすべてを関知しえない現地当局者の専権行為が先行したことは確かだと言えよう［Tully 2002: 1-5］。

何らかの情報が九月にはバンコクに伝わり［*PP12*: 335］、ノロドムはやや遅れてモンクットに条約締結の報告をして、バンコクでの調印を提案したが聞き入れられなかった、フランスとの衝突が分裂状態にある国内の治安の悪化を招くことを回避したかった、と申し開きをした［*TSKK*: 110-114］。ノロドムの真意は不明である。だが条約の建前上、締結主体であるカンボジアの「独立」が前提であるはずだった。保護条約はフランスへ送られ、翌年四月に批准された。

ベトナム王朝に代わってコーチシナの支配者となったフランスがカンボジアを保護するという条約の口実は、ベトナムがカンボジアに対して有していた「宗主」権だった。同じくカンボジアの「宗主」をもって任ずるシャムは、条約締結の報を受けると急遽一八六三年一二月一日、同様の保護条約をカンボジア王と「秘密裡に」結んだ。シャム側が用意した「条約」文を送達する旨を伝える、モンクットからノロドム王への長文の書簡では、それは将来の誤解のないように、「旧来実践してきた関係を文章化したのだと述べ、「何か［ノロドム王に］不満があって」そうするのではないと念を押している［PHR4: 105-117］。一連のノロドム宛ての書簡で、モンクットは、シャムで育ったノロドムの父アン・ドゥオンとその子どもたちには親族同様の親しみを懐いていることを示しており［PHR4: 70-78］、カンボジア側の受け止め方はともかく、「伝統的な」「宗主」の在り方の一面を窺わせる。

したがって、この段階では、少なくともシャム側には、「伝統的」な「両属」状態が条約によって明文化されたと解釈する方途が残されていただろう。ノロドムに宛てたモンクットの文面では、シャムとベトナムとは敵対していたが、シャムとフランスは友好関係にあり、フランスもシャムとカンボジアの旧来の関係を理解しているとあるのが、そうした見方を支える。ノロドム側も、シャムとの「秘密」条約締結を望んだ際、そのように考えていたふしがある［TSKK: 110-114］。実際、一八六四年六月三日ウドンにおいて、ノロドムの即位式がシャムとフランスの共同主催で挙行された。しかしこれは本来、宗主権者であるシャム王が預かる王のレガリアを授けて行なう儀式で、ノロドムのバンコク行きが途中でフランス当局者によって阻止された後に生じた事態だった［Wilat 2012: 106］。

一八六四年八月二〇日、英語版のシャム＝カンボジア条約全文が、バンコクの英字紙から転載され、シンガポールで発行されていた『ストレーツ・タイムズ』紙の紙面に現れた。「秘密」の漏洩あるいはリークは、シャムにとってもはやカンボジアとの「密約」だけでは不十分で、国際社会へのアピールが必要だったからではないだろうか［Terwiel 2011: 164; Wilson 1970: 549-551; Briggs 1947: 128-9］。そしてモンクットが危惧していたかも知れないように、フランスとシャムの双方が別々に保護権を有すると主張した二つの条約は、国際社会の明るみに出されると互いに抵触し、近代国際政治の規範的枠組みにおいては両立しえないものだった。詰まるところ、シャム＝カンボジア条約は、国際法として認知されない結果となった。

シャムとの新条約交渉を託されたバンコク駐在領事（フエ駐在代理公使を兼務）オーバレ（Gabriel Aubaret 一八二五〜九四）は、一八六五年四月、シャム＝カンボジア「秘密」条約の反故の明文化を目的とした条約（「オーバレ条約」）の締結にいったんは漕ぎつけた。しかし、シャムの利害を一部汲んだ折衷的な「オーバレ条約」をフランス政府は承認せず、その後のオーバレとシャム政府との間の交渉が難航した［*DCBE4R*: Vol.2, 343-344; Thomson 1945b: 28-38; Briggs 1947a; Briggs 1947b］末に、一転フランスへの使節派遣が決定された［*PPKRR4*: Vol.2, 94; *DCBE4R*: Vol.3, 216-219］。一八六七年七月一五日、パリにおいて、シャム使節はフランスのカンボジアに対する唯一の保護権を承認する新条約に署名した。批准書の交換は一一月二四日、バンコクにフランスの使節を迎えて厳かに、盛大に、執り行なわれた［Gréhan 1868: 66-70］。これにより、シャムはカンボジアに対する「伝統的」な「宗主」権を完全に失った。また、フランスの保護下にあるカンボジアとシャム領との間に初めて、距離は短いが（バッタンバン―シエムリアップ線）、排他的な境界すなわち近代的国境が成立した（ただし、のちの一九〇七年、バッタンバン、シエムリアップ、シソポンがフランス領となったのに伴い、国境線は引き直された。その時の新たな線が、現在のタイ・カンボジア国境である）。

トンチャイはこの間の歴史過程に生起した画期的な転換の本質を、次のように総括している。

独自の領域と主権の概念と実践を有した前近代の政治形態は敗者となった。近代的政治形態は、西洋人だけでなく、現地のエリートたちにとっても、国家間関係の新たな正統的様式として確立するにいたった。〔トンチャイ 2003: 176; Thongchai 1994: 94〕

フランスは前近代の「伝統的な」実践を半ば利用しつつカンボジアに介入し、その上で、領土と境界の「近代化」を巧妙に実現した。近代的領土と境界を決定する「正統的様式」においては、境界の両側の当事者による支持が不可欠の条件である。シャム政府すなわちシャム王と王に付随する権力は「現地のエリート」として選ばれ、近代的境界の片側を担うカウンターパートとなることによって、国際社会における主権者の地位を得て生き延びた。また一時的にせよ、「伝統的な」秩序にあっては間接的に支配を及ぼしていたにすぎないバッタンバンとシエムリアップが、シャムの近代的領土として保全された。他方、選ばれずに、様式の御簾の外に置かれたカンボジアは、国際社会におけるメンバーシップを獲得し損ねた。フランスはシャムの干渉を排除するために、カンボジアの「独立」を謳い、「保護国」と呼びつつ、事実上の植民地支配を遂行していく。

シャムとカンボジアとの関係の推移については、モンクットの意向に縛られない、シャムの実務官僚たちの動き、とりわけ領事オーバレとの交渉役に任じられた〔*PPKRR4*: Vol.2, 78〕シースリヤウォンの台頭に注目する意見がある〔川口 2013: 46-55〕。翻って、ド・モンティニーが非難を浴びせたスパイ事件にしても、モンクットの関与の如何には不明朗な点が残り、実際、モンクット個人の判断ないし裁量が常に絶対的もしくは優勢であったわけではないだろう。しかし、世界の諸国の動静や時代の趨勢に関する識見において、それが政策として機能したか否かは別として、モンクットはその幅や深さで周囲の他の人々を凌駕し、その分、現実をより冷徹に直視していたように思われるのである。

13―モンクットと〝ナポレオン〟

モンクットは最晩年となった一八六八年六月一六日付バウリング宛て書簡で、おそらく最も率直に、ナポレオン三世についての自らの思いを明かしている。段落の前半は、モンクットの英語表現の真意を捉えるのがやや難しいので、仮に、「ナポレオン三世はコーチシナとカンボジアの植民地化に満足している」との意と解しておく。後段はほぼ間違いなく、次のように書いている。

カンボジア人のおそらく誰もが信じているように、最も著名かつ強力な皇帝ナポレオン三世、ヨーロッパの幾多の諸国を治めた亡き皇帝〔ナポレオン・ボナパルト〕の甥は、死ぬ前に〔生きている間に〕、人類全体の単独あるいは唯一の主権者となるまで、すべての征服を続けるのだろう… [Winai and Theera 1994: 109]

本篇には、パルゴアがモンクットの止住する寺院内を案内されてみると、仏画の合間を縫って、ひとつひとつの柱にキリスト・イエスの奇跡の図がかざられていたというエピソードが語られていた。驚いたパルゴアがモンクットに尋ねたところ、「尊敬しているからですよ」との答えが返ってきたという。そこでは触れられていないが、実は、パルゴアはその日、導かれた寺院の入り口でまず、仏像と向かい合わせにナポレオン・ボナパルトの彫像があるのを見て驚愕したと書いている [*APF*, 16 (1844) : 269]。残念ながら、パルゴアはナポレオンの像については特に問いかけていないので、僧形のモンクットが何を思ってナポレオンの像を眺めていたかはわからない。とはいえ、モンクットが皇帝ナポレオン一世の華々しい戦歴やその後の凋落の運命に関する知識を多分に持ち合わせた上で、ある種の〝敬意〟を懐いていた可能性は充分にある。

バーネイより早く、一八二二年にバンコクを訪れたイギリス東インド会社の使節クローファード（John Crawfurd）は、バンコク駐在ポルトガル領事から、当時シャム宮廷中で最も知性豊かだと見られていたチェーサダーボディンがしばしば「皇帝ナポレオンの偉大な業績を称賛」し、ついにはフランス語で書かれたナポレオン戦争の史書の翻訳に手を貸してくれれば大金を払うと申し出たという話を聞いている［Crawfurd 1967: 126］。一八二一年のナポレオンの死からようやく一年の頃で、セント＝ヘレナ島で流刑の身のナポレオンが口述筆記させたという『セント＝ヘレナ回想録』の出版はこれよりのち、一八二三年のことである［杉本 2002: 79-88］。長い出家生活に入る以前、当時十代の少年だったモンクットが、異母兄同様にナポレオンに憧憬の念を抱いたとしたら、いったいナポレオンの何が彼を惹きつけたのだろうか。

ちなみに、パルゴアがモンクットの寺院の庭にナポレオン像を見た一八四二年頃には、ナポレオンの遺骸は既にセント・ヘレナ島からパリへの帰還を果たし、フランスにおけるナポレオン熱は新たな伝説となって再び高まり始めていた［杉本 2002: 123-160］。一八五八年三月、イギリスからの帰途に約一週間パリに滞在した派英シャム使節は、ナポレオン三世に謁見した翌日、アンヴァリッド館内地下聖堂のナポレオンの墓所を訪れ、遺骸が納められた石棺を実見している。一八四一年から建設が始まったナポレオンの墓所が完成するのは一八六一年のことであるから［杉本 2002: 172-173］、通訳としてシャム使節に加わっていたモーム・ラーチョータイ（Mom Rachothai 一八一九～六七）は、当時未完成だった墓所のありさまを見たままに描写している［*PP45*: Vol.27, 52］。モーム・ラーチョータイはモンクットとは母方の従兄弟にあたる有為の王族で、ブラッドレーの弟子の一人となって英語を能くし、イギリス滞英中、イギリスの新聞に「きわめて上手に英語を話す」と書かれている［*PP45*: Vol.27, 181］。イギリスでの見聞を韻文で叙した『ロンドン紀行（*Nirat Lodon*）』（一八六一年刊）の著者として、シャムで最初に著作権収入を得た人物である［*SWTPK*: Vol.15, 6999-7000］。このモーム・ラーチョータイの記録からも、ナポレオンへの特別な関心が存在したことが知られる。そして一八五六年、ド・モンティニーが訪れたシャムの都では〝ナポレオン〟の名に人気があり、〝ナポレオン〟一族であるがゆえに、少なからぬ人々がナポレオン三世その人への興味と名誉心をかき立てられていたのである［Meyniard 1891: 226; 316］。

しかし、〝ナポレオン〟の甥（と称した）皇帝ナポレオン三世との国際政治の現実における邂逅と対決は、モンクットにとって苦渋に満ちたものであったと言えるだろう。それが、上述の、飽くことなき征服欲に憑かれたかのようなナポレオン三世像をモンクットの脳裏に描かせた。

興味深いことに、モンクットが〝ナポレオン〟帽として知られる特徴的な二角帽子を被り、フランスの軍服を着た写真が、フランスへ送られている［図14］。日本では、一八六七年の第二回パリ万博に弟昭武を送り込んだ、江戸幕府第一五代将軍徳川慶喜（一八三七〜一九一三）がナポレオン三世から贈られ、被って写真を撮られたことで知られる〝ナポレオン〟帽［岩下 1999: 138-139］。写真のモンクットが被っている帽子も、やはりナポレオン三世からの贈り物だったのであろう。軍服の右肩からたすきがけにした綬に佩しているのはレジオン・ドヌール勲章、それも一等のグランクロワ（大十字）である。モンクットはこの勲章をナポレオン・ボナパルトが制定したと知ってか知らずか、自らナポレオン三世に所望し、一八六五年［Wilat 2012: 116］に授けられた。モンクットが話に聞くところの、「ヨーロッパ諸国の君主たち」が贈り合い、「栄誉」の標しとして上着につける「装飾品」すなわち勲章を、ナポレオン三世に遠慮がちに、けれども熱を籠めて懇請するにあたっては、予めシャムの勲章なるものを準備し、「ヨーロッパの職人に比べて劣るシャムの職人技」と卑下する言葉を添えて、先に送呈した［*PSR4Pt.1*: 8-10］。モンクットの横顔らしきレリーフと象のレリーフとを施した二つのシャムの勲章がフランスに保管されている［図15］。

図14　ナポレオン帽を被ったモンクット（フォーンテーヌブロー宮殿所蔵）

図15　シャムの勲章

そうまでして欲しがり、首尾良く手に入れた〝ナポレオン〟の勲章。が、それを提げて写真に写るモンクットは心なしか俯き加減で、その胸中はいかにも複雑そうに見えるではないか。

一八六八年に急死したモンクットは、一八七〇年から七一年の普仏戦争に敗れて失権し、パリ・コミューンの鳴動を遠くに聴きながら、一八七三年に亡命先のイギリスで死を迎えたナポレオン三世の最期を知ることはなかった。

モンクットはカンボジア問題をめぐる交渉を通じて対峙した「西洋」について、実はバウリングに書き送ったナポレオン三世評以上に深刻な認識と絶望に近い感慨を、自身がフランスへ派遣した使節に宛てた書簡において吐露している。その内容については、本解説の末尾でやや詳しく扱う。ここでいったん、東アジア地域を広く鳥瞰するような視座から、当時の世界史的状況を概括しておきたい。

14　東アジア地域の国際環境――グローバルな連鎖

「バウリング条約」締結交渉に先立って、本篇に言うところの「周到な根回し」が可能であったのは、バウリングが既に東アジアの地に至っていたからだと言えよう。バウリングは、日本にも来ていたかも知れないのである。一八五二年五月、当時、清国駐在貿易監督官代理として広東にあったバウリングは、アメリカのペリー（Matthew Calbraith Perry 一七九四～一八五八）が艦隊を集結して日本渡航を準備中との情報を得ると、その報告とともに、日本と通商関係を開く可能性のあることは「英国の大関心事」、すなわち市場の拡大という英国本来の政策に合致するとして、自らが日本との交渉に必要な権限と訓令を付与されるよう本国外務省に要請した［Beasley 1995: 92］。二年近くを経た一八五四年二月、貿易監督官の任を継いでいたバウリングはクラレンドン外相から、中国との貿易に第一義的重要性を置くという条件下で、適当な機会を利用してシャム・コーチシナおよび日本との通商関係を開く権限を付与された［Beasley 1995: 96-97］。

同年四月、ペリーの再来航と日米和親条約締結の報が届くと、香港総督となったバウリングは日本に向かうべく香港を出発する計画を開始した。けれども三月末に、イギリスはトルコ領内に侵入したロシアに対しフランスとともに宣戦布告、クリミア戦争が勃発していた。そこでクリミア半島戦線に大規模な遠征軍を編成する必要から、日本訪問を護衛すべき艦船の割愛が不可能になったとの理由で、バウリングの日本への派遣は延期された［石井孝 1972: 123-128; 三谷 2003: 206］。日本との交渉の成功にはイギリス海軍力の示威が必須だと考えたのは、他ならぬバウリング自身だった［Beasley 1995: 148, 155-156, 166］。おそらくそのために、バウリングは時宜を失し、アロー号事件後の処遇により、バウリングの日本訪問の可能性は潰えた［Bartle 1961a: 310-311］。

バウリング到来の情報は再三日本に伝わり、日本側に対応を促しつつも［三谷 2003: 247-8］、バウリングが付与された上述の権限はシャムにおいてのみ行使された。一八五五年四月、バウリングはバンコクを去る直前、彼が交渉過程で宰相と目した実力者シースリヤウォンから、シャム人を誰か日本へ同道して欲しい、また日本刀を二振り持ち帰って欲しいと頼まれ、できればそうすると約束したと日誌に記している。バウリングの日本行きの計画が、バンコクにも知られていたことがわかる。またその時、インド、ロシアその他の国々について大いに語り合ったとも書かれており［Bowring Vol.2: 332］、日本に関する話題が背景とした大局的な文脈が垣間見られる。バウリングは結局、日本の土を踏むことなく、シャム史に欠くことのできない足跡を残す仕儀となったが、こうした歴史の所産を、当時の両者は思い及び得ただろうか。他方、日本の「開国」の立役者ペリーも、アメリカの東洋における市場拡大の対象として、日本・琉球とともにシャムをまず挙げていたのである［石井孝 1972: 111-113］。そしてバンコクでも、一八五四年頃には、ペリー提督率いる米艦隊が沖合に現れるという噂が立っていたという［Terwiel 154］。

バウリングのバンコク訪問に同行した当時の厦門領事、そして広東領事になってからアロー号事件で名を馳せたパークスは、のちの一八六五年から駐日英国公使として賜暇をはさんで一八年間にわたり日本に滞在し、幕末から明治にかけての有為転変の目撃者となる。パークスは、既述のように、「バウリング条約」調印後にイギリスへ赴いてヴィクトリア女王に条約を伝達すると、翌一八五六年三月、条約の批准のためにヴィクトリア女王の親書を携えて、シャムに再来した。「バウリング条約」の批准書の交換を済ませた後も、シャム側とさらなる「追加通商協定」の審議に入り、五月半ばまで滞在する。

このパークスのシャム滞在中の一八五六年四月半ばに、アメリカ使節のハリスが到着した。ニューヨークからヨーロッパ、インド洋を経てやってきたハリスはこの時、初代の米国総領事として日本に赴任する途次にあった［石井孝 1972: 211-2］。五月一日、ハリスはモンクットに謁見し、ピアス大統領（Franklin Pierce 在任一八五三～五七）の書状を手渡したが、シャム側はパークスと審議中であったため、実質的な交渉開始まで約一ヵ月間、ハリスは待たされた。交渉に入ると、ハリスは幾つかの修正提案をしたが、それらは「許諾すると、他の諸国にも同じ利権を与えなければならない」との理由で採用されず、アメリカはシャムと、イギリスと同等の条約を結んだ。五月三一日、モンクットが大統領への返書を書き上げるのも待たずに、ハリスはマカオへ向けて慌ただしく去った。ハリスは日誌に、先述のウォンサーティラートサニット親王や、すべてのアメリカ大統領の氏名を記憶していると語った第二王プラピンクラオを含む、二、三のシャム高官については好印象を記しているが、モンクットに関しては、手ずから茶を入れてもらいながら、「信じられぬほどの衒学者」などと辛辣なコメントを残している。イギリスあるいはフランスをアメリカ以上に重要視していると観測されたシャム側の扱いが、ハリスをして、「不正直で低級卑劣な人々」とまで書かせた要因ではないだろうか［ハリス上：150-247］。

日本にとっては「自由貿易」を骨子とした最初の通商条約であり、アメリカとの国交を定めた「日米修好通商条約」は一八五八年七月、幕府とハリスにより締結されたが、アメリカ政府は当初、日本との条約をシャムとの通商条約に準拠して結ぼうとしたのである［石井孝 1972: 217］。イギリスは、アロー号事件処理のため特派大使として清国に派遣されていたエルギン伯が、「日米修好通商条約」を範型として、一八五八年七月に日本との通商条約を結び、フランスはその約二ヵ月後に、アロー戦争でフランス軍の指揮を執ったグロ男爵（Baron Jean-Baptiste Louis Gros 一七九三〜一八七〇）が同様の条約を結んだ。これらは、同年のオランダ、ロシアとの条約と合わせて、安政の五ヵ国条約と呼ばれる［三谷 2003: 252-263］。

同時期のシャム、日本、さらに中国をめぐって、繰り返し登場する同じ名前たち、たとえばバウリング、パークス、ハリス、エルギン、グロらは欧米各国を代表する外交官だったが、彼らの活動がかくも重なり合い交錯したのは、彼らが互いに競いつつも、いずれも一つの世界史的状況の中にあって、西洋世界のアジア進出の一環を担い、西洋の支配する秩序による普遍化に向かって足並みを揃えていたからに他ならない。アメリカの場合は太平洋進出の延長線上にあった日本にまず向かい、シャムにおいて先手をとったのは、既にインドと中国に布石を敷いたイギリスであったが、そこで目指されたのは単にアジアの一国における権益ではなかった。ハリスの日記の例を見たように、欧米の使臣たちは当然、彼らが股に掛けた「東洋」諸国を比較評価する視点と材料を得て、思い思いに論評しえただろう。一方、アジアの一小国の君主にすぎなかったモンクットであるが、欧米諸国の使臣たちを応接しながら、彼も独自の視点で世界史的状況を俯瞰し、そこにおいて自らの国を位置づける能力を有していたことを忘れてはならない。

一八六一年末から一八六二年にかけてシャムに滞在し、六二年二月七日に修好通商条約の調印に成功したプロイセンの使節団の場合は、「中国・日本・シャム、及び場合によってはハワイとの、通商航海条約の締結」を目的に、プロイセン政府から派遣された遠征隊だった〔福岡 2013: 91〕。そして先に日本（一八六一年一月）および中国（同年九月）と通商条約を締結し、東アジア遠征最後の交渉相手としてシャムと相対したのである。特命全権公使オイレンブルク伯爵（Friedrich Albrecht Graf zu Eulenburg 一八一五～八一）〔福岡 2013: 33-34〕によれば、謁見の場でモンクットはシャム語と英語を交互に話し、植民地化が進む世界でアジアの国々は非常に不利な立場にあり、ヨーロッパの国々のあいだでは普通であるような国際法の適用を受けることがないが、近年アジアの国々も国際法上の関係をヨーロッパの国々と結び始めたのは幸いなことだと述べたという。これについてオイレンブルクは、「このような言葉を一国の国王の口から直接聞こうとは思っていなかったし、こうした世界史の発展に関する認識とアジアの現状把握は先に訪れた日本でも中国でも明白に意識されているように思えなかった」と、感激を表明している〔大西 1990: 49〕。ドイツ統一への途上にあったプロイセンの使節団の交渉は、日本と中国では難航した。幕末日本では、オーストリアを除く全ドイツの名で条約関係に入るという当初の目的を果たせず、プロイセン一国のみの条約となったため、日本条約は失敗と見なされた。それに対し、プロイセンとの条約を他のドイツ諸国に適用することを容認したシャム〔鈴木 2012: 86, 233-4〕の好印象が、オイレンブルクにはことさら深かったのかも知れない。

日本ではまず「万国公法」〔田中 1991: 38, 474-481〕の訳語で導入された「国際法」の語を、モンクットは英語の「インターナショナル・ロー」のまま（タイ語の「法」にあたる“kotmai”に、“International Law をタイ語風に発音した“enternachaennalo”を付けて）用いていた。一八六五年五月一九日付のナポレオン三世宛て親書で、フランス領事オーバレを（この時はまだ）称えるのに、「国際法と〔ヨーロッパ〕諸国の慣習や政治過程に通じている」と書いたように、また先に見たイギリス人アダムソン宛て書簡中、中国人商人たちの国際法に関する無知をなじったように、モンクットは国際法の重要性を強く意識していた。そして仏領事に比して、ヨーロッパ諸国の実情に疎かった自らの「知識不足」を憂えている。続いて、一般のシャム人は依然未開状態にあるが、統治者である王自身は、一〇年来の「整然として合理的な」政治慣習を有するヨーロッパ人との交際を通じて、やや進歩したと述べる。とはいえ、不合理な過ちや誤解を犯す虞は免れ得ない。そこでフランス皇帝に、「そのような時は、合理的に改めることができるよう、是非とも事由（hetphon）に拠って教え諭し給え」と懇願した［*PHR4*: 663-664］。ここには西洋の「合理主義」への信頼が示されていると言えるだろう。しかし、これがモンクットの胸中にあるすべてではなかった。

15―対フランス交渉からの教訓

一八六六年七月、モンクットはカンボジア問題に関してフランス領事オーバレとの条約交渉を見限り、既述のように、パリへの使節派遣を決定した。一年以上に及んだバンコクにおける交渉が暗礁に乗り上げていたのは、現在のラオス方面へのシャムの支配を容認する姿勢を示したオーバレに対して、それに反対するサイゴンを拠点としたフランス植民地勢力の圧力があり、一方シャム側の交渉委員に対しては、シャムのフランスへの譲歩を妨げようとするイギリスの援護があったからだとされる［*DCBE4R*: Vol.3, 213-214］。派遣正使に選任されたのは、プラヤー・スラウォンワイワット（Phraya Surawongwaiwat（Won Bunnak）一八二八〜八八）。シースリヤウォンの息子でモンクットとも血縁があり、一八六一年の最初の派仏使節団［図16］では副使を務めた人物である。副使に任じられた内務局官吏のプラ・ラーチャセーナー（Phra Ratchasena）、ほかに通訳のラルノディ神父［Gréhan 1868:69］と書記官ら計

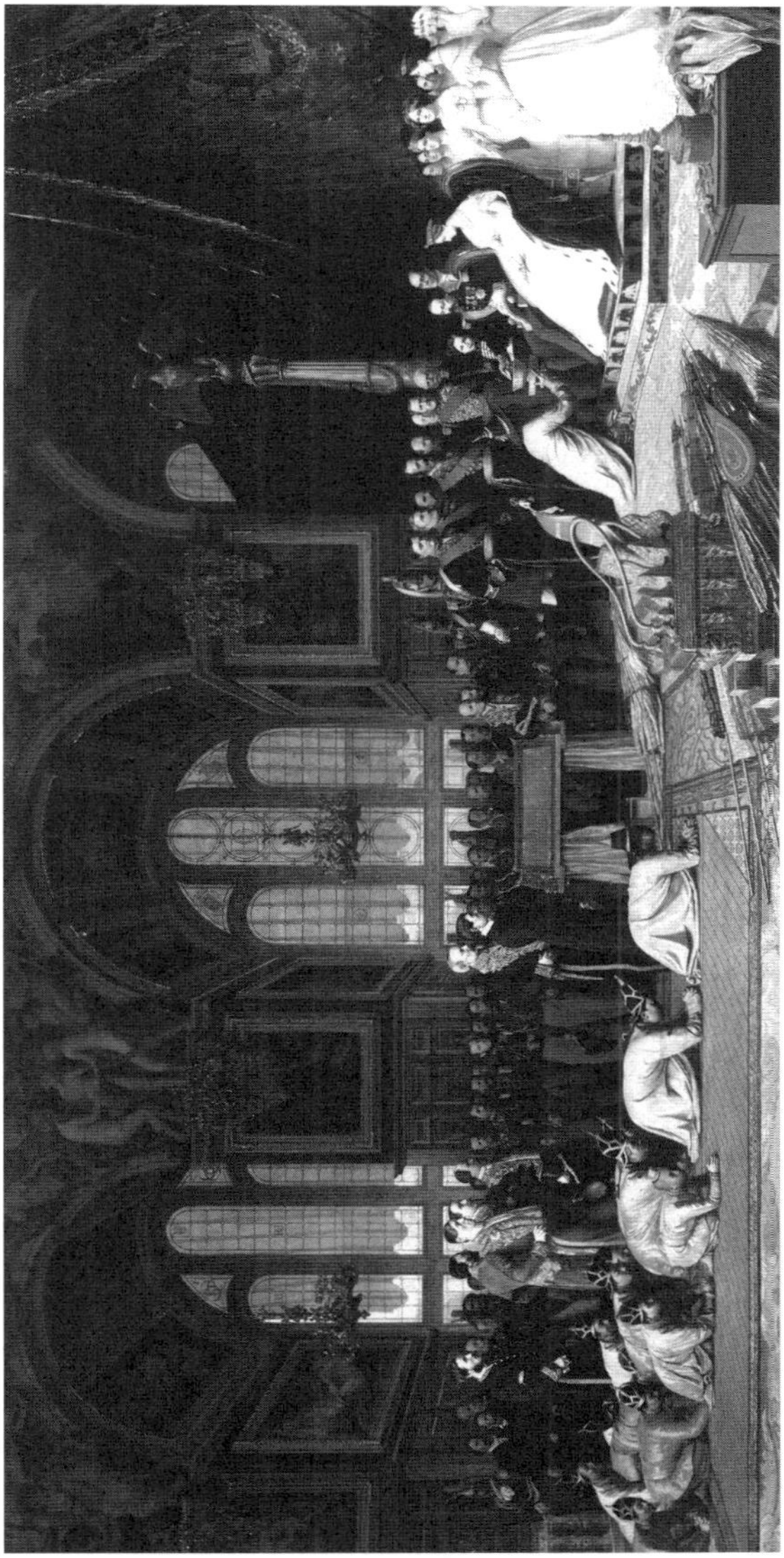

図16　1861年6月27日、フォーンテーヌブロー宮殿においてナポレオン三世とウージェニー皇妃に拝謁するシャム使節。ジャン=レオン・ジェロームによる油彩画（1864年）

六名の使節団に、プラヤー・スラウォンワイワットの妻子も加えた一行は、一八六七年一月にシャム船でバンコクを出発し、シンガポールからフランスの定期船に乗船して、四月にパリに到着した［*PPKRR4*: Vol.2, 99］。ちなみに正使の妻は、フランスを訪れた最初のシャム女性であった。そして同道した二人の息子たちは一人がパリに、もう一人はイギリスに留まって、勉学を続けることになる［Gréhan 1868: 69］。四ヵ月の交渉の後、七月一五日に調印された新シャム＝フランス条約の歴史的意義については、既に述べた。

モンクットがいかなる感慨をもって、この条約交渉の推移を見つめていたのかを語る書簡が残されている。書簡は一八六七年五月四日付で、フランスに派遣した正使と副使の二人に宛てて、使節が同年三月一七日にパリから発信した書簡を五月三日に受け取った返事として書かれている［*TSKK*: 122-125; *DCBE4R*: Vol.4, 227-231］。おそらく使節の滞欧中には届かない、慣習に従うまでの返書だとしながら、使節の便りへの反応の素早さは通り一遍の返事とは趣きを異にする。そして、その内容は濃密かつ重い。

モンクットは、カンボジアへのフランスの関与の背景に、フランスのメコン河流域地域全体への進出の野望があること、そしてその野望がイギリス帝国の拡大に対抗し、競い合う中で醸成されていることを見抜いていた。その上で、フランス皇帝を半ば揶揄するように、次のように書く。

…余が思うに、フランスはメコン河がビルマのエーヤワディー河やイギリスの［支配する］ベンガル国のガンジス河のように長大であり、稲田の豊かなカンボジアを流下し、河口がサイゴンの近くに開けているという［メコン河の］名声ゆえに、エンペラー［英単語をタイ文字表記して使用］はそこで大河が支配圏内にあるという名誉になると考え、この河をフランスのものにして維持管理しようと考えたのだろう。エンペラーは、イギリスがガンジス河をコロニー［上と同様、英語］に取り込み、エーヤワディー河もほとんど得ているのを見て、必死になっているのだ。だが実のところ、ガンジス河は多方向に多くの支流が広がって遥かに大きく、ヒンドゥスタン［平野］を通じて、大都市が幾つもあり、商業の利益も膨大で、［どの河とも］比べものにならない…

モンクットは次にビルマを流れるエーヤワディー河とサルウィン河をメコン河と比べて、前二者のメリット、すなわち蒸気船の旧都アヴァまでの航行可能性、流域に産するチーク林の商業的価値とチーク材の搬出路としての河川の有用性などを述べている。

［それに対して］このメコン河は、長大な河との名を有し、［流域に］ラーオの町々があるといっても、値段の付く樹木であるチークはなく、［中略］あるのは雑木ばかり。商品は産するといっても少々で、犀角、象牙、ラーオ絹が僅かにあるのみ［だから］、大規模な商業通路とはなり得ない。［仮に］多くの商品があっても、森にチークがあったとしても、一年中リピーの瀑布に船の航行を阻まれる。したがって、商品は陸路を往来するしかないので、発展は望めない。

書簡は続いて、ド・ラグレが率いたメコン河調査［本篇註81］に触れる。本篇で述べられたように、フランスはこの調査により、中流域の急瀬（モンクット書簡中の「リピーの瀑布」）のために、目指す雲南までのメコン河遡航が不能であることを悟ったのだった。モンクットはこの調査隊の意図が、流域のルアンパバーン王国を「ラーオ王の大国」であると聞きつけて、カンボジアのようにシャムの宗主権下から条約によるフランス保護国と成すことにあると推測している。そして、「もしも余がエンペラーであったら」、ラーオの国よりもベトナムを取ると書くのである。モンクットの死後、一九世紀末までに、イギリスはビルマ全域を、そしてフランスはベトナムもカンボジアも、さらにラオス（ラーオ諸国）も植民地化する。モンクットはこの時点で既に、そのような将来を、けっして儲からないラオス植民地経営までも含めて、ある程度予見していたかのようである。それは驚くほど的確な、該地域の地理的条件と世界の形勢の把握に基づいた識見だった。

書簡の後半には、さらに驚かされる記述がある。それはイギリス領事ノックス（Thomas George Knox 在任一八六五〜七九）［Morgan 2008: 123-124］に対する非難から始まるのだが、ノックスについてはもう一通の派仏シャム使節宛て書簡［*TSKK*: 126-130; *DCBE4R*: Vol.4, 232-237］が関連する事情を記しているので、併せて紹介する。シャム使節のフランス派遣時、ノックスは在仏シャム領事に任じられており（任命に伴い、シャムの任官者に対する慣例により、プラ・サヤームトゥラーヌラック（Phra Sayamthuranurak）という官位と欽賜名を付与された）、ノックスもパリから書簡を送っていた。一八六七年三月一〇日付と三月一八日付の二通と、同年五月の二通（五月五日付、五月一〇日付）の計四通をモンクットは六月末までに受け取った。それらの書簡に言及しながら、モンクットは次のように書いている。

…［プラ・サヤームトゥラーヌラックは］バンコクに書簡を送ってきても同様です。いかようにも解釈できるように勿体ぶり、率直に語りません。それと言うのも、奴さんは我々を、奴さん自身やその仲間と同じ人間（manut）として敬していないからです。モンティニー［ド・モンティニー］にしても、他の人にしても、みんな奴さんと同じです。フランスもイギリスも、おそらく我々のことを、奴らが［肉を］囓り、削ぎ、切り込む、あるいは牛や水牛のように騙して働かせる、動物（sat）としか考えていないのです。我々を殴ろうが斬り殺そうが、強奪しようが、何ら罪ではない。なぜなら、イエスの弟子［キリスト教信徒］ではないからです。…したがって、我々がイエスの弟子たちに我々を助けてもらおうと言うのは、困難至極なのです…。

そもそも前任者のショーンバーグと違い、時に攻撃的な口調になり、「不作法な」話し方をするノックスをモンクットは嫌っていたようだ［Morgan 2008: 124］。ノックスが書簡の中で、フランスの要人らしき人々との交際を自慢したり、シャム使節が皇帝の謁見を賜る運びとなったのを自分の手柄のように書いているのに対し、モンクットは不快感を露わにしている。しかし真に問題とされていたのは、個人の資質や礼儀作法ではなかった。それは、ほぼ同時に届いたバウリングからの書簡（一八六七年五月五日付）についても、きわめて懐疑的なコメントを残していることから推断される。

ロンドンにいたバウリングは書簡の中で、イギリス外相スタンリ卿（Edward Henry Stanley, 15th Earl of Derby 一八二六〜九三）やフランス皇帝の使節と該地で面談する機会があり、もし自分がシャムの使節であれば、問題はとっくに解決しているだろうと書いていた模様だ。一八五九年以来、バウリングはハワイ王国の特命全権公使となって（一八七一年まで）、ハワイとオランダ（一八六二年）、イタリア（一八六三年）、スイス（一八六四年）等との間の修好通商条約締結を成功に導く働きをしていたから、穏当な申し出であったかも知れない。バウリングは、シャム・フランス間の問題にイギリスを介入させることをモンクットがあえて避けたのであろうが、見知らぬシャム人よりも自分の方がフランスから尊重されると主張した。これは、バウリングがシャム、そしてバウリングにとってはあるいはシャムと同等であったかも知れないハワイ、を代表して果たすべき任務をいかに自覚していたかを示す文言であるが、モンクットは自身がけなされていると受け取った［TSKK: 127］。

ノックスも、当時強権を有したスタンリ外相がこの年五月、ルクセンブルクをめぐって激化したフランスとプロイセンの間の対立を収拾し、戦争を回避するために列国会議をロンドンに召集して、仲裁役を果たしたことを伝える。会議では、ルクセンブルクを非武装の永世中立国の地位に規定する条約（ロンドン条約）が締結された［君塚 2007: 102-103; 森田編 1998: 409-410］。ノックスはそこでカンボジア問題に関しても、「スタンリ卿がきっと助けて、ルクセンブルク問題のようにうまくやってくれるだろう」と、イギリスの支援を求めて、急ぎバウリングを使節に立てることを提案していた[TSKK: 127-128]。

モンクットは両人の書簡の日付をチェックして、二人がどちらもパリにおけるシャム使節の現況を掌握していないと断定して、両人の提案を退け、その旨を自らの使節に書き送った。モンクットによれば、ノックスの一書簡は、シャム使節が皇帝に謁見する二日前に、その予定をまるで知らずに得意げに書かれていた。モンクットはその書簡が届くより二週間も早く、使節から謁見についての報告を電信で受け取っていたのである[TSKK: 126; *DCBE4R*: Vol.4, 234]。

しかし後に六月三日付で、既述のように、バウリングをヨーロッパの全条約国においてシャムを代表する特命全権使節に任じる決定がなされ、八月三〇日にバウリングはプラヤー・サヤーマーヌクーンキット・サヤームミットマハーヨット(Phraya Sayamanukunkit Sayammitmahayot)という官位・欽賜名を付与される[Krairoek 2012: 5-8]。これは、「偉大なるシャムの友人たるシャム顕官」を意味する最大級の敬称である。この資格において、バウリングはシャムとスウェーデン・ノルウェー(一八六八年五月)、ベルギー(同年八月)、イタリア(同年一〇月)との間の修好通商条約の調印を行なった[Krairoek 2012: 12]。モンクットが、一八世紀末に成立したハワイの王朝を、進んで範としたとは考えにくい。なぜならそこでは、政治にいつも白人が参加し、キリスト教に基づく政治が志向された[山本編 2000: 275, 284]というのであるから。事実、モンクットは高齢のバウリングの起用についてはかなり逡巡した形跡があり、結局、バウリングの「知識と果敢さ」だけが欲しいと、その進言に一部従う形となった。けれども対仏交渉に関しては、バウリングの参加を断固拒絶した。そして派仏使節に、バウリングは愛すべき友だが「余にとってさしたる重要性はない」、「バウリング卿を信用しない」、「バウリング卿を使節にするというのはイギリス政府の考えで、イギリスがシャムを保護国と成す機会にするつもりに違いない」と書き送った[Krairoek 2012: 6-8, 16-17]。

16―再びモンクットとキリスト教、そして「世界」

モンクットがノックスのみならず、バウリングに対する信頼をも留保した理由は、上に紹介した書簡の文脈においては明瞭で、彼らが「イエスの弟子たち」だったからである。それは個人が信仰を異にするという次元の問題ではなく、「イエスの弟子たち」すなわちキリスト教徒の総体が、非キリスト教徒を同じ人間とは見ていないとモンクットが察知し、彼らはけっして非キリスト教世界のシャムのために親身になってはくれないと判断したからであろう。ここでモンクットは、西洋と非西洋の根本的な相違が、キリスト教世界と非キリスト教世界の差異にあると捉えている。そしてキリスト教世界の側の狭隘な人間観の暴力性に気づいて、防禦の姿勢をとったと言えよう。モンクットが尊重し、真剣に理解しようと努めた国際法でさえ、一九世紀以後は自然法主義の普遍主義的性格を失った実定法主義に傾き、その実はヨーロッパの文明国の所産であり、その文明国とはキリスト教諸国の謂いであった［田中 1991: 474-476］。先の文脈によれば、国際法も畢竟するに恃むに足りないと考えたとしても不思議ではない。

「植民地化の時代」のヨーロッパが、外部世界に対しては、まぎれもない「キリスト教文明」として名乗りを挙げていた［工藤 2003: 415］ことを、モンクットは知悉していた。本篇では、「モンクットは、キリスト教が、先進欧米諸国の文明の形成に果たしてきた重要な役割をよく知っていた」と書かれた。それに関連して、キリスト教徒である西洋人が持つ「進んだ世俗的知識と技能」を尊び、それを「最大限に活用しようと」する態度は、アユタヤー時代のシャム王が既に身につけていたもので、「キリスト教徒に対するこうした基本的姿勢は、近代に至るまで変わっていない」ともある。「キリスト教」と「文明」を分離し、「文明」のみを摂取せんとする姿勢である。モンクットの場合、「多くのプロテスタント宣教師たちと幅広く付き合っていたが、その理由は、彼らが近代科学技術の紹介者であり、彼らから近代科学を学ぼうとしたからにほかなら」ず、彼らを宗教者、宗教人としてはまったく評価していなかったと繰り返し書かれている。モンクットらシャムの開明的知識人たちは、宣教師たちとの問答を通じ、あるいは本篇で指摘されているように、ヨーロッパにおける黎明期の仏教研究に力を得て、却って迷信を排した仏教の合理性を発見し、自信を深めていた。彼らの論法には、「…神儒仏の道、必ずしも無力にして、耶蘇の教のみ独り有力なるにあらず。…智恵の事を教《おしう》るは必ずしも耶蘇の教師に限らず。」[福沢 1995: 149, 151]と論じた福沢諭吉を想起させるものがあり、比較に値しよう。しかしながら、「植民地化の時代」の国際政治の場で、権謀術数の鎧を着て連携した「キリスト教文明」は、容易に太刀打ちできない「敵」であった。そのことを思い知ったモンクットの本音が、先の同じ「人間」扱いされないという言葉であったかも知れない。

にもかかわらず、モンクットはキリスト教について学ぼうともした。それは一つには、シャムの仏教を未開野蛮とする「ヨーロッパ人による思想的攻撃からタイ文明を守る」ために、「敵」を知ることであったが、他方で本篇のテーマであるパルゴア神父との「深い友情」を涵養し、さらにはローマ法王ピオ九世との「交友関係」にまで発展する可能性を有した。本篇の著者は別のところで、シャムにおけるキリスト教を論じながら、「キリスト教に対し深い理解を示したモンクットにおいてさえ、それは彼の教養の一部にとどまっていた」[石井米雄 2002: 109]と書いている。また、パルゴアに関しても、「独身の出家修行者」であるという「聖職者の要件」を満たしたカトリックの司祭であったがゆえに、「宗教教師としてそれなりの尊敬を受けることができた」と、ほぼ結論づけている[石井米雄 2002: 108]。確かに、キリスト教はモンクットの信仰とはならず、キリスト教を通じて、逆に仏教信仰の揺るがぬ強さを深めたにすぎないように見える。けれどもキリスト教が与えたインパクトを「教養」と呼びうるなら、それは単なる知識を超えていたと言うこともできるのではないだろうか。
本篇にあるように、モンクットはローマ法王に宛てて一八五二年と一八六一年の二回、親書を送った。一回目の親書はフランスへ一時帰国した際のパルゴアに託され、未刊であるが、モンクットは一八五二年一二月二〇日付の法王の返書と贈答品を受け取っている。返書はラテン語で書かれ、英語訳が付してあったという［Dhani 1949: 115-120］。派仏シャム使節に託された二回目の親書の概要は、本篇に紹介された通りである。タイ語原文ではその末尾で、モンクットがローマ法王を次のように形容している。

シャム王は衷心より確言させていただくものであります。聖なる御方は徳の道において至高の位階を極められたがために、数多の大衆が大人《たいじん》として崇め、数多の大衆が尊敬し合掌礼拝するところとなっておられます。ヨーロッパの多くの国々の大君主たちでさえも然りです。聖なる御方は誰であれ、世界のあらゆる人々に寛仁な心を持たれ、キリスト教を信仰しようが、すまいが、聖なる御方がこのように全き寛仁な心を持たれていることを、シャム王は［法王の］御功績であり、さらなる大人の域にふさわしいと愚見するものであります。［*PHR4*: 651］

タイ語原文に付された「真正英語訳」版では、キリスト教徒であるなしにかかわらず、「人間界の全人類」に慈愛を注ぐ法王を「最大最高の博愛主義者（philanthropist）」と呼んでいる。モンクットが法王のかかる性格を確信する根拠はとりもなおさず、仏教徒である自身に法王から施されたと信じた厚誼にあった［Dhani 1949: 122-123］。但し、この「博愛主義者」の称を、モンクットはこれより早く、シャムに到来する前のバウリングに宛てた書簡でも用いている。曰く、「閣下は世界中の全人類に友愛の念を抱かれる真の博愛主義者であられます」と［*KMEC* 1927a: 16］。

モンクットは法王宛ての二回目の親書を、フランスの軍艦に乗船して、「バンコクに帰り着くまで、フランスの統治権者に身を委ねていなければならない」使節に託すにあたり、「フランスの統治者も大概はローマ・カトリック教を信仰している」と聞いているから、法王への親書の送達を助けてくれようとの希望的観測を記している。ここでは立ち入らないが、ナポレオン三世は一八五九年以降、そのイタリア政策によってカトリックを反対派にまわしていた[柴田・樺山・福井編 1995: 109-111]。一方、ローマ法王ピオ九世は一八六四年、近代諸思想の「誤謬」を排撃するシラブス（謬説表）を発表し、モンクットの死後の一八六九年にはヴァティカン公会議を召集して、教皇不可謬宣言を行なうに至る強者であった。

流動するキリスト教世界の現実に応ずるには必ずしも鋭敏でなかったにせよ、モンクットが自らのローマ法王観に仮託した宗教的な寛容さは、シャム王モンクットが誇示しようとした理想の一部であったと考えられよう。本篇の著者は、仏僧だったモンクットが寺院の柱にキリスト教説話の絵を掲げて怪しまなかったことについて、「これを他宗教に対するモンクットの寛容さを示すものととる必要は必ずしもない」と、信仰とは無関係に、「見て好ましい」ものを飾るタイ人の価値意識に拠りつつ説明している[石井米雄 2002: 109]。しかし、王としてのモンクットは、仏教以外の宗教に対する寛容さをもって、シャム王権のあるべき一面を特徴づけようとしたと言えるだろう。それは、絶対君主ルイ一四世と交渉したアユタヤー王の伝統を継承するレトリックとして用いられたが、同時に、一九世紀中葉のアジアにあって、ビルマ、さらには中国やベトナムの轍を踏まないための積極的方策でもあった。ちなみにラーオの国チェンマイでは、一八六七年からアメリカの長老教会派ミッションの布教活動が始まったが、二年後、かつてイギリス領事ショーンバーグを冷遇したカーウィローロット王の命令により、安息日の労働を忌避した現地のキリスト教改宗者が処刑される事件が起こる[飯島 2000: 75]。宗教が個々人の精神生活や内面を律するだけでなく、社会構造を脅かす実践を伴ったからである。この事件は長期的に見て、ラーオ地域へのシャム王権の介入を促すひとつの契機となった。

本篇で紹介された、「すべての宗教は守るべき共通の道徳律を持つことで一致している」と述べる「布告」は、臣民に信教の自由を認めると同時に、実は堕落した仏教僧や在俗信徒たちを咎める内容を持っている［*PPR4*: 208-210］。モンクットはこの「布告」の中で、本篇に記された徳目に続けて、モノを分かち合うこと、幸福を平等に与え合うこと、他人に善を行なうことを挙げ、これらは「あらゆる民族、あらゆる言語、あらゆる宗教が共通して、善であり、正義であり、公平であると見なす」と説いている。モンクットの目的は仏教徒である臣民のモラルの向上と矯正にあり、仏教が「世界のすべての宗教」［*PHR4*: 8］に優ることを示すことであったが、その背景に比較宗教的な視座と人類全体（「世界中の人々」［*PHR4*: 692］）を対象とした世界観を有したことは特筆すべきであろう。

モンクットの「世界」はこれで終わりではなかった。パルゴアがモンクットに授けた「ヨーロッパで発達した近代科学についての幅広い知識」の中でも、とりわけモンクットの興味を惹いたのは天文学だった。本篇に、「後年、彼が皆既日蝕発生の日時の計算に情熱をかたむけたという話はよく知られている」とあるが、それがモンクットの命取りとなったがゆえに、とりわけよく知られている。『四世王期年代記』によれば、モンクットは長年研鑽を積んだタイやモーンの占星術の方式では困難とされるが、アメリカの古典籍や幾つものイギリスの教本を参照すると、一八六八年八月にシャム王国領内で観測可能な皆既日蝕が発生するという一致した結果が導き出されることを、誰よりも早く、その二年前から突き止めていたという［*PPKRR4*: Vol.2, 242］。またシャムの俗信は、日蝕や月蝕を、ラーフ（Rahu）と呼ばれる夜叉が、太陽、月を口にくわえ込んだ時に起こると説いていたのである。そこで皆既日蝕を予測した日時が近づくと、モンクットは最も有利な観測地点であると算定された現プラチュアップキリカーン県のワーコー村への観測旅行を敢行した［図17］。

図17　1868年8月18日、皆既日蝕を観測するモンクット、オード卿一行、従者たち
[出典：Wikimedia Commons]

王族たちに加えて上下官僚から側女まで、大勢の供を従え、バンコクから蒸気船を仕立てて南へ向かった。上陸地点から馬で程なく着いた目的地には、王命によりジャングルを開いてキャンプ場が整えられ、御野立所が設けられたが、そこはマラリアを媒介する蚊の棲息する湿地、時は連日雨に見舞われる雨季の最中だった。八月一八日午前一一時過ぎ、モンクットが予測した通り、雲間から覗いた太陽が次第に欠け始め、ついには真っ暗になった。モンクットは聖水を頭に注いで身を浄めて皆既日蝕の時に臨み、日蝕が起こると供の者たち一人残らずに銀貨を恵んだ。三日後にバンコクへ戻った王は、占星官や著名な占星術師らにバンコクで見えた日蝕の様子を訊ねたが、満足な答えが得られなかったため、怒って彼らを罰した［*PPKRR4*: Vol.2, 242-251］。

皆既日蝕観測旅行はモンクットの天文学知識に基づく計算の正確さを証明する機会となったが、それは「純粋な科学的関心」に動かされた企てとは言いがたかった［Terwiel 2011: 171］。モンクットはこれを大がかりなイベントとして宣伝し、国内的には伝統的な占星術に頼る人々の顔色をなからしめた。しかしそれにも増して意を注いだのは、西洋人たちへのアピールである。ワーコー村のキャンプ場やその近くには、フランス政府から派遣されてパリからやってきた一〇名のフランス人科学者や、イギリスの海峡植民地知事オード卿（Sir Harry St. George Ord 一八一九〜八五）らシンガポールからの一行らを迎えるために、専用の宿泊施設をしつらえ、何発もの号砲を鳴らし、歌舞音曲でもてなし、西洋人コックの料理やコーヒーや菓子が供された［*PP19*］。

ところが、西洋人も含めて、このイベントに参加した多くの人々がマラリアに罹患した。モンクットは八月末に発症、そのまま回復することなく、死に至った。モンクットが死の床で口述させたパーリ語の詞章の訳文が、『四世王期年代記』に収められている。そこには仏教徒としての面目躍如、僧侶たちに跪拝して、「死はすべての生物（sat）が辿るべき道」であると「無我（anatta）」の境地に至ったかのようなモンクットの姿がある。それから王族、高官たちに別れを告げ、モンクットは一〇月一日に世を去った。しかし、おそらく後顧の憂えを残したモンクットの死は、パルゴアほどにはやすらかではなかったのではないだろうか。後を継ぐことになるチュラーロンコーン王子は、父の死の一〇日前に一五歳になったばかり、しかも皆既日蝕観測旅行に同行した同王子もマラリアの病床にあり、生死の境をさまよっていた。

『四世王期年代記』は、モンクットが僧籍に入る前に二人、還俗後に王妃との間に五人、その他の子どもたちが男子三三人、女子四二人、「合計八二人の子」をなしたとの文章で結ばれている［*PPKRR4*: Vol.2, 261-270］。この『四世王期年代記』が、アユタヤー時代以来シャムで書き継がれた「王朝年代記」の最後のものとなった。

解説者あとがき

石井米雄先生が世を去られて四年余りを過ぎ、もはや先生の謦咳に接することができなくなった今、先生のことをほとんど知らずに本書を手にとられる人も少なくないだろう。そのような方々にはまず、先生ご自身が若いひとびとに語りかけられた、ご著書『道はひらける——タイ研究の五〇年』（めこん、二〇〇三年）を、本書と共に繙かれることをお勧めしたい。タイを中心とする東南アジア研究の碩学として、世界の東南アジア学界を長年リードされた先生はそこで、人生のプログラムとそれにしたがって歩まれた軌跡を綴られている。先生がタイへの留学を志された当時、「今日のような海外旅行などは夢のまた夢」。二七歳の先生が「ロケットにのる宇宙飛行士の心境」で、たった二人の相客とともにエコノミークラスの機中の人となり、タイの地に降り立たれたのは一九五七年のことだった。そうして、先生は日本における本格的なタイ研究の文字通りのパイオニアとなられたのである。

さて、石井米雄先生の御遺稿出版の手伝いをさせていただくという仕事を、私はけっして軽い気持ちでお引き受けしたわけではなかったが、思った以上に骨の折れる仕事となり、天国の先生はもとより、出版をお待ち下さった多くの方々に申し訳ないほど時間がかかってしまった。それはひとえに、八〇歳のご高齢ではいらっしゃったけれど、お元気に国立公文書館アジア歴史資料センター長などの要職を務めておられた先生が余りに急にお亡くなりになられたせいである。そのために、残されたのがおそらく先生ご自身がまだこれから手を入れ、推敲されるおつもりであったに違いない御原稿だった。

伺うところ、先生は一般読者が読みやすいよう、註などを排した書物を意図されていたとのこと。そこで、その御原稿をチェックさせていただくうえでは、御原稿に典拠が全く示されていなかったことが問題だった。ご生前、蔵書を京都大学地域研究統合情報センターへ寄贈された（図書・冊子約一万点以上が、石井米雄京都大学名誉教授蔵書コレクションとして既に公開され、内約五千点は貸し出し可能とのことである。www.cias.kyoto-u.ac.jp/library/yoneo/）後も、研究を御継続中のパルゴア関係の資料だけはお手許に置かれていると、先生から直に伺っていたので、ご家族に手を尽くして探していただいた。けれども、典拠として参照しうる、まとまった資料はとうとう見つからないとわかった頃から、いただいた仕事の難しさを改めて悟り、頭を抱えた。暫くしてようやく覚悟を決め、心当たりの史料にあたりながら、御原稿を何度も読ませていただいた。そして敢えて註記を加えていったが、典拠を突き止められなかった箇所も多い。註記によって端正な先生の御原稿を汚し、パルゴアとモンクット王のイメージを損なったのは確かであろうから、註は無視して下さってもかまわない。しかし、先生の御原稿に触発されて、さらに研究してみたいと思われる人には何らかの役に立つと考えている。解説と合わせて、そのような後学の方たちへの架け橋となるような作業を心がけた。

解説については、なるべく面白く読んでいただきたいと願うのみで、多言を要しない。今日の視点からバランスのとれた歴史叙述を目ざすことはしなかった。モンクットの想念や筆勢の赴くままに、その跡をたどって「世界」を探訪した結果、かなり多岐にわたることになったが、「世界」とは、あくまでもモンクットにとっての「世界」である。できる限りあちこち訪ね歩きはしたものの、それでもモンクットの「世界」のすべてをカバーできたわけではない。たとえばモンクットが心血を注ぎ、結局命を縮めるきっかけとなった皆既日蝕の計算を促した、当時の天文学の世界の状況などは手に余るので触れていない。掘り起こすべき興味深いテーマはまだまだたくさんあるはずである。

非力も顧みず、そして先生と親しくされた諸兄姉に対してはまことに僭越ながら、このような書物を上梓させていただく私が先生から賜ったのは、まさしく学恩である。先生とはいかなる組織においてもご一緒する機会はなかったが、お亡くなりになるまでの約二〇年間にわたり、先生を囲んで有志の友人たちと『三印法典』を読む時間を与えられた。一九世紀初めにシャムの伝統的な法律類を集成して編纂された『三印法典』は、一口に言って、難解である。毎回数ページずつ、まず先生が音読され、それからテキストの細部や派生するあらゆる事柄について、主にタイ語で、自由に、気のすむまでディスカッションをするというやり方で、時の経つのを忘れた。帰りに皆でタイ料理を食べに行くことも多かった。そんな時には、先生がバンコクで寄宿されたタイ人ファミリー内々の深いお話を伺ったりしたが、五〇年以上タイと付き合われた（先生の表現では、タイ人の仲間にしてもらった）先生の口にされるタイ料理のレパートリーは意外に少ないのに驚かされもした。

冒頭に触れたご著書『道はひらける――タイ研究の五〇年』を、私たちは幸運にも『三印法典』を読む集まりの際に、先生の手ずからいただいた。その本の見返しに、サインに添えて書いて下さった言葉を紹介して、拙文の結びとしたい。モンクットがパルゴアから手ほどきを受けたラテン語でRex Siamensium（シャム王）と署名するのを常としたのを、先生はどうご覧になっていたのだろうかとふと考える。先生は、将来タイへ行くことになるとはきっと夢にも思われなかった若い日から、ラテン語を学び、友とされていた。そして、こう書かれた。

Festina lente!

ゆっくり　いそげ

二〇一四年四月

飯島明子

Tullly, John

2002 *France on the Mekong: A History of the Protectorate in Cambodia, 1863-1953*, Lanham: University Press of America.

Vella, Walter F.

1957 *Siam under Rama III 1824-1851*, Monographs of the Association for Asian Studies IV, Lucust Valley, New York: J.J. Augustin Incorporated Publisher.

Voltaire ヴォルテール（丸山熊雄訳）

1958 『ルイ十四世の世紀（一）』岩波文庫.

Wat Bowonniwetwihan ［ボーウォンニウェート寺］, Bangkok, 1974.

Wilat Niransuksiri

2012 "Phoei Chom Kongsun Obaret(Ton thi 1)［オーバレ領事の真の姿（その一）］," *Sinlapa Watthanatham*, Vol. 33, No.10, pp.96-117.

Wilson, Constance

1970 "State and Society in the Reign of Mongkut, 1851-1868: Thailand on the Eve of Modernization," Ph.D Dissertation, Cornell University.

Winai Pongsripian and Theera Nuchpiam ed.

1994 *The Writings of King Mongkut to Sir John Bowring (A.D.1855-1868)*, Bangkok: The Historical Commission of the Prime Minister's Secretariat.

Wyatt, David K.

2004 *Thailand A Short History*, Second Edition, Chiang Mai: Silkworm Books.

Yamada Hitoshi 山田均

1991 「タンマユット運動の発展」『東南アジア──歴史と文化──』No.20、57-76頁.

Yamamoto Matori ed. 山本真鳥編

2000 『新版世界各国史 27 オセアニア史』山川出版社.

Yoshizawa Seiichiro 吉澤誠一郎

2010 『清朝と近代世界 19 世紀』（シリーズ中国近現代史①）、岩波書店.

ミネルヴァ書房.
Tamai Fumie 玉井史絵
2008 「国家を〈見る〉快楽──『イラストレイティッド・ロンドン・ニュース』におけるヴィクトリア女王のジュビリーの表象──」、『言語文化』11-1: 1-25.
Tanaka Akira 田中彰（校注者）
1991 『開国（日本近代思想大系 1）』岩波書店.
Tarling, Nicholas
1962 "The Mission of Sir John Bowring to Siam," *The Journal of the Siam Society*, Vol. 50(2): 91-118.
1975 "The Bowring Mission: The Mellersh Narrative," *The Journal of the Siam Society*, Vol. 63(1): 105-126.
Terwiel, B.J.
2011 *The Ram Khamhaeng Inscription: The Fake That Did Not Come True*, Gossenberg: OSTASIEN.
2011a *Thailand's Political History From the 13th Century to Recent Times*, Bangkok: River Books.
2011b "Using Ockham's Razor with Respect to the Ram Khamhaeng Controversy," Volker Grabowsky ed., *Southeast Asian Historiography Unravelling the Myths: Essays in honour of Barend Jan Terwiel*, Bangkok: River Books, pp.42-51.
Thai Sathapana Kasat Khamen: Pramuan Ekasan cak Krom Lekhathikan Khanaratthamontri Krasuang Mahatthai Krom Sinlapakon etc.［タイによるカンボジア王擁立：内閣秘書局、内務省、芸術局等所蔵史料集］, 1962（アユタヤー、パナンチューン寺カチナ祭における総理府の頒布本）［*TSKK* と略記］
Thiphakorawong, Caophraya(Kham Bunnak)
1961 *Phraratchaphongsawadan Krungrattanakosin Ratchakan thi si*［ラタナコーシン朝四世王期年代記］, Bangkok: Khurusapha, 2vols.［*PPKRR4* と略記］
1965-1974 (Translated by Chadin (Kanjanavanit) Flood) *The Dynastic Chronicles Bangkok Era The Fourth Reign, B.E.2394-2411 (A.D.1851-1868)*, Tokyo: The Center for East Asian Cultural Studies, 5vols.［*DCBE4R* と略記］
1971(1867) *Nangsu Sadaeng Kitcanukit*［キッチャーヌキット］, Bangkok: Khurusapha.
Thomson, R. Stanley
1945a "The Establishment of the French Protectorate over Cambodia," *The Far Easter Quarterly*, Vol.4(4): 313-340.
1945b "Siam and France 1863-1870," *The Far Eastern Quarterly*, Vol.5(1): 28-46.
Tomosugi Takashi 友杉孝
1998 「都市景観の形成　ラーマ 1 世期からラーマ 5 世期まで」、田坂敏雄編『アジアの大都市［1］バンコク』日本評論社、45-72 頁.
2001 「港市バンコクの誕生と変容」、池端雪浦他編『岩波講座東南アジア史　第 5 巻　東南アジア世界の再編』岩波書店、265-293 頁.

1982 “Notes on a Letter from Prince Mongkut to Dr. S.R. House,” *The Journal of the Siam Society*, Vol.70:128-134.

Reynolds, Craig J.

1972 “The Buddhist Monkhood in Nineteenth Century Thailand,” Ph.D. Dissertation, Cornell University.

Rivière, Peter ed.

2006 *The Guiana Travels of Robert Schomburgk 1835-1844*
Volume I : *Explorations on Behalf of the Royal Geographical Society, 1835-1839.*
Volume II: *The Boundary Survey, 1840-1844*

Ruam Cotmaibet ruang Ratchathut Thai Pai Prathet Angkrit Mua Pho. So. 2400 ［仏暦2400年派英タイ王使節関係文書集］*(Prachum Phongsawadan Phak thi 45), Prachum Phongsawadan* Vol.26(pp.187-290)~Vol.27(ko-245), Bangkhok: Khurusapha, 1968.［*PP45* と略記］

Saichon Wannarat

1985 “Phon Krathop khong Mo Bratle to Sangkom Thai［ブラッドレー師のタイ社会への影響］,” *Mo Bratle kap Sangkhom Thai*［ブラッドレー師とタイ社会］, Ekasan Wichakan Mailek 57, Bangkok: Thai Khadi Research Institute, Thammasat University.

Samnao lae Kham Plae Phraratchabatthalekha Phasa Angkrit nai Phrabat Somdet Phracomklao Caoyuhua chabap thi Munlanithi Cunlacakraphong Bunnithi Mop Hai pen Sombat khong Ho Samut haeng Chat［四世王の英文書簡の写しおよび訳文］, Bangkok, 1971（Luang Prakop Nimit の葬式頒布本）［*PHPAR4* と略記］

Saranukrom Watthanatham Thai Phak Klang［タイ文化百科事典　中部］, 15v., Bangkok: Siamese Commercial Bank, 1999.［*SWTPK* と略記］

Shibata Michio, Kabayama Koichi and Fukui Norihiko ed.

1995 『世界歴史大系　フランス史 5──19 世期なかば～現在──』山川出版社.

Sombat Phlainoi

2002 *Phrabat Somdet Phrapinklao Caoyuhua: Kasat Wang Na*(chabap Prap-prung)［プラピンクラオ王：前宮の王（改訂版）］, Bangkok: Matichon.

Sompop Manarungsan

1989 *Economic Development of Thailand 1850-1950: Response to the Challenge of the World Economy*, Institute of Asian Studies, Chulalongkorn University.

Seni Pramoj, M.R. and Kukrit Pramoj, M.R.

1987 *A King of Siam Speaks*, Bangkok: The Siam Society.

Sugimoto Yoshihiko　杉本淑彦

2002 『ナポレオン伝説とパリ　記憶史への挑戦』山川出版社.

Sunisa Mankhong

2002 *Wang Na Ratanakosin*(chabap prap-prung)［ラタナコーシン期の前宮（改訂版）］, Bangkok: Matichon.

Suzuki Naoko　鈴木楠緒子

2012 『ドイツ帝国の成立と東アジア──遅れてきたプロイセンによる「開国」──』

Morita Yasukazu ed.　森田安一編
1998　『新版世界各国史 14　スイス・ベネルクス史』山川出版社.
Muraoka Kenji and Kibata Yoichi ed.　村岡健次・木畑洋一編
1991　『世界歴史大系　イギリス史 3—近現代—』山川出版社.
Ohnishi Takeo　大西健夫
1990　『オイレンブルク伯「バンコク日記」—ドイツ、アジアで覇権を競う—』リブロポート.
Pallegoix, Jean-Baptiste
1854　*Description du royaume Thai ou Siam*, Paris: La Mission de Siam.
2000　(English translation by Walter E.J. Tips) *Description of the Thai Kingdom or Siam: Thailand under King Mongkut*, Bangkok: White Lutus Press.
Peleggi, Maurizio
2002　*Lords of Things: The Fashioning of the Siamese Monarchy's Modern Image*, Honolulu: University of Hawai'i Press.
Pensri Duke
1962　*Les relations entre la France et la Thailand(Siam) au XIXè siècle d'après les Archives des Affaires Etrangères*, Bangkok: Chalermnit.
Phiriya Krairuk
2004　*Caruk Phokhun Ramkhamhaeng: Wannakhadi Prawattisat Kan Muang haeng Krung Sayam* (prap-prung mai)［ラームカムヘーン王碑文：シャムの文化・歴史・政治（改訂新版）］, Bangkok: Matichon.
Phracomklaochaoyuhua, Phrabat Somdet
1971　*Phraratchahatthalekha phasa angkrit nai phrabat somdet phracomklaochaoyuhua*［四世王英文御親筆］, *Luang Prakopnitisan* の葬式頒布本.［*PHPAR4* と略記］
1978　*Phraratchahatthalekha phrabat somdet phracomklaochaoyuhua*［四世王御親筆］, Bangkok: Mahamakutratchawithayalai.［*PHR4* と略記］
1989　*Phraratchasan nai phrabat somdet phracomklaochaoyuhua phraratchathan pai prathet tangtang phak thi 1*［諸外国へ送られた四世王の国書　第 1 部］, Momcao Samorotkasem Kasemsiri の葬式頒布本（初版 1958 年）.［*PSR4Pt1* と略記］
2011　*Chumnum Phraborommrarachathibai nai Phrabat Somdet Phracomklao cabap P.S. 2457(1914)*［四世王御講説集（仏暦 2457 年版）］, Nonthaburi: Ton Chabap.
Prathumrat Wongdontri trans.
1985　*Sayam lae Khana Mitchannari Farangset*［シャムとフランス人宣教師たち］, Bangkok: Krom Sinlapakon. Plae cak *Siam et les Missionnaires Français* by Adrien Launay.
Ratchakitcanubeksa nai Ratchakan thi 4［四世王期官報］, 5th printing, Bangkok: Ton Chabap.［*RKB* と略記］
Rekishigaku Kenkyukai ed.　歴史学研究会編
2007　『世界史史料 6　ヨーロッパ近代社会の形成から帝国主義へ』岩波書店.
Renard, Ronald D & Herbert R. Swanson

Makino Motonori　牧野元紀
2009　「阮朝紹治期ベトナム北部におけるキリスト教宣教をめぐる諸相：パリ外国宣教会「南トンキン代牧区」設立の背景について」『東洋文化研究（学習院大学東洋文化研究所）』11 号、87-119 頁.

Manich Jumsai
1970a *King Mongkut and Sir John Bowring (From Sir John Bowing's personal files, kept at the Royal Thai Embassy in London)*, Bangkok: Chalermnit.
1970b *History of Thailand & Cambodia*, Bangkok: Chalermnit.

McDonald, Rev. N.A.
1999 *A Missionary in Siam (1860-1870)*, Bangkok: White Lotus Press. (Originally published as *Siam: Its Government, Manners, Customs, &c.* Philadelphia: Alfred Martien, 1871.)

McFarland, George Bradley ed.
1999 *Historical Sketch of Protestant Missions in Siam 1828-1928,* Bankok: White Lotus Press. Originally published in 1928.

Meyniard, Charles
1891 *Le second Empire en Indo-Chine (Siam.- Cambodge.- Annam): l'ouverture de Siam au commerce et la conventon du Cambodge* , Paris: Société d'Éditins Scientifiques.

Mitani Hiroshi　三谷博
2003　『ペリー来航』吉川弘文館.

Mitani Hiroshi Namiki Yorihisa Tsukiashi Tatsuhiko ed.　三谷博・並木頼寿・月脚達彦編
2009　『大人のための近現代史　19 世紀編』東京大学出版会.

Miyakoda Tsunetaro　都田恒太郎
1978　『ギュツラフとその周辺』教文館.

Miyata Toshiyuki　宮田敏之
2002　「シャム国王のシンガポール・エージェント――陳金鐘（Tan Kim Ching）のライス・ビジネスをめぐって――」、『東南アジア――歴史と文化――』、No.31、27-56 頁.

Mongkut, King
1927a "English Correspondence of King Mongkut," *The Journal of the Siam Society*, 21(1): 1-35.［*KMEC* と略記］
1927b "English Correspondence of King Mongkut (*continued*)," *The Journal of the Siam Society*, 21(2): 127-177.［*KMEC* と略記］
1928 "English Correspondence of King Mongkut (*continued*)," *The Journal of the Siam Society*, 22(1): 1-18.［*KMEC* と略記］

Morgan, Susan
2008 *Bombay Anna: The Real Story and Remarkable Adventures of the King and I Governess*, Berkeley and Los Angeles: University of California Press.(The Southeast Asian edition, Chiang Mai: Silkworm Books, 2010.)

2010 「朝貢からの『離脱』──シャムの事例」、和田春樹他編『岩波講座 東アジア近現代通史 第 1 巻 東アジア世界の近代 19 世紀』岩波書店、190-210 頁.

Kongkaeo Wirapracak

2002 *Saranithet cak Khamphi Bailan Samai Ayuthaya*［アユタヤー時代の貝葉聖典による諸情報］, Bangkok: Krom Sinlapakon.

Krairoek Nana

2010 *Thoet Phrakiat 100 Pi Wan Sawannakhot Ratchakan Thi 5*［五世王御崩御 100 年］, Bangkok: Matichon.

2011 *Sayam thi Mai Than Hen*［シャム──カンボジア：語られざる物語］, Bangkok: Post Books

2012 *Buang Lang Sanya Bauring lae Prawat Phak Phitsadan khong Sir John Bowring*［バウリング条約の背景とジョン・バウリング卿詳伝］, Bangkok: Matichon.

Kudo Yoko 工藤庸子

2003 『ヨーロッパ文明批判序説 植民地・共和国・オリエンタリズム』東京大学出版会.

Kuribayashi Teruo, Nishihara Renta and Mizutani Makoto 栗林輝夫・西原廉太・水谷誠

2009 『総説 キリスト教史 3 近・現代篇』日本キリスト教団出版局.

Landon, Margaret

2000(1944) *Anna and the King of Siam*, New York: Harper Perennial.

Le May, R. S.

1924 "The Coinage of Siam. The Coins of the Bangkok Dynasty, 1782-1924," *The Journal of the Siam Society*, Vol. 18(3): 153-220, pls.

Lentz, Thierry ティエリー・ランツ

2010 『ナポレオン三世』(幸田礼雅訳)、白水社.

Leonowens, Anna

1991 *The Romance of the Harem, Edited and with an Introduction by Susan Morgan*, Charlottesville and London: University Press of Virginia.

Lingat, R.

1926 "La vie religieuse du roi Mongkut," *The Journal of the Siam Society*, Vol.20: 129-148.

1930 "History of Wat Mahādhātu," *The Journal of the Siam Society*, Vol.24(1): 1-27.

1933 "History of Wat Pavaraniveça," *The Journal of the Siam Society*, Vol. 26(1): 73-102.

Loos, Tamara

2005 "Sex in the Inner City: The Fidelity between Sex and Politics in Siam," *The Journal of Asian Studies* 64, no. 4: 881-909.

2006 *Subject Siam: Family, Law, and Colonial Modernity in Thailand,* Ithaca and London: Cornell University Press.

2009 "review of *Bombay Anna: The Real Story and Remarkable Adventures of* the King and I *Governess*, by Susan Morgan," *Journal of Historical Biography* 5: 146-152.

1967　「タイの奴隷制に関する覚え書」、『東南アジア研究』5-3、601-614 頁.
1999　「石井米雄先生《最終講義》パルゴア神父とモンクット王：タイ王室とキリスト教」『上智アジア学』17、1-16 頁.
2002　「タイ（シャム）におけるキリスト教」、寺田勇文編『東南アジアのキリスト教』めこん、85-110 頁.

Iwashita Tetsunori　岩下哲典
1999　『江戸のナポレオン伝説』中央公論新社.

Kanthika Siudom
2005　"Sir John Bowring kap *Ratha-anacak lae Ratsadon Sayam* [バウリング卿と『シャムの王国と人々』]," *Warasan Samakhom Prawattisat*, chabap 27 (P.S.2547): 133-164.

Kashima Shigeru　鹿島茂
1992　『絶景、パリ万国博覧会　サン＝シモンの鉄の夢』河出書房新社.
2010　『怪帝ナポレオン三世　第二帝政全史』講談社.

Kawaguchi Hiroshi　川口洋史
2013　『文書史料が語る近世末期タイ　ラタナコーシン朝前期の行政文書と政治』風響社.

Kibata Yoichi　木畑洋一
2012　「陽の沈まぬ帝国――イギリス帝国論」、木畑洋一・南塚信吾・加納格『帝国と帝国主義（シリーズ「21 世紀歴史学の創造」第 4 巻）』有志舎、237-290 頁.

Kimizuka Naotaka　君塚直隆
2007　『ヴィクトリア女王　大英帝国の " 戦う女王 "』中央公論新社.

Kitagawa Takako　北川香子
1992　「アン・ドゥオンの道――19 世紀中葉カンボジアの国内ルート再編について――」、『南方文化』第 19 輯、87-116 頁.
2001　「ヨーロッパ人の見たアン・ドゥオン王および王都と港」、『南方文化』第 28 輯、177-207 頁.
2006　『カンボジア史再考』連合出版.

Kittiphong Wirotthammakun
2000　*Phap Thai Fi Phrahat R5 nai Ngan Wat Bencamabophit R.S.123* [ラーマ 5 世の御撮影像], Bangkok: Samnakphim Saengdao.

Koizumi Junko　小泉順子
1999　「徭役と人頭税・兵役の狭間」、『上智アジア学』17、59-86 頁.
2000　"From a Water Buffalo to a Human Being: Women and the Family in Siamese History," Barbara Watson Andaya ed., *Other Pasts: Women, Gender and History in Early Modern Southeast Asia*, Honolulu: University of Hawai'i at Manoa, 254-268, 326-338.
2001　「もう一つの『ファミリー・ポリティクス』――ラタナコーシン朝シャムにおける近代の始動」、池端雪浦他編『岩波講座　東南アジア史　第 5 巻　東南アジア世界の再編』岩波書店、75-102 頁.
2006　『歴史叙述とナショナリズム――タイ近代史批判序説』東京大学出版会.

2013 『プロイセン東アジア遠征と幕末外交』東京大学出版会.

Fukuzawa Yukichi 福沢諭吉

1995(1875) 『文明論之概略』岩波文庫 .

Grabowsky, Volker and Andrew Turton

2003 *The Gold and Silver Road of Trade and Friendship: The McLeod and Richardson Diplomatic Missions to Tai States in 1837*, Chiang Mai: Silkworm Books.

Gréhan, M. A.

1868 *Le Royaume de Siam*, Deuxième Édition, Paris: Imprimerie Simon Raçon et Compagnie.

Griswold, A. B.

1961 *King Mongkut of Siam*, New York: The Asia Society.

Guehler, Ulrich

1949 "A Letter by Sir Robert H. Schomburgk H.B.M.'s Consul in Bangkok in 1860," *Journal of the Siam Society*, Vol.37(2): 149-154.

Hamashita Takeshi ed. 濱下武志編

2002 『世界歴史大系 中国史 5––清末～現在––』山川出版社.

Harris, Townsend タウンセンド・ハリス

1953-54 『ハリス 日本滞在記 上・中・下』(坂田精一訳)、岩波文庫. (原著:Mario Emilio Co Senza ed., *The Complete Journal of Townzend Harris*, New York, 1930.)

Heide, J. Homan van der

1906 "The Economical Development of Siam during the Last Half Century," *Journal of the Siam Society*, Vol.3(2): 74-109.

Iijima Akiko 飯島明子

1975 「タイにおける 1688 年の Révolution––アユタヤ王朝の対仏関係についての一考察」『東南アジア 歴史と文化』、No.5、54-94 頁.

2000 「シャムのインターナショナル・コート」『歴史評論』604 号 (2000 年 8 月)、58-77+30 頁.

2003a 「ラームカムヘーン 謎に包まれた『父なる大王』」、林行夫・綾部恒雄編『タイを知るための 60 章』明石書店、286-288 頁.

2003b 「Nation と Geo-body」、池端雪浦他編『岩波講座 東南アジア史 別巻 東南アジア史研究案内』岩波書店、86-92 頁.

Iijima Akiko & Koizumi Junko 飯島明子・小泉順子

2000 「人を"タート"にしたくない––タイ史のジェンダー化に向ける一試論––」『東南アジア 歴史と文化』No.29、123-152 頁.

The Illustrated London News, 1842~2003. [*ILS* と略記]

Inoue Katsuo 井上勝生

2006 『幕末・維新 シリーズ日本近現代史①』岩波新書.

Ishii Takashi 石井孝

1972 『日本開国史』吉川弘文館.

Ishii Yoneo 石井米雄

February 1857". (http://en.wikisource.org/ wiki/China_and_the_Attack_on_Canton)

Cooke, Nola

2004 "Early Nineteenth-Century Vietnamese Catholics and Others in the Pages of the *Annales de la Propagation de la Foi*," *Journal of Southeast Asian Studies*, 35(2): 261-285.

Costet, Robert

2002 *Siam & Laos: Histoire de la Mission*, Études et documents 17, Paris: Société de Diffusion des Missioins Étrangères.

Cotmaihet Khong Mo Bratle ［ブラッドレー師の日誌抄録］*(Prachum Phongsawadan Phak thi 12)*, Prachum Phongsawadan Vol.10 (pp.284-395), Bangkhok: Khurusapha, 1964.［*PP12* と略記］

Cotmaihet Sadet Wako, Sir. Harry Ord Pai Fao Somdet Phracao Phendin Sayam ［ワーコー御幸記録、ハリー・オード卿シャム国王に謁見す］(*Prachum Phongsawadan Phak thi 19*), Prachum Phongsawadan Vol. 13(1)-(5), pp.16-61, Bangkok: Khurusapha, 1964.［*PP19* と略記］

Cowan, William L.

1967 "The Role of Prince Chuthamani in the Modernizing of Siam," *The Journal of the Siam Society*, Vol.55(1): 41-59.

Crawfurd, John

1967(1828) *Journal of an Embassy to the Courts of Siam and Cochin China*, with an Introduction by David K. Wyatt, Oxford in Asia Historical Reprints, Oxford University Press.

Damrong Rachanuphap, Somdet Kromphraya

2003(1946) *Khwamsongcam* ［覚え書き］, Bangkok: Matichon.

Dhani Nivat, Prince

1949 "King Mongkut's Autograph Letter to Pius IX," *The Journal of the Siam Society*, Vol.37(2): 111-123.

Ekasan sammana thang wichakan ruang tam roi Cotmaihet Thap Chiang Tung P.S.2395-2397 ［チェントゥン遠征軍記録（1852–1854）の跡をたどる学術セミナー資料集］, Bangkok, 2009.

Farrington, Anthony ed.

2001 *Early Missionaries in Bangkok: The Journals of Tomlin, Gutzlaff and Abeel 1828-1832*, Bangkok: White Lotus Press.

Feltus, George Haws

1924 *Samuel Reynolds House of Siam: Pioneer Medical Missionary 1847-1876*, New York/Chicago/London/Edinburgh: Fleming H. Revell Company.

Forest, Alain

1998 *Les Missionnaires Français au Tonkim et au Siam (XVIIème-XVIIIème siècles)*, Paris et Montréal: L'Harmattan.

Frankfurter, O.

1904 "King Mongkut," *The Journal of the Siam Society*, Vol.1: 191-207.

Fukuoka Mariko 福岡万里子

Bowring, Philip

2014 *Free Trade's First Missionary: Sir John Bowring in Europe and Asia*, Hong Kong University Press.

Bowring, Sir John

1857 *The Kingdom and People of Siam*, 2v. (Oxford in Asia Historical Reprints, Selangor: Oxford University Press, 1977.)

Bradley, D.B.

1873 *Dictionary of the Siamese Language*, Bangkok. Reprint (1971), Bangkok: Khurusapha.

Bradley, William L.

1966 "Prince Mongkut and Jesse Caswell," *The Journal of the Siam Society*, Vol.54(1): 29-41.

1969 "The Accession of King Mongkut(Notes)," *The Journal of the Siam Society*, Vol. 57(1): 149-162.

Breazeale, Kennon

2008 "Bishop Barthélemy Bruguière (1802-1835)," *The Journal of the Siam Society*, Vol.96: 51-72.

Briggs, Lawrence Palmer

1947a "Aubaret and the Treaty of July 15, 1867 between France and Siam," *The Far Eastern Quarterly*, Vol.6(2): 122-138.

1947b "The Aubaret Versus Bradley Case at Bangkok 1866-67," *The Far Eastern Quarterly*, Vol.6(3): 262-282.

Bruguière, Barthélemy, translated and edited by Kennon Breazeale and Michael Smithies

2008 "Description of Siam in 1829," *Journal of the Siam Society*, Vol.96: 73-173.

Castelo-Branco, Miguel

2011 *The Porguguese-Siamese Treaty of 1820: Siam's First Attempt of Integration into the International Community*, Lisbon: Instituto do Oriento, Universidade Técnica de Lisboa.

Chamberlain, James, ed.

1991 *The Ramkhamhaeng Controversy: Collected Papers*, Bangkok: The Siam Society.

Chandler, David

2008 *A History of Cambodia Fourth Edition*, Boulder: Westview Press.

Charnvit Kasetsiri ed.

2004 *Prachum Prakat Ratchakan thi 4*［4世王布告集］, Bangkok: Toyota Thai Foundation & The Foundation for the Promotion of Social Science and Humanities Textbooks Project.［*PPR4* と略記］

Charney, Michael W.

2004 *Southeast Asian Warfare, 1300-1900*, Leiden and Boston: Brill.

2006 *Powerful Learning: Buddhist Literati and the Throne in Burma's Last Dynasty, 1752-1885*, Ann Arbor: The Center for South and Southeast Asian Studies, The University of Michigan.

Cobden, Richard

1857 "China and the Attack on Canton, The speech given to the House of Commons, 26

参考文献

Anake Nawigamune

1994 *Chulalongkorn the Great: Pictures of Thailand's Beloved King,* Third Edition, Bangkok: Saengdaet.

2005 *History of Early Photography in Thailand* [Prawat Kan Thai Rup Yuk Raek khong Thai], Bangkok: Sarakhadi.

2006a *Westerners in Siam* [Farang nai Muang Sayam], 2nd ed., Bangkok: Saengdao.

2006b *Siam Recorder 3* [Maihet Prathet Sayam 3], Bangkok: 959 Publishing.

Anil Sakya, Venerable Phra

2008 "King Mongkut's Buddhist Reforms: the Dhammayut Nikāya and Pāli Script," Presented at the 10th International Conference on Thai Studies, January 9-11, 2008, Thammasat University, Bangkok.

2012 "King Mongkut's Invention of a Universal Pali Script," Peter Skilling et al. ed., *How Theravāda is Theravāda? Exploring Buddhist Identities,* Chiang Mai: Silkworm Books, pp.401-413.

Annales de la Propagation de la Foi ［*APF* と略記］

Bartle, G. G.

1961a "Sir John Bowring and the *Arrow* War in China," *The Bulletin of the John Rylands Library,* 43: 2, pp.293-316.

1961b "Sir John Bowring and the Chinese and Siamese Commercial Treaties," *The Bulletin of the John Rylands Library,* 44: 2, pp.265-285.

Battye, Noel Alfred

1974 "The Military, Government and Society in Siam, 1868-1910: Politics and Military Reform during the Reign of King Chulalongkorn," Ph.D.Dissertation, Cornell University.

Beasley, W.G.

1995 *Great Britain and The Opening of Japan 1834-1858,* Kent: Japan Library (First published 1951 by Luzac & Co.).

Bock, Carl

1884 T*emples and Elephants: The Narrative of a Journey of Exploration through Upper Siam and Lao,* London: Sampson Low, Marston, Searle & Rivington. (*Temples and Elephants: Travels in Siam in 1881-1882,* Singapore, Oxford & New York: Oxford University Press, 1986.)

Bouillevaux, C.E., et al. ブイユヴォー他（北川香子訳）

2008 『カンボジア旅行記』連合出版.

ラルノディ神父……75, 77, 79, 152, 162, 178
ランガ、R.……17
ラーンサーン王国……47, 118
ランドン、マーガレット……9, 10, 11
ラーンナー……99, 102, 114, 117, 118, 161
ランパーン……111, 113, 118, 120
ランプーン……110, 118, 120
陸路……110, 148, 181
　陸路網……162
リタイ、パヤー……52
リチャードソン、D.……114
リピーの瀑布……181
琉球……175
領域……76, 99, 102, 117, 126, 167
領事……71, 72, 74, 78, 87, 88, 103, 104, 105, 122, 127, 131, 134, 138, 146, 156, 161, 163, 166, 167, 169, 175, 177, 178, 182, 188
　領事館……88, 133
　領事裁判権……62, 103
「両属」……118, 161, 165
領土……103, 122, 136, 147, 167
　領内……105, 148, 155, 160, 174, 189
ルアンパバーン……118, 181
ルイ一四世……27, 97, 138, 139, 140, 149, 188
ルイ・ナポレオン……75, 148, 149　→ナポレオン三世
ルイ・ボナパルト……149
ルクセンブルク……183, 184
レオノーウェンス、アンナ……9, 11, 58, 86, 134
　レオノウエンス、アンナ……11
歴史……9, 10, 13, 16, 17, 28, 39, 50, 55, 58, 70, 75, 80, 82, 96, 99, 122, 129, 149, 151, 174, 180
　歴史家……99
　歴史過程……166
　歴史上……10, 117, 126
レジオン・ドヌール勲章……170
列強……18, 122, 133, 141
連合艦隊……130
労働者……58, 59, 60, 61, 151
ロシア……131, 150, 174, 176
ロッブリー……27
ロバーツ協定……70
ローマ・カトリック……188
ローマ帝国……129
ローマ法王……46, 65, 81, 82, 88, 186, 187, 188
　→ピオ九世
ロンドン……58, 73, 104, 136, 141, 143, 148, 150, 151, 170, 183
『ロンドン紀行』……39
ロンドン条約……183
ロンドン万博……151

わ行

ワーコー村……189, 191
和親条約……38, 114, 174
ワチラーウット王……87
ワチラヤーン親王……41
ワット、J.……11
ワット・サモーライ……18, 20, 23, 30, 39
ワット・ボーウォンニウェート……21, 39, 41
　ワット・ボーウォン……39, 40, 45, 57, 64, 83
ワット・マハータート……18, 20, 21
ワット・ヤナワー……61, 63
ワット・ラーチャーティワート……18, 19, 25

ミュージカル……9, 10
民衆……20, 48, 52, 68, 72, 151, 153, 155
一般民衆……154, 158
民衆仏教……52
民族……47, 84, 153, 155, 189
ミンドン……121
ミンマン（明命）帝……161, 163
ムアン（くに）……30, 31, 34, 155
ムガル皇帝……143
無神論……48, 56
迷信……12, 50, 51, 54, 55, 56, 57, 80, 186
瞑想……18, 29
メコン河……74, 75, 180, 181
メナム河……23　→チャオプラヤー河
「モー」……37, 38, 39
文字……21, 37, 40, 41, 42, 45, 99, 101, 110, 117, 150, 152, 153, 160, 180
モールメン……60, 114
モーン……20, 40, 189
モーン人……119
モーン僧……20
モンクット……10, 12, 13, 14, 15, 16, 17, 18, 20, 21, 23, 29, 30, 31, 32, 33, 34, 37, 38, 39, 40, 41, 44, 45, 46, 47, 48, 49, 50, 51, 52, 53, 54, 57, 58, 59, 62, 64, 65, 67, 68, 69, 70, 71, 72, 73, 75, 77, 78, 79, 80, 81, 82, 83, 84, 85, 86, 87, 88, 89, 93, 95, 96, 102, 103, 104, 105, 106, 107, 110, 117, 118, 119, 120, 121, 122, 123, 124, 125, 126, 127, 128, 129, 130, 131, 132, 133, 134, 135, 136, 137, 138, 141, 143, 146, 147, 148, 149, 150, 151, 152, 153, 154, 157, 158, 159, 160, 162, 163, 164, 165, 166, 167, 168, 169, 170, 171, 173, 175, 176, 177, 178, 180, 181, 182, 183, 184, 185, 186, 187, 188, 189, 190, 191, 192

や行

役人……95, 110, 155
耶蘇……186
雇われ仕事……157
雇い仕事……158
野蛮……9, 12, 47, 48, 50, 82, 111, 129, 153, 186
野蛮人……9, 10, 50
友好……27, 82, 131, 162
友好関係……27, 71, 135, 141, 148, 160, 165
友情……32, 88, 89, 123, 124, 186
友人……50, 57, 83, 86, 89, 123, 125, 133, 184
右筆……157
輸出……23, 60, 70, 72, 87, 93, 96, 98
ユダヤ……50
徭役……158
傭兵……23, 26
葉名琛……128, 130
ヨーロッパ……9, 12, 23, 26, 32, 41, 47, 50, 53, 58, 61, 62, 70, 71, 73, 82, 86, 93, 125, 133, 135, 137, 138, 141, 143, 146, 149, 158, 161, 168, 170, 175, 177, 178, 184, 185, 186, 187, 189
ヨーロッパ人……17, 27, 31, 32, 44, 82, 86, 95, 156, 161, 178, 186

ら行

ラーオ……31, 47, 105, 110, 111, 113, 118, 119, 120, 121, 124, 125, 153, 181, 182, 188
ラーオ諸国……47, 110, 118, 182
ラオス……14, 30, 31, 47, 99, 103, 110, 111, 178, 182
ラオス人民民主共和国……111
ラタナコーシン王朝……11, 13
『ラタナコーシン王朝年代記四世王期』…… 102
ラーチョータイ、モーム……39, 169, 170
ラテン語……29, 31, 32, 33, 34, 87, 187
ラヘーン……110, 111
ラーマ五世……81, 158
五世王……46, 47, 49, 66, 69, 131, 146, 158
五世王期……47, 69, 146, 158
ラーマ三世……16, 47, 62, 74, 118, 119, 123, 125, 160, 161
三世王……12, 16, 17, 20, 21, 37, 39, 40, 41, 61, 62, 66, 70, 118, 122
ラーマ二世……12, 13, 15, 31
二世王……13, 14, 15, 16, 62
ラーマ四世……32, 41, 62, 66
モンクット
『四世王期年代記』……102, 189, 191, 192
「ラームカムヘーン王碑文」……21, 22

プーンピッサマイ・ディサクン……81
フンボルト、A.……104
文明……9, 11, 12, 41, 44, 47, 50, 59, 129, 141, 143, 146, 185, 186
　文明開化……134
　文明国……12, 58, 65, 129, 137, 160, 185
米国……9, 44, 51, 75, 76, 77, 175
兵士……31, 130, 139
平民……16, 127, 158
平和……62, 129
北京……71, 131
　北京条約……131
ペグー……20
ベトナム……82, 118, 124, 133, 160, 161, 162, 163, 164, 165, 181, 188
　ベトナム化……161
　ベトナム人……26, 32, 161
ペートラーチャー……27, 139
ペナン……64
　ペナン島……73, 123
ペリー、M.C.……73, 173, 174, 175
ベルギー……184
ベンガル……37
　ベンガル国……180
　ベンガル地方……15
　ベンガル湾……15, 23
辺境……21, 99, 119, 124
ベンサム、J.……98
返書……105, 123, 136, 160, 175, 180, 187
法
　法制……55, 56
　法典……26, 27, 39
　法令……146
貿易……51, 60, 61, 62, 70, 71, 72, 75, 95, 96, 129, 130, 151, 161, 173, 174, 176
砲艦外交……104, 131
砲撃……131
砲台……27
砲兵……23, 32
訪問……29, 72, 79, 81, 123, 124, 125, 126, 138, 141, 148, 150, 151, 161, 162, 174, 175
北部……32, 60, 98, 99, 110, 111, 118, 120, 124, 130, 153
保護……127, 160, 165, 166
　保護権……166
　保護国……167, 181, 184
　保護条約……162, 164, 165
『法句経』……21
北方諸国……21, 125
ボナパルティスム……149
ポルトガル……26, 30
　ポルトガル人……23, 26, 31, 138, 139
　ポルトガル領事……169
ボルネオ商会……134
本国……32, 128, 129, 146, 164, 174
香港……49, 127, 128, 134, 146, 174
　香港総督……94, 126, 127, 174
翻訳……34, 53, 69, 70, 77, 137, 147, 150, 169

ま行

マカオ……30, 175
マトゥーン……51, 77, 85
　マトゥーン夫人……85
マラッカ……26, 73, 123
マラリア……191, 192
マルセイユ……148, 149
マルタバン……111, 116
マレー
　マレー諸国……61, 153
　マレー半島……23, 60, 131
マンチェスター……58, 141
　マンチェスター派……129
身売り……157, 158
未開……11, 47, 48, 86, 178, 186
ミシュ、J.C.……161
貢ぎ物……134, 155, 161
ミッショナリー……36
ミッション……45, 51, 81, 82, 188
密約……166
港……15, 23, 27, 48, 60, 61, 93, 114, 116, 134, 150, 157, 160, 161, 164
　海港……161
　開港……131, 164
南シナ海……23, 60
身分……13, 16, 17, 31
ミャンマー……103, 116, 117

ピサヌローク……30, 31, 110
批准……104, 136, 165, 175
　批准書……166, 175
碑文……21, 22
ビルマ……15, 28, 30, 36, 50, 60, 61, 99, 102, 103, 111, 114, 116, 117, 118, 121, 124, 125, 147, 156, 180, 181, 188
ファラン……155, 156, 157, 158
フエ……163, 166
フォールコン、コンスタンス……139
布教……9, 12, 27, 36, 38, 45, 74, 83, 163, 164, 188
福音……47, 48, 54, 57, 80
副王……13, 39, 40, 131
福沢諭吉……186
不敬罪……10
布告……28, 67, 68, 83, 95, 153, 154, 155, 156, 157, 158, 174, 189
婦人……9, 10
　婦人宣教師……36, 38
仏教……14, 20, 27, 28, 34, 40, 41, 45, 47, 48, 49, 50, 51, 52, 53, 54, 56, 57, 84, 114, 161, 186, 188, 189
　仏教国……82
　仏教改革運動……82
　仏教徒……26, 27, 28, 38, 41, 45, 56, 57, 83, 187, 189, 191
　仏教研究……53, 186
　仏教体系……55, 56
　タイ仏教……56, 57
　仏教教団……56
福建……23, 76, 87
復古
　復古主義……53
　復古的……53
ブッダ……40, 53, 56
仏典……12, 18, 20, 40, 41, 53
舟……156
　櫓舟……156
　櫂舟……156
プノンペン……160
普仏戦争……173
普遍……41
　普遍化……176
　普遍主義……185
ブライト、J.……129
プラクラン、プラヤー……79　→港務長官
プラチョムクラオ……76　→モンクット
ブラッドレー、D.B.……17, 37, 39, 46, 59, 62, 84, 85, 86, 169
　モー・ブラットレー……37
プラピンクラオ……31, 76, 87, 102, 119, 131, 175
プラプッタバート（仏足跡寺）……30
フランス……16, 27, 29, 32, 45, 65, 74, 75, 77, 78, 79, 81, 87, 88, 96, 97, 121, 129, 130, 131, 138, 139, 146, 147, 148, 149, 150, 151, 153, 154, 155, 160, 161, 162, 163, 164, 165, 166, 167, 169, 170, 173, 174, 176, 178, 180, 181, 182, 183, 187, 188, 191
　フランス人……26, 27, 29, 32, 77, 78, 129, 139, 150, 160, 161, 162, 163, 191
　フランス語……17, 34, 77, 150, 169
　フランス皇帝……74, 103, 135, 148, 149, 150, 151, 152, 178, 180, 183
　フランス使節……21, 57, 77, 149, 152, 163
　フランス駐在大使……64, 103, 136
　フランス領事……74, 78, 88, 161, 163, 177, 178
　フランス東インド会社……139
ブリタニカ百科事典……141
武力……50, 122, 127, 128, 129, 131, 164
　武力行使……128
プリンス・オブ・ウェールズ島……73　→ペナン
ブルック、ジェームズ……71, 72
ブルボン王朝……149
プレジデント……155
プレスビテリアン……85
　長老教会派……51, 188
プロイセン……177, 183
プロテスタント……36, 37, 38, 46, 56, 57, 58, 80, 81, 83, 85, 186
ブーローニュ……150, 151
フローラン神父……30, 31
文書……17, 32, 45, 46, 69, 85, 105, 110, 123, 128, 131
ブンナーク一族……47, 49, 119　→チュアン・ブンナーク、カム・ブンナーク

皆既日蝕……32, 189, 190, 191, 192
日本……9, 13, 14, 36, 59, 61, 65, 73, 78, 93, 133, 147, 170, 173, 174, 175, 176, 177
日本史……23
日本人……26
ニュース……124, 143, 150, 151
ニューロード（チャルーンクルン通り）……65, 156
寧波……74
年代記……34, 102, 118, 189, 191, 192
農民……29
ノックス、T.G.……182, 183, 184, 185
ノロドム……164, 165
ノンタブリー……16, 27, 30

は行

拝謁……82, 149, 179
排外主義……27, 139
ハウス、S.……45, 51, 53, 77, 81, 83, 84
バウリング、J.……21, 56, 57, 71, 72, 73, 75, 76, 77, 86, 87, 93, 94, 95, 96, 98, 99, 100, 102, 103, 105, 110, 119, 120, 123, 124, 125, 126, 127, 128, 129, 130, 133, 135, 136, 138, 146, 147, 150, 154, 156, 168, 173, 174, 175, 176, 183, 184, 185, 187
バウリング条約……75, 76, 77, 93, 95, 96, 98, 103, 119, 130, 135, 136, 138, 147, 154, 156, 173, 175
博愛主義者……187
迫害……26, 163, 164
白人……13, 155, 184
「白人の重荷」……12
パークス、H.……127, 128, 129, 130, 136, 138, 175, 176
白象……14, 15
幕末……147, 175, 177
派遣……27, 36, 37, 40, 51, 61, 62, 71, 73, 74, 75, 82, 104, 116, 119, 120, 121, 124, 125, 130, 136, 138, 141, 146, 148, 149, 154, 162, 163, 166, 173, 174, 176, 177, 178, 180, 182, 191
バターウォース総督……59, 71, 73, 123, 124, 151
バチカン……88　→ヴァティカン
「八正道」……54
バッタンバン……160, 166, 167
バーネイ、H.……61, 62, 70, 93, 96, 114, 147, 169
バーネイ協定……61, 62, 70, 93, 96, 114, 147
派閥……160
バプテスト……36, 51, 85
パーマストン首相……128, 129, 130
パリ……29, 45, 65, 78, 79, 148, 149, 150, 151, 166, 169, 170, 173, 178, 180, 182, 184, 191
パリ外国宣教会……26, 29, 74, 139
パーリ語……12, 18, 20, 21, 31, 32, 34, 40, 41, 45, 46, 53, 57, 114, 191
ハリス、T.……45, 47, 76, 77, 79, 86, 102, 120, 175, 176
ハリス条約……77
パリ万博……65, 151, 170
パルゴア、J-P……16, 17, 28, 29, 30, 31, 32, 34, 36, 39, 41, 44, 45, 46, 54, 56, 57, 58, 74, 75, 77, 78, 79, 80, 81, 82, 88, 89, 95, 98, 105, 147, 152, 162, 163, 168, 169, 186, 187, 189, 192
ハワイ……177, 183, 184
バンコク……21, 27, 28, 30, 31, 32, 36, 37, 39, 40, 45, 47, 61, 62, 65, 71, 72, 73, 74, 76, 78, 79, 85, 86, 87, 88, 89, 95, 98, 104, 110, 113, 114, 116, 117, 119, 120, 125, 126, 131, 134, 138, 139, 148, 149, 150, 152, 154, 156, 157, 160, 161, 164, 165, 166, 169, 174, 175, 178, 180, 182, 188, 191
バンコク王朝……11, 17, 93, 110, 117, 118, 119, 121, 122, 131
「万国公法」……177
万国博覧会……151
万国博……65
万博……151, 170
反乱……47, 143, 161
ピアス、F.……45, 81, 175
ピアス大統領……45, 175
ピオ九世……65, 81, 88, 186, 188
東アジア……96, 173, 177
ビク……14, 15, 18, 20, 51, 56, 83, 86, 87
比丘……14
僧……12, 13, 14, 17, 20, 21, 31, 38, 39, 41, 44, 79, 83, 93, 114, 119, 168, 188, 189, 192
非公式帝国……96

テナセリム……15, 60, 114, 115, 116
デルタ……164
　下部デルタ……98
　新デルタ……98
　古デルタ……98
天津……130, 131
　天津条約……131
電信……184
伝説……150, 169
伝統……12, 18, 47, 70, 82, 96, 119, 129, 153, 188
　伝統的……12, 34, 40, 50, 65, 70, 119, 122, 165, 166, 167, 191
伝道……17, 29, 30, 31, 36, 37, 45, 49, 80, 82, 83, 88
　伝道者……88
天然痘……37
天文学……32, 50, 86, 105, 189, 191
ドイツ……36, 104, 177
　ドイツ語……53, 59
登位……13, 16, 17, 21, 31, 32, 59, 64, 68, 74, 123, 131, 147, 148
東西海上交易……23
統治……16, 58, 64, 114, 122, 154, 155, 178, 188
道徳……12, 48, 50, 84, 189
トゥドゥク（嗣徳）帝……163
東南アジア……14, 74, 96
　東南アジア大陸部……118
　東南アジア島嶼部……23
動物……55, 182
東洋……9, 106, 129, 133, 150, 174, 176
　東洋的……83
道路……20, 65, 68, 117, 156
　道路建設……156, 157
徳川幕府……12
徳川慶喜……170
独占貿易……96
　王室独占貿易……75
得度……13
　得度式……15, 18, 56
　再得度……20
特命全権
　特命全権公使……125, 177, 183
　特命全権使節……184
独立国……161
土地……26, 83, 98, 99, 117, 156, 157
ドーバー（海峡）……148, 150
トマス神父……27
ド・モンティニー……21, 74, 75, 133, 148, 149, 152, 154, 158, 159, 160, 161, 162, 163, 167, 170, 182
ド・モンティニー条約……77
『トライ・プーム（三界経）』……52, 56, 102
トラクト……38, 83
ド・ラグレ……75, 181
ド・ラ・ルベール……57
奴隷……58, 157, 161
　奴隷制……58, 59, 157, 158
トレンガヌ……131
トンキン……75
トンチャイ、ウィニッチャクーン……99, 102, 103, 161, 166, 167
トンブリー王朝……28, 116
　トンブリー朝……93, 119

な行

ナイト
　ナイト爵……104, 138
内陸……105, 116
　内陸部……98, 162
ナポレオン一世……149, 169
　ナポレオン・ボナパルト……168, 170
ナポレオン三世……74, 75, 77, 80, 81, 103, 130, 135, 147, 148, 149, 150, 151, 152, 153, 154, 158, 161, 168, 169, 170, 173, 177, 179, 188
　ルイ・ナポレオン……75, 148, 149
ナポレオン戦争……169
ナーラーイ王……27, 34, 74, 138, 139, 141, 149
　プラ・ナーラーイ……26
ナーン……30, 31, 118, 120
　ムアン・ナーン……30, 31
「南方」……102
西アジア……23
日米修好通商条約……176
日米和親条約……174
日記……45, 48, 49, 53, 79, 86, 176
日蝕……81, 86, 189, 191

ターク……28, 110, 113
タークシン……28, 116, 118, 119
ダゲレオタイプ……78, 79, 141
タート（不自由民）……157, 158
「タートの解放」……158
ダナン……164
ダブルスタンダード……153
ダムロン親王……13, 16, 17, 21, 81
タン・キム・チェン（陳金鐘）……86, 87, 134
タンマ……53
タンマユット派……15
タマユット……53
地域……12, 23, 31, 47, 96, 98, 99, 102, 114, 116, 117, 119, 122, 137, 138, 146, 153, 173, 180, 182, 188
チェーサダーボディン……16, 17, 169 →ラーマ三世
チェンセーン……111, 113, 120
チェントゥン（ケントゥン）……117, 118, 119, 120, 121, 122, 124
「チェントゥン戦争」……117, 118, 121, 122, 124, 125
チェンマイ……99, 101, 105, 110, 111, 114, 117, 118, 119, 120, 122, 161, 188
治外法権……72
治外法権的……16
地球……136, 138
チーク……181
チーク材……181
チーク林……181
知識……18, 27, 32, 34, 44, 56, 58, 60, 64, 76, 88, 127, 137, 141, 152, 161, 169, 178, 184, 185, 187, 189, 191
知識人……10, 16, 32, 34, 38, 48, 53, 57, 186
地図……87, 88, 99, 100, 102, 103, 104, 111
地方……15, 20, 28, 54, 60, 64, 87, 105, 110, 116, 161
チャオファーヤイ……52 →モンクット
チャオプラヤー河……18, 23, 30, 68, 89, 96, 98, 110, 116, 136
メナム河……23
チャクリー……28, 116, 119
チャクリー王朝……10, 12, 13, 28, 116
バンコク王朝……11, 17, 93, 110, 117, 118, 119, 121, 122, 131
ラタナコーシン朝……11, 13, 189
現王朝……12
チュアン・ブンナーク……47
中央集権的……163
中国……23, 26, 48, 57, 60, 61, 65, 68, 69, 70, 71, 82, 116, 118, 127, 128, 129, 130, 131, 133, 134, 135, 136, 137, 138, 146, 147, 163, 174, 176, 177, 188
中国人……60, 69, 87, 93, 114, 127, 128, 129, 134, 135, 146, 155, 177
中部……98
中部タイ……47, 98
中部平原……99
駐留……139, 160
駐留軍……160
チュターマニー……31, 46, 47, 62, 131 →プラピンクラオ
チュラーロンコーン……37, 49, 86, 87, 96, 97, 131, 132, 133, 192 →ラーマ五世
調印……151, 152, 164, 175, 177, 180, 184
朝貢……69, 70, 71, 131, 146
朝貢国……26, 54, 125
朝貢体制……70
朝貢貿易……70, 71
地理……34, 39, 54
地理学……50, 104, 105
地理的……99, 182
「地理的身体（geo-body）」……103
チンダーマニー……34, 39
通過儀礼……14
通商……70, 75, 76, 93, 95, 96, 114, 129, 133, 135, 149, 151, 153, 161, 162, 163, 173, 174, 175, 176, 177, 183, 184
通訳……74, 77, 147, 152, 169, 178
帝国……59, 76, 93, 96, 104, 121, 124, 126, 129, 130, 136, 137, 162, 180
ティパコーラウォン……48, 49, 51, 102 →カム・ブンナーク
テキスト……76, 77
哲学……52, 129
鉄道……20, 98

世界……11, 12, 16, 39, 40, 45, 50, 64, 65, 70, 78, 96, 102, 135, 136, 137, 139, 146, 149, 151, 167, 177, 182, 185, 187, 188, 189
世界市場……93, 96
世界史……12, 96, 177
世界的……10, 148
世界史的状況……173, 176
世界観……10, 189
世界情勢……10, 15, 58
世界の一体化……12
石版印刷……21, 49, 51, 124
世俗……14, 27, 29, 45, 48, 185
絶対君主……96, 188
絶対権力……82
前宮……133
「前宮事件」……133
宣教……26, 28, 29, 30, 36, 49, 55, 74, 85, 139, 163
宣教師……9, 26, 27, 29, 36, 37, 38, 39, 45, 46, 47, 48, 49, 50, 51, 52, 54, 56, 57, 58, 74, 77, 80, 83, 84, 85, 86, 87, 110, 139, 161, 162, 186
宣教史……55
前近代……167
禅定……18, 20
全権……38, 45, 71, 73, 76, 86, 93, 119, 125, 126, 130, 152, 177, 183, 184
先進国……65, 137, 146
先進諸国……11, 12, 32
戦争……15, 55, 60, 62, 114, 116, 117, 118, 119, 120, 121, 122, 124, 125, 127, 128, 129, 130, 131, 134, 150, 169, 173, 174, 176, 183
戦争捕虜……157
戦闘……125
セント=ヘレナ
セント=ヘレナ島……169
『セント=ヘレナ回想録』……169
象……13, 14, 15, 110, 111, 114, 117, 121, 170
象牙……161, 181
騎象術……12
僧……12, 13, 14, 17, 20, 21, 31, 38, 39, 41, 44, 79, 83, 93, 114, 119, 168, 188, 189, 192
僧院……14, 16, 18, 64
僧侶……14, 18, 37, 40, 48, 55, 56, 191
僧団……16
「ソーカン」……13
宗主……47, 119, 122, 161, 162, 163, 165, 166
宗主権……61, 165, 181
総選挙……129
創造神……45, 54, 56
即位……17, 37, 47, 62, 64, 69, 71, 93, 97, 119, 139, 161
即位式……123, 165
側室……16, 85
属国……99, 125

た行

第一次サイゴン条約……164
大英帝国……76, 93, 126, 136
タイ系……117, 118
タイ語……11, 18, 21, 28, 32, 34, 37, 39, 40, 41, 53, 69, 74, 76, 77, 79, 83, 85, 131, 134, 137, 152, 177, 187
タイ国……11, 31, 41, 98, 99, 103, 111, 122, 153
大国……58, 65, 131, 137, 149, 153, 154, 157, 181
大使……64, 71, 73, 78, 88, 103, 136, 143, 145, 176
大衆……38, 129, 187
タイ人……10, 26, 34, 36, 37, 38, 46, 47, 48, 49, 55, 56, 80, 81, 84, 85, 102, 119, 188
大臣……27, 89, 105, 124, 127, 138, 147, 149, 157
『タイすなわちシャム王国誌』……31, 54
大西洋……148
タイ族……55
「大タイ主義」……122
大統領……45, 46, 75, 81, 148, 175
プレジデント……155
第二王……31, 62, 102, 119, 131, 175　→プラピンクラオ
第二帝政……148
太平天国……71
太平洋……122, 176
大砲……23, 26, 37, 120, 152
太陽……129, 131, 136, 137, 189, 191
タイ湾……23, 87, 88　→シャム湾
タウングー朝……99

植物学者……38
植民地……73, 96, 104, 114, 121, 123, 127, 178, 182, 191
植民地主義……50, 60
植民地化……15, 50, 60, 103, 147, 164, 168, 177, 182, 185, 186
植民地支配……167
コロニー……180
植民地勢力……15, 178
女性……26, 59, 85, 87, 158, 160, 180
署名……32, 33, 73, 159, 160, 164, 166
ジョーンズ夫人……36, 38, 85
ショーンバーグ、R.……87, 89, 104, 105, 106, 107, 110, 111, 122, 127, 131, 138, 146, 183, 188
白い膚……155
膚の白い……155
神学……26, 29
神学校……26, 29, 74
シンガポール……23, 30, 37, 48, 49, 58, 62, 71, 73, 74, 86, 87, 123, 127, 128, 134, 161, 162, 165, 180, 191
信仰……16, 23, 45, 51, 53, 54, 56, 185, 186, 187, 188
信仰の自由……26
信仰普及協会……16, 45
親書……73, 95, 103, 104, 123, 135, 136, 137, 141, 143, 146, 147, 149, 152, 158, 175, 177, 187, 188
人身売買……58, 157
人身隷属関係……158
清朝……71, 116, 127, 130, 131, 138, 146
清国……173, 176
人的
人的関係……126, 155
人的連鎖……155
人的管理制度……158
神父……27, 28, 30, 31, 32, 38, 54, 58, 74, 75, 77, 79, 80, 82, 88, 89, 139, 152, 162, 178, 186
新聞……48, 49, 58, 59, 129, 143, 150, 169
臣民……95, 134, 152, 154, 155, 156, 157, 189
侵略……28, 30, 164
森林物産……152, 161
スイス……183
水田……98
スウェーデン・ノルウェー……184
スコータイ……20, 21, 52
スコットランド……11
スタンリ、E.H.
スタンリ卿……183
スタンリ外相……183
ストレーツ・タイムズ……62, 65, 166
スパイ
スパイ行為……160
スパイ事件……167
スペイン……13, 164
スラウォンワイワット、プラヤー……178, 180
スリランカ……40, 41, 114
西欧……12, 18, 51, 53, 85, 86
生活圏……102
正義……129, 146, 189
政策……12, 62, 118, 120, 129, 161, 163, 167, 173, 188
生産物……11, 70
政治……16, 28, 48, 56, 59, 61, 84, 119, 166, 167, 170, 177, 178, 184, 186
政治家……88
政治的……16, 59, 88, 96, 150
聖書……36, 40, 44, 45, 50, 51
聖職者……38, 39, 80, 186
政体……99, 118
正統……17, 151
正統的……167
政府……36, 55, 73, 74, 76, 84, 87, 103, 125, 129, 133, 134, 137, 146, 163, 164, 166, 167, 176, 177, 184, 191
征服……168
征服欲……170
西洋……52, 58, 68, 93, 95, 122, 125, 128, 133, 137, 155, 173, 176, 178, 185
西洋医学……46, 120
西洋式……102
西洋科学……62
西洋諸国……62, 102, 125
西洋人……17, 52, 62, 65, 86, 102, 120, 131, 156, 157, 167, 185, 191
セヴァストポリ要塞……150

上海……74
自由……12, 59, 62, 74, 83, 88, 95, 96, 120, 129, 130, 151, 164, 176, 189
自由な……95, 158
信教の自由……133, 163, 189
信仰の自由……26
宣教の自由……163
宗教……20, 26, 31, 38, 44, 47, 50, 51, 52, 53, 56, 57, 80, 82, 83, 84, 85, 129, 153, 161, 186, 188, 189
宗教者……38, 80, 82, 186
宗教生活……20
宗教書……44, 52
修好……75, 76, 93, 96, 135, 139, 149, 153, 162, 176, 177, 183, 184
住職……18, 21, 39, 40, 41, 51, 83
習俗……152
修道院……29
一七世紀……34, 57, 74, 93, 139, 148
一八世紀……11, 15, 28, 47, 93, 116, 137, 156, 160, 184
一九世紀……15, 23, 28, 31, 47, 56, 59, 93, 96, 98, 102, 103, 111, 137, 181, 185, 188
自由貿易……96, 129, 130, 176
自由貿易主義……95, 129, 151
「自由貿易帝国主義」……96, 129, 130
シュヴァリエ、M.……151
修行……18, 20, 29
儒教……163
主権……167
主権者……167, 168
手写……34, 155
種族……153
出家……13, 14, 15, 18, 38, 39, 62, 86, 169, 186
出家者……14, 16, 38
一時出家者……14
首都……20, 23, 26, 28, 30, 37, 54, 64, 65, 76, 104, 131, 150, 161
蒸気機関……11
蒸気船……61, 68, 73, 114, 116, 181, 191
商業……55, 117, 133, 141, 156, 157, 181
商業都市……117, 156
小国……64, 99, 103, 117, 150, 161, 176
上座仏教……14, 114
小説……9, 10
肖像……143
肖像写真……32, 79, 80, 81, 141, 149
商人……71, 72, 75, 87, 95, 96, 114, 134, 135, 146, 157, 177
商人王……139
商品……95, 157, 181
城壁……120, 121, 156
情報……51, 57, 77, 87, 93, 99, 121, 124, 128, 164, 173, 174
条約……13, 38, 62, 72, 73, 74, 75, 76, 77, 78, 86, 88, 93, 95, 96, 104, 110, 114, 123, 126, 127, 130, 133, 135, 136, 147, 150, 152, 153, 154, 155, 156, 157, 162, 164, 165, 166, 175, 176, 177, 178, 180, 181, 183, 184
安政の五ヵ国条約……176
英仏通商条約（コブデン・シュヴァリエ条約）……151
オーバレ条約……166
虎門寨追加条約……127
シャム=カンボジア条約……165, 166
シャム=仏条約……88
新シャム=フランス条約……180
第一次サイゴン条約……164
天津条約……131
ド・モンティニー条約……77
日米修好通商条約……176
日米和親条約……174
バウリング条約……75, 76, 77, 93, 95, 96, 98, 103, 119, 130, 135, 136, 138, 147, 154, 156, 173, 175
ハリス（シャム=米修好通商）条約……76, 77
北京条約……131
ヤンダボ条約……116
ロンドン条約……183
書簡……9, 31, 32, 45, 46, 49, 53, 57, 59, 64, 65, 69, 71, 72, 73, 74, 77, 78, 79, 83, 87, 88, 89, 102, 103, 105, 107, 114, 123, 124, 125, 126, 127, 130, 133, 135, 138, 149, 150, 154, 159, 160, 161, 162, 165, 168, 173, 177, 180, 181, 182, 183, 184, 185, 187
植物学……105

サルウィン河……111, 181
ザロン（嘉隆）帝……163
『三印法典』……26, 27, 39
サンガ……16, 20, 41, 56
　僧団……16
　仏教教団……56
サンカラート（法王）……56
山間盆地……99, 118
　盆地……120
産業革命……10, 11, 12, 15
産業社会……151
「三蔵経」……34, 40
私
　私的な……72, 87, 105, 123, 124, 126, 133
寺院……14, 17, 18, 39, 52, 61, 68, 83, 111, 168, 169, 188
シエムリアップ……166, 167
鹿革……26
事件……14, 47, 71, 126, 127, 128, 129, 131, 133, 148, 167, 174, 175, 176, 188
辞書……34, 39, 44, 45, 46, 79, 127
市場……11, 15, 93, 96, 98, 173, 175
私信……72, 73, 122, 124
シースリヤウォン……46, 131, 133, 167, 174, 178
　→チュアン・ブンナーク
使節……21, 26, 27, 40, 45, 47, 56, 57, 62, 70, 71, 73, 76, 77, 81, 86, 93, 102, 114, 120, 126, 131, 133, 135, 136, 138, 139, 140, 141, 143, 144, 148, 149, 150, 152, 154, 155, 158, 160, 163, 166, 169, 173, 175, 178, 179, 180, 182, 183, 184, 187, 188
　使節団……72, 139, 141, 148, 177, 178, 180
自然法主義……185
思想……10, 44, 51, 53, 54, 86, 150, 158, 186, 188
　思想状況……53
時代……9, 10, 12, 16, 17, 18, 20, 26, 34, 37, 41, 46, 47, 60, 62, 68, 74, 86, 87, 93, 94, 96, 117, 118, 119, 138, 139, 141, 147, 149, 167, 185, 186, 192
実定法主義……185
「シナインド」……133, 137, 138, 141, 143, 146
支配……15, 64, 82, 102, 114, 116, 117, 119, 134, 146, 154, 155, 161, 165, 167, 176, 178, 180
　実効支配……153
シパーヒーの反乱……143
慈悲……124, 136, 154
シプソンパンナー……118
資本家……61, 151
島津斉彬……78
社会……37, 56, 88, 98, 117, 125, 150, 151, 166, 167, 188
写真……32, 78, 79, 80, 81, 83, 94, 141, 149, 170, 173
ジャータカ……56
ジャーナリスト……141
ジャーナリズム……129
写本……27, 34, 40
沙弥……13, 18
シャム……9, 10, 11, 12, 15, 16, 17, 18, 20, 21, 23, 26, 27, 28, 29, 30, 31, 32, 34, 35, 36, 37, 38, 39, 40, 41, 46, 47, 48, 49, 50, 51, 52, 53, 54, 55, 56, 57, 58, 59, 60, 61, 62, 64, 65, 67, 68, 69, 70, 71, 72, 73, 74, 75, 76, 77, 78, 79, 80, 82, 83, 84, 86, 87, 88, 93, 96, 98, 99, 100, 102, 103, 105, 110, 111, 113, 114, 116, 117, 118, 119, 120, 121, 122, 123, 124, 125, 126, 127, 130, 133, 134, 135, 136, 137, 138, 139, 140, 141, 143, 144, 145, 146, 147, 148, 149, 150, 151, 152, 153, 154, 155, 156, 157, 158, 160, 161, 162, 163, 164, 165, 166, 167, 169, 170, 172, 174, 175, 176, 177, 178, 179, 180, 181, 182, 183, 184, 185, 186, 187, 189, 192
　シャム国民……84
　シャム王国……29, 31, 54, 76, 84, 93, 152, 189
　シャム王……9, 26, 31, 32, 76, 77, 86, 110, 124, 125, 134, 135, 139, 142, 143, 149, 150, 152, 162, 164, 165, 167, 185, 187, 188, 189
シャム語……34, 35, 76, 77, 79, 177　→タイ語
『シャム語文法』……34, 35
シャム湾……126, 155, 162
ジャンク
　ジャンク船……61, 162
　ジャンク貿易……61
シャン州……117
シャンゼリゼ通り……151

116, 139, 141, 156, 161, 162
交易港……15, 93
工学……141
高官……15, 16, 38, 62, 71, 72, 79, 89, 105, 124, 152, 160, 175, 191
工業……151
工業化……151
攻撃……44, 48, 54, 118, 119, 120, 121, 124, 127, 128, 156, 160, 164, 183, 186
鉱山……157
港市……15, 23
港市国家……93
広州……48, 127, 130
交渉……26, 47, 61, 62, 71, 74, 75, 77, 86, 93, 114, 119, 120, 125, 130, 131, 147, 149, 150, 151, 152, 157, 162, 163, 166, 167, 173, 174, 175, 177, 178, 180, 184, 188
工場……59, 61, 141
交信……125, 126, 136
高僧……12, 20, 21, 83
交通……65, 117, 154, 156
交通路……117, 156
皇帝……69, 70, 75, 80, 116, 131, 134, 143, 148, 150, 152, 168, 169, 170, 184
フランス皇帝……74, 103, 135, 148, 149, 150, 151, 152, 178, 180, 183
ムガル皇帝……143
エンペラー……180, 181
購入……51, 64, 68, 79, 82, 95, 156, 157
港務長官……27, 48
合理
合理性……51, 186
合理主義……53, 54, 178
合理主義思想……53
近代的合理主義精神……54
国際……122, 141, 166, 173
国際社会……125, 166, 167
国際情勢……16
国際政治……170, 186
国際経済……70
国際貿易……75
国際人……87
国際平和……129
国際法……75, 93, 134, 166, 177, 185
近代国際法……75, 93
国書……148
国内……9, 10, 65, 82, 95, 96, 99, 133, 147, 153, 154, 156, 164, 191
国民……84, 99, 129, 151
穀物法……95, 96
御座船……136, 151
コーチシナ……124, 133, 164, 165, 168, 174
国家……16, 18, 47, 58, 64, 93, 99, 117, 118, 122, 136, 139, 163, 167
国家統一……23
国旗……127
国境……99, 153, 166
国境線……103, 166
近代的国境……103, 166
コブデン、R.……95, 128, 129, 151
コムポート……160, 161
コーム……124
米
米の輸出……72, 87
米輸出……96
ライス・ビジネス……87
米作……98
コメ……23
余剰米……23
コレラ……37
コンセプシオン……23, 30
コンセプシオン教会……24, 25, 32, 89
コンバウン（王）朝……28, 116, 121

さ行

サイゴン……164, 178, 180
犀角……161, 181
財務……16, 79
債務奴隷……157, 158
鎖国……10, 12, 61, 62, 93, 139
鎖国政策……12
砂糖……161
砂糖キビ……60
サーマネーラ……13, 14
沙弥……13, 18
少年僧……13

喜望峰……148
キャラバン……111, 114
宮廷……27, 47, 86, 138, 160, 169
ギュツラフ……36, 37, 48
教育……9, 13, 40, 85
　教育的……151
境界……103, 104, 110, 111, 113, 137, 166, 167
　境界地帯……104
行政……16, 54, 56
協定……61, 62, 70, 71, 93, 96, 114, 147, 161, 162, 175
経典……20, 41, 45, 53
　経典学習……20
教養……32, 186
ギリシア人……139
キリシタン……26
キリスト・イエス……45, 168
キリスト教……9, 12, 27, 28, 36, 40, 44, 45, 49, 50, 51, 52, 53, 54, 57, 83, 84, 85, 86, 87, 93, 140, 163, 164, 182, 184, 185, 186, 187, 188
　キリスト教徒……27, 38, 86, 105, 129, 164, 185, 187
金
　金銀……151, 156
　金鉱……64
　金葉……13, 69
　金葉表……69
銀……66, 67, 79, 141, 143, 151, 156, 157, 191
欽賜名……15, 134, 182
金銭
　金銭関係……158
　金銭的……81, 158
近代
　近代科学……32, 38, 80, 186, 189
　近代国際法……75, 93
　近代史……75, 96, 98
　近代以前……102
　近代地理学……104
　近代兵器……116
　近代国際政治……166
　前近代……167
　近代国家……18
　近代思想……51
近代化……16, 46, 167
　近代化過程……37
近代的
　近代的合理主義精神……54
　近代的国境……103, 166
　近代的政治形態……167
　近代的領土……167
近隣諸国……50, 124, 152
空間……102
グエン（阮）朝……160, 163, 164
功徳……14
クラレンドン伯爵……105, 138
　クラレンドン外相……174
クリミア戦争……129, 150, 174
クルング……76
グロ男爵……176
クローファード、J.……169
黒船……12, 73, 155
クロム・マハートレック（宮内官局）……14
クロム・メンプーン（大砲義勇隊）……23, 26
クーン……124
軍艦……64, 65, 72, 73, 116, 131, 148, 152, 155, 157, 188
軍事行動……125, 128
君主……10, 45, 59, 80, 96, 122, 135, 136, 137, 139, 150, 151, 154, 170, 176, 188
　大君主……135, 136, 149, 187
勲章……170, 172, 173
軍隊……114, 125, 130, 133, 139
経済……15, 60, 70, 93, 96, 98, 119, 139
　経済学者……151
芸術……50, 55, 141
外科手術……37
言語……47, 53, 55, 76, 84, 110, 117, 147, 153, 189
還俗……14, 20, 62, 192
現地……99, 105, 110, 114, 118, 120, 127, 128, 129, 164, 167, 188
原料……11, 15
権力……17, 75, 82, 96, 119, 136, 167
公
　公的な……17, 123, 124, 126
交易……23, 26, 60, 61, 70, 71, 74, 75, 93, 95,

王朝年代記……102, 118, 192
王都……27, 93, 98, 99, 119, 156, 162
王妃……12, 62, 80, 81, 86, 159, 160, 192
欧米……10, 38, 44, 46, 47, 48, 49, 52, 58, 59, 62, 65, 70, 78, 87, 103, 114, 117, 129, 137, 146, 176, 185
王務……155
オーバレ、G.……166, 167, 177, 178
「オーバレ条約」……166
オランダ……138, 147, 149, 176, 183
オランダ人……26, 148

か行

海王星……87
改革……18, 65, 133
改革運動……53, 82
海峡植民地……73, 191
海軍……55, 73, 75, 127, 130, 164, 174
外交……58, 61, 75, 81, 93, 116, 131, 135, 137, 139, 146, 148, 156
外交官……78, 104, 110, 176
外交交渉……47, 125, 147
「自主外交」……114, 161
砲艦外交……104, 131
開国……10, 61, 62, 70, 93, 95, 98, 117, 118, 174
外国……21, 26, 29, 36, 57, 64, 65, 70, 72, 74, 99, 139, 153, 157
外国人……34, 61, 86, 95, 155, 156, 158
改宗……28, 36, 83, 84, 139, 188
改宗者……36, 188
海賊……127
外部……99, 153, 185
開明派……72
開明君主……80
外務……16, 79
外務大臣……105, 138
外相……74, 148, 149, 174, 183
外務省……74, 133, 174
戒律……29, 40, 41, 54
改良……40, 152, 153
カーウィローロット王……110, 188
科学……18, 38, 47, 50, 52, 54, 62, 78, 84, 105, 141, 191
近代科学……32, 38, 80, 186, 189
自然科学……86, 88
革新……53
革新運動……53
核心域……155
革命……11, 12, 15, 27, 96, 98, 122, 139, 147, 149
革命的……10
家産官僚……14, 75, 96
華人……28, 36, 37, 60, 70, 75, 96, 156→中国人
カズウェル、J.……46, 47, 51, 57, 81, 83, 84
価値……34, 79, 181
価値意識……188
価値観……163
活字……37, 38, 41
家庭教師……9, 58, 59, 86
カトリック……23, 26, 27, 28, 30, 38, 45, 54, 74, 80, 82, 83, 88, 89, 139, 163, 186, 188
カナダ……130
カム・ブンナーク……49
ガルニエ、F.……74, 75
カレー……148, 149, 150
官位……15, 26, 182, 184
ガンジス河……180, 181
慣習……17, 40, 82, 86, 123, 133, 134, 146, 153, 155, 158, 177, 178, 180
官人……161
艦隊……73, 130, 150, 164, 173, 175
広東欽差大臣……127
官報……68, 69, 155
カンボジア……14, 153, 158, 160, 161, 162, 163, 164, 165, 166, 167, 168, 173, 178, 180, 181, 183
管理貿易……60, 95
独占貿易……75, 96　→王室独占貿易
官僚……26, 77, 161, 167, 191
家産官僚……14, 75, 96
議会……75, 128, 129, 146
記事……30, 59, 84, 85, 143, 151
技術……27, 38, 40, 78, 79, 80, 81, 93, 186
貴族……15, 71, 77, 80, 89, 119, 127
北タイ……47, 87, 105, 110, 114
『キッチャーヌキット』……49, 51
絹……129, 141, 181

150, 151
「医療伝道」……36
因果応報……52
印刷……38, 39, 40, 41, 42, 49, 51, 68, 124, 155
印刷機……37, 51
印刷術……34, 37
印刷物……47, 124
近代印刷術……37
近代的活字印刷……38
印璽……152
インド……11, 15, 23, 41, 57, 103, 116, 121, 130, 135, 136, 143, 174, 176
インド洋……23, 175
インドシナ……26
ヴァティカン
ヴァティカン公会議……188
ウィエンチャン……47, 115, 118
ヴィクトリア女王……73, 81, 93, 95, 104, 105, 135, 136, 137, 141, 142, 143, 146, 149, 150, 175
ヴィクトリア朝……9, 11, 143
ウィチャイチャーン……131, 133
ウィンザー城……143
ヴェラ、ウォルター……12, 13
ヴェルサイユ宮殿……139
ヴォルテール……139
ウォンサーティラートサニット親王……46, 105, 107, 119, 120, 121, 122, 125, 138, 160, 175
ウージェニー皇妃……149, 150, 179
宇宙観……12, 102
ウドン……161, 162, 164, 165
馬……65, 114, 151, 156, 191
馬車……151, 156
騎馬術……12, 13
騎馬像……97
運河……65, 98, 116, 117
灌漑用運河……98
雲南……74, 114, 118, 181
映画……9, 10
英国……9, 10, 11, 15, 36, 49, 51, 56, 58, 60, 61, 62, 64, 70, 71, 72, 73, 74, 76, 77, 87, 137, 146, 147, 173, 175　→イギリス
英国人……9, 36, 64, 72
英語……11, 34, 44, 45, 46, 47, 48, 50, 53, 57, 61, 62, 65, 67, 76, 77, 78, 79, 83, 84, 85, 87, 127, 135, 137, 138, 146, 147, 150, 152, 161, 165, 168, 169, 177, 180, 187
英文……32, 46, 58, 59, 77, 123, 127
英字紙……128, 165
英仏通商条約（コブデン・シュヴァリエ条約）……151
英緬（イギリス=ビルマ）戦争
第一次英緬戦争……15, 60, 114, 116
第二次英国=ビルマ戦争……116, 121
第三次イギリス=ビルマ戦争……121
英領ギアナ……104
英領西インド諸島……104
謁見……47, 71, 75, 143, 144, 148, 149, 152, 162, 169, 175, 177, 183, 184
江戸幕府……148, 170
エーヤワディー河……180, 181
エリート……34, 46, 93, 102, 146, 153, 158, 167
エルギン伯……130, 176
エンゲルス……59, 61
遠征……116, 118, 125, 130, 131, 174, 177
オイレンブルク伯爵……177
王位……16, 17, 18, 27, 28, 58, 62, 71, 83, 85, 116, 118, 131, 148, 161
王宮……9, 14, 18, 37, 64, 65, 68, 82, 85, 86, 89, 121, 124, 133, 136, 160, 161, 162, 164
王権……17, 96, 116, 120, 188, 189
王侯貴族……127
王国……17, 23, 28, 29, 31, 47, 54, 64, 76, 84, 93, 95, 98, 99, 103, 104, 121, 123, 124, 125, 131, 152, 155, 181, 183, 189
「王様と私」……9, 10, 11
王子……9, 12, 13, 18, 31, 58, 59, 121, 132, 161, 192
王室……11, 37, 60, 78, 85, 96
王室船……68, 89
王室独占貿易……75
王族……13, 15, 16, 71, 77, 79, 80, 89, 105, 110, 119, 121, 169, 191
王朝……10, 11, 12, 13, 17, 28, 30, 93, 96, 110, 116, 117, 118, 119, 121, 122, 131, 138, 149, 165, 184
王朝史……12

索 引

あ行

アヴァ……181
アジア……10, 12, 14, 23, 26, 62, 74, 96, 118, 122, 125, 126, 137, 138, 146, 160, 173, 176, 177, 188
アソンプシオン
　アソンプシオン教会……89
　アソンプシオン小教区……30
アダムソン、W.……133, 134, 177
アヌ、チャオ……47, 49
アネーク……79
アメリカ……9, 12, 13, 45, 47, 50, 51, 61, 70, 71, 73, 78, 81, 85, 86, 96, 102, 104, 120, 127, 129, 131, 135, 153, 155, 173, 174, 175, 176, 188, 189
　アメリカ人……36, 38, 39, 46, 47, 50, 54, 56, 57, 58, 77, 80, 84, 110, 129
　アメリカ外国伝道委員会（ABCFM）……36, 37
アメリカ大統領……46, 81, 175　→プレジデント
　ピアス、F.……45, 81, 175
　ブキャナン、J.……81
　リンカーン、A.……81
アヘン……48
　アヘン（阿片）戦争……62, 127, 130
厦門……175
アユタヤー……15, 18, 23, 26, 27, 28, 30, 31, 40, 41, 47, 60, 93, 99, 116, 138, 139, 149, 156, 185, 188, 192
アラカン……15, 116
アーリヤ……41
　アーリヤ文字……41
アリヤカ文字……41, 42, 45
アルバート公……150
アロー号……126, 127, 128, 129, 131, 174, 175, 176
アロー戦争……127, 176
　第二次アヘン戦争……127, 130
アンコール遺跡……164
アン・チャン王……160
アン・ドゥオン……160, 161, 162, 164, 165
『アンナとシャム王』……9
アン・メイ……160
イエス
　キリスト・イエス……45, 168
　イエスの弟子たち……182, 185
イエズス会……139
位階……14, 134, 187
　位階扇……20
　位階田……26, 134
イギリス……11, 13, 15, 21, 59, 61, 62, 67, 81, 87, 93, 95, 96, 103, 104, 105, 110, 114, 116, 117, 121, 122, 125, 127, 128, 129, 130, 131, 133, 134, 135, 136, 137, 138, 139, 141, 143, 146, 147, 148, 149, 150, 151, 153, 155, 156, 157, 169, 173, 174, 175, 176, 178, 180, 181, 182, 183, 184, 188, 189, 191
　大英帝国……76, 93, 126, 136
　イギリス人……50, 86, 106, 123, 134, 137, 146, 151, 177
　イギリス王立地理学協会……104
　イギリス女王……148
　イギリス東インド会社……114, 169
遺産……126, 149
医師……36, 37, 51, 120
イスラーム
　イスラーム王国……131
　イスラーム教徒……116
　イスラーム圏……93, 153
イタリア……183, 184, 188
一夫多妻
　一夫多妻制……59, 85, 86, 87
異邦人……156
異母
　異母兄……16, 20, 169
　異母弟……16
異民族……153
イラストレイテッド・ロンドン・ニュース……143,

石井米雄（いしい・よねお）

1929年東京生まれ。東京外国語大学中退後、外務省に入省。在タイ日本大使館勤務を経て、京都大学東南アジア研究センター所長・教授、上智大学教授を歴任。1997年から2004年まで神田外語大学学長。退任後、(文部科学省大学共同利用機関法人) 人間文化研究機構長、(独立行政法人) 国立公文書館アジア歴史資料センター長を務める。法学博士。

2000年文化功労者顕彰。

2007年チュラーロンコーン大学から名誉文学博士号授与。

2008年瑞宝重光章授章。

2010年2月死去。

【著書】『上座部仏教の政治社会学——国教の構造』(創文社)、『タイ近世史研究序説』(岩波書店)、『インドシナ文明の世界』(講談社)、『タイ仏教入門』(めこん)、『道は、ひらける』(めこん)、『語源の楽しみ』(めこん) など。

【共著】『東南アジア世界の形成』(講談社)、『日タイ交流六〇〇年史』(講談社)、『メコン』(めこん) など。

【編著】『タイ国——ひとつの稲作社会』(創文社)、『東南アジア史Ⅰ　大陸部』(山川出版社)、*Junk Trade from Southeast Asia* (Institute of Southeast Asian Studies) など。

【訳書】トンチャイ・ウィニッチャクン『地図がつくったタイ——国民国家誕生の歴史』(明石書店) など。

飯島明子（いいじま・あきこ）

1951年生まれ。

東京大学文学部卒業。同大学大学院人文科学研究科東洋史学専門課程修士課程修了。

文部省(当時) アジア諸国等派遣留学生としてタイに研究滞在。

専門は歴史学、東南アジア大陸部北部の歴史、「タイ(Tai) 文化圏」の歴史。

現在、天理大学国際学部教授。

「ラワ—タイ関係をめぐるナラティブとメタ・ナラティブ」(クリスチャン・ダニエルス編『東南アジア大陸部　山地民の歴史と文化』言叢社、2014年刊所収) 等、論文・分担執筆書多数。

訳書に『ヨム河』(ニコム・ラーヤワー原作、段々社、2000年刊) 他がある。

もうひとつの「王様と私」

初版第1刷発行　2015年1月30日

定価2500円+税

著者　石井米雄
解説　飯島明子
装丁　菊地信義
発行者　桑原晨

発行　株式会社 めこん
〒113-0033　東京都文京区本郷3-7-1
電話03-3815-1688　FAX03-3815-1810
ホームページ http://www.mekong-publishing.com

組版　字打屋仁兵衛
印刷　株式会社 太平印刷社
製本　株式会社 三水舎

ISBN978-4-8396-0286-4　C0022　¥2500E
3036-1501286-8347